指文® 战争事典 009

战争事典

WAR STORY 1501

指文烽火编委会 主编

中国长安出版社

图书在版编目（CIP）数据

战争事典. 009 / 指文烽火编委会主编. -- 北京：中国长安出版社, 2014.10
ISBN 978-7-5107-0803-9

Ⅰ. ①战… Ⅱ. ①指… Ⅲ. ①战争史－史料－世界 Ⅳ. ①E19

中国版本图书馆CIP数据核字(2014)第241376号

战争事典 009

指文烽火编委会　主编

策划制作：指文图书®
出版：中国长安出版社
社址：北京市东城区北池子大街 14 号（100006）
网址：http://www.ccapress.com
邮箱：capress@163.com
发行：中国长安出版社
电话：（010）85099947 85099948
印刷：重庆大正印务有限公司
开本：787mm × 1092mm 16 开
印张：13.5
字数：216 千字
版本：2019 年 1 月第 2 版 2019 年 1 月第 1 次印刷

书号：ISBN 978-7-5107-0803-9
定价：69.80 元

版权所有，翻版必究
发现印装质量问题，请与承印厂联系退换

出版寄语

《战争事典》是一套充满故事性和知识性，并能给人启迪的图书。指文所打造的这个系列对军事历史有着独到的看法和眼光，细致而全面。它能让你看到更加生动的历史，是一场不可错过的历史知识盛宴。

——蔡小心，抗美援朝战史学者、党史研究者，歧路书院名誉总编辑

《战争事典》的新颖别致之处不仅仅在于它的选题和探究性，更重要的是它为军事历史的新科普模式进行了可贵的尝试。祝愿指文烽火未来的工作领域能够更加广阔！

——党人碑，央视新科动漫频道主编，新科动漫论坛总版主，宋史学人

在战争中一窥英豪，在历史中一探真相。《战争事典》是一套能挖掘真实历史，还原战争现场的好书！指文图书的努力弥补了军事历史图书的空白，为军事历史添上更靓丽的色彩。

——弗兰克·张，澳大利亚皇家空军少校

人类历史就是一部战争史。《战争事典》在战争中讲述历史，也如同在历史中讲述战争。我相信每一个读者都会从这系列书里找到最合乎自己口味的历史。

——顾剑，军事历史作家，《最后的空战》、《黑死神传奇》作者

《战争事典》的每一个故事都是一段精彩的战争重现。指文烽火能带你穿越历史，领略军事家们的精彩博弈。

——经略幽燕我童贯，网络知名历史研究者

指文的各位作者不仅通晓战史，而且文笔流畅。他们共同打造的《战争事典》更是一套挖掘真实历史，还原战争实景的好书！

——江上苇，《南方都市报》专栏作家，天涯煮酒论史资深版主，历史作家，《大帝国的涅槃》、《迷惘的诸侯：后辛亥时代的西南军阀》作者

历史是严肃的，也是生动的；战争是残酷的，但也不排斥温情。阅读《战争事典》，将领略种种截然不同的军事历史。

——陆大鹏，西洋历史研究者，《1453：君士坦丁堡之战》、《海洋帝国》、《阿拉伯的劳伦斯》译者

《战争事典》不但重在剖析历史上战争战法与英雄传奇，更从不同的角度诠释了战争的根源和致胜的内核。可以说，这套书为读者提供了独特的思考方式与想象空间。

——毛小曼，中西书局副总编辑

《战争事典》为军事爱好者提供了一席学习之地，指文烽火编委会给大家带来了一个以笔会友的广阔平台。

——齐明，英国传统弓促进协会会员，正鹄弓箭社社长

战争历史往往被误导的迷雾和刻意的扭曲所掩盖，《战争事典》对此的解析却是理性的、深刻的。它帮我们还原了史实，引领我们穿越在那个历史的时空里。

——石炜，知名媒体人，军事史作家

历史不是演义，需要在精细考据中大胆求证，才能帮助读者树立一个崭新的历史观，启迪心智，培养阅读的快感。《战争事典》就是这样的好书！

——赵国星，笔名二手翻译小熊猫，新时代出版社编辑，《巨人的碰撞》译者之一

对于战争，人们往往倾向于讨论它的胜负，而不去探究其余。指文烽火编委会的《战争事典》却带着读者透过纸背，探寻战争历史的真实内在。

——张子平，笔名清海，日本神奈川大学历史民俗资料学博士，16—17 世纪东北亚国际关系史研究者

《战争事典》汇聚古今，融萃中外，指文图书集战事战史于一处，实为战争历史之精品！

——秋李子，言情小说作家，著有《灶下婢》、《世家妇》、《恶女传说》等小说

《战争事典》，既写战争之事，又不离史实之根。客观精到的战争局势分析，更是指文烽火编委会创作精神的精妙所在。

——穆好古，近代史研究者、民国史作者，《辛亥以来蓉属袍哥》、《天府百战》作者

《战争事典》对历史战争的重新挖掘很新颖，让我对观察历史的视角有了新的突破，我相信指文的读者们也会从中受益很多的。

——李楠，历史社科作家，著有《第三帝国》、《鸦片战争》等作品

一本好书，一杯香茗，拥此书在怀，足矣。祝福《战争事典》！

——陈肯，文史书作家、编剧，著有《挑灯看剑——混在杀戮里的浪漫情怀》、《洛克王国》等作品

《战争事典》筑基于史实之上，炼字于沙场之间。指文烽火这种写史于事，述战于武的创作模式，可谓开启了军事历史类图书的新风尚。

——周晨鸣，知远防务研究所研究员、军事评论家

《战争事典》是关于世界战争历史的优秀图书。它立足于史料而又不拘泥于史料，风格厚重雄浑而又不乏精巧，可谓写尽了人类在战争中的英勇与智慧。

——安迪斯晨风，山坡网主编、独立书评人

愿《战争事典》精雕细琢、精益求精，最终成为军事书籍中不朽之传奇。

——王晓明，资深军事历史地图研究者、编制者

《战争事典》内容全面、文采斐然、图文并茂、制作精美。指文烽火编委会的这番努力对于喜欢军事文化的读者，无疑是一个福音。

——马平安，中国社会科学院近代史研究所学者，著有《大清王朝灭亡之谜》、《鼓吹：终结帝制集结号》、《北洋集团与晚清政局》等

继往开来，希望《战争事典》能成为中国军事爱好者的宝典，祝愿指文越办越好！

——本垒打，二战研究者、战史研究者、军刊主编

这是一本跨越五千年波澜壮阔战争史的绚丽画卷，更是一本从战争历史探讨人类社会文化进步与发展规律的高水平文集，感谢《战争事典》为我们呈现了不一样的战争史。

——reichsrommel, 专业勋赏文化文集《号角》主编

期望该军事文化文集能引领我们全面领略波澜壮阔的古战争历史画卷！

——刚寒锋，《较量》杂志总编，《号角》杂志联合创始人

精美的排版、详实专业的内容，连我一个对古战毫无兴趣的人都被深深迷住了，无法自拔。

——raingun，国内研究党卫军的战史专家

希望《战争事典》成为最好的历史文化系列丛书。

——宇文若尘，文史作家、编剧

《战争事典》讲述了一个个我知之甚少，甚至是闻所未闻的人物和故事，极大地丰富了我对古战争史的认知。如果说有什么遗憾的话，那就是此类图书在国内还是太少。能潜心钻研、撰写自己喜爱的那段历史，真好。

——小小冰人，著名军事图书翻译专家

《战争事典》以独到的视角与力度阐释了战争史爱好者和研究者们孜孜以求的旨趣，各系列宏文无疑昭示出，无论是爱好、还是研究战争史，其境界无涯、乐趣无边也！

——汪冰，《曼陀菲尔传》、《帝国骑士》作者

CONTENTS
目录

前言

“谁控制了海洋，即控制了贸易，谁控制了世界贸易，即控制了世界财富，因而控制了世界。”1588 年，英国击败了西班牙无敌舰队后渐渐垄断海上贸易。但荷兰并不甘心，于是，两国兵戎相见。他们的武器，就是越来越复杂的风帆战列舰。如何驾驭并指挥这些战列舰，赢得海上霸权，是所有人的难题。《日不落帝国崛起的先声——1588—1667 年英国海军战术演进》将再现那段凝结着勇气和智慧的峥嵘岁月，揭示英国海军是如何克服困难，成为人类历史上第一个拥有全球霸权的“日不落帝国”！

太清元年（547 年），东魏丞相高欢病逝，其子高澄召“拥众十万，专制河南”的东魏司徒、河南道大行台侯景入朝。久怀叛心的侯景“虑及于祸”，遂起兵反叛。这件事没有对东魏造成危害，却给南方的萧梁帝国带去一场灾难。《天崩地裂扭乾坤——侯景之乱与南北朝格局之变》将向您讲述，侯景是如何以不善水战的八千士卒长驱直入，横跨大江，仅七个月就摧毁萧梁政权的。

“没有永远的朋友，也没有永远的敌人，只有永远的利益。”这句话用来形容第四次川中岛之战后，日本东海道骏河国局势再恰当不过了。武田信玄先凭借骏甲相三国同盟，联手北条家压制了风头正劲的上杉谦信，随后又调转刀锋，联合德川家康对老盟友今川家大下杀手。此后十多年，各方势力合纵连横，攻伐不止。最后，他终于如愿以偿，成为“骏河侵攻”的胜利者。《骏河侵攻——武田家谋攻的顶点》将帮助您更好地了解那段以下克上、父子成仇、尔虞我诈的战国乱世！

《史记 · 孙子吴起列传》以孙膑、庞涓之间的恩怨为线索，讲述了孙膑如何用计打败庞涓，使齐国取得桂陵、马陵两场战役胜利的历史故事。但对桂陵、马陵两场战役的描述有不少雷同的记载，庞涓真的会蠢到被同一块石头绊倒两次吗？《孙膑的奇谋决断——全新解析桂陵、马陵之战》一文根据考古发现，借助《竹书纪年》和《清华简》等第一手史料，融入军事地理学知识，还原了真实的桂陵、马陵之战。

汉尼拔被誉为“战略之父”，但就如 T. N. 杜普伊在《战略之父汉尼拔的军事生涯》一书中提及的那样：“汉尼拔传记的资料来源非常有限。关于汉尼拔，我们所知道的一切都来自于他的敌人，即便是可用来描述其人格的传闻也几近于零。除了他惊人的业绩所构成的史实，我们对他几乎一无所知。”因此，人们对汉尼拔扎马会战后的经历，知之甚少。《由扎马至比提尼亚——汉尼拔与阿非利加那 · 西庇阿的后半生》一文则填补了这段空白与遗憾。

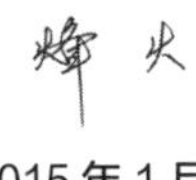

2015 年 1 月

日不落帝国崛起的先声

1588—1667 年英国海军战术演进

作者：妈宝地狗

其实，“日不落帝国”一开始属于16世纪时的西班牙帝国。当时的西班牙国王卡洛斯一世（Carlos I，1500—1558年）成为神圣罗马帝国皇帝后，曾说过一句话：“在朕的领土上，太阳永不落下。”但这份荣耀却被日后的大英帝国夺走，甚至成为大英帝国的别称。到了19世纪的维多利亚时代，英国出版的世界地图把大英帝国用不同颜色标出，生动地展现了大英帝国在全球的霸权。

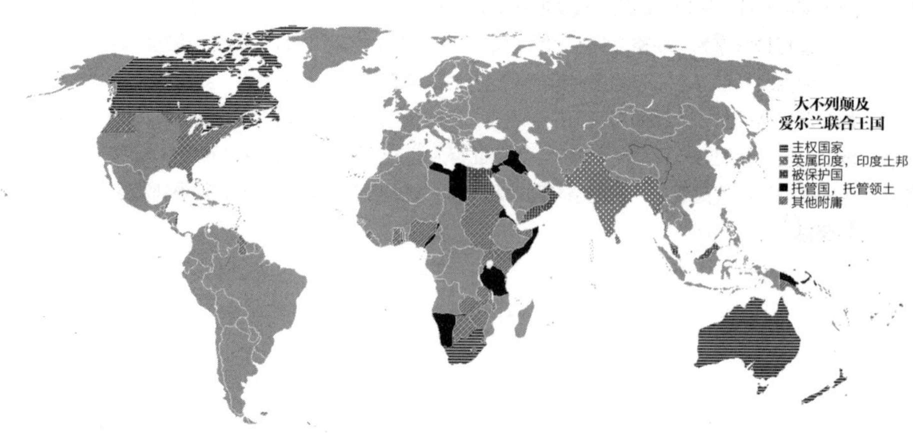

◎ *19世纪的大英帝国*

◎ 英荷海战

西班牙之所以从“日不落帝国”的宝座上跌落，就是因为其无敌舰队惨败于英国海军。英国日后之所以能建立“日不落帝国”，也是因为击败西班牙无敌舰队后，逐步拥有了海上霸权。

在很多人的印象中，风帆时代海上霸权的争夺就是双方派出华丽且巨大的战列舰，排成一排组成战列线，然后用侧舷互相射击。硝烟、火光、鲜血、爆炸声充满整个战场。但这个观念并不完全正确，海战战术有个缓慢演进的过程，参战双方需经过血与火的教训，最后才能演变成大家所熟知的形式。本文从1588年英国人击败西班牙无敌舰队讲起，展现了英国海军在16世纪末到17世纪中期这段时间，海战战术的演变过程。

缓慢发展的战术与快速变革的技术

其实，关于16世纪末至17世纪早期，欧洲列强风帆舰队战术的记载并不多。总体而言，侧舷射击战术的发展落后于造船技术与武器的变革。尽管当时军舰的侧舷摆有大量火炮，使用侧舷射击应该还是最合理的策略。但当时的海战依然跟16世纪早期一样，舰队排成横队就是战斗队形，主要进攻方式还是发射舰首的火炮，进行一对一的单挑，然后接舷登船作为结束。然而，为了避免西班牙步兵登船，英国人最先发明出一套最大化使用炮火的战术。

西班牙国王腓力二世似乎对英军战术已有相当认识。他在写给无敌舰队司令梅迪纳·希德尼娅的信中说：“敌人在火力强度和弹药补给上占有优势，所以他们将会与我们保持距离。我们必须发起攻击，近距离抓住敌船，然后尽你所能以这种方式继续作战。小心他们会占据上风处，然后击沉我们。”

◎ 水手常用的肉搏武器——水手弯刀

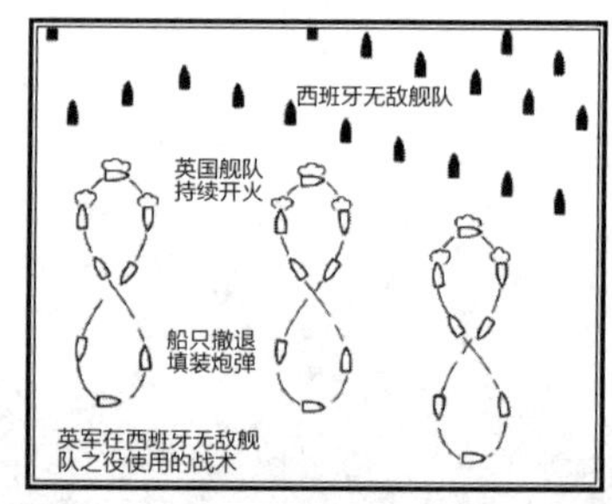

◎ 无敌舰队海战示意图

实战中也是如此，英国海军根据沃尔特·雷利爵士及其堂弟威廉·乔治爵士的命令，将战舰排成数个纵队。在各队旗舰的带领下，这些纵队由上风处驶向无敌舰队。英舰在火绳枪射程（150~200码）内开火，然后转向驶离，如同画了一个阿拉伯数字“8”。另外，英军还使用了8艘纵火船。虽然纵火船没直接给西班牙舰队造成损失，但制造了大混乱，甚至可以说是恐慌——西班牙舰队从加莱锚地撤出后，失去了凝聚力和控制力，再也没能恢复过来。西班牙舰队在第二天的台风中也损失惨重。

可英国取胜的法宝在欧洲却传播得很慢。例如1592年时，意大利人由基尼由·坚提里尼（Eugenio Gentilini）的教科书《完美炮手》（The perfect bombardie）仍然宣称：“海军的用处不是远距离炮击敌人，应该是撞击并登上敌舰。”

到了1618年，某位英国海军部官员这样说道：“经验告诉我们，在当今的海上战斗中几乎不可能登舰肉搏……主要是依靠大型火炮击毁敌人的帆桅，撕裂、打歪、洞穿敌舰。因此，陛下的海军之所以占有优势，依靠的就是在船只负载的极限内，维持了足够多的重炮装备。”但没什么证据证明这样的建议有被遵循过。

英国海军在斯图亚特王朝时期失去伊丽莎白时代的锐气，建造了少量巨大的、华丽的重型战舰来夸耀武功，以宣示英国在北海的主权。但实际上，这些华丽的战舰灵活性很差，冬季和海况差的时候都无法出海。“海上君主”号，设计于1636年制造，1637年10月下水，舰体长51米、宽14.7米、高23.17米，号称当时世界上火力最强的战舰，也是世界上第一艘排水量达到1600吨的三层甲板战舰。船上的雕刻都是由宫廷画师凡·戴克亲自设计的，并全部包了金箔。这艘超级战舰花费了66000英镑（这些英镑足够造出11艘装载40门火炮的战舰）。在设计师菲尼亚斯·佩特父子的设计中，“海上君主”号安装 90 门火炮，但查理一世却将火炮的数量增加到了 104 门。其中有 24 门铸铁炮是当时口径最大的火炮，可以发射 42 磅实心弹。所有火炮的重量加起来有 150 多吨。由于火炮太重，影响了战舰的机动性，威廉·蒙森爵士对它的评价是：几乎无法操纵。1660 年，“海上君主”号被迫减肥，一层炮甲板被拆除。

这些行为，使得查理一世时代的海军行动就是一场场灾难。最重要的原因是，战船的设计不良，在北海难以驾驭。1625 年 10 月，英军远征西班牙加迪斯，英国舰队总司令爱德华·塞西尔子爵尖酸地评论道：“我发现那些大船（尤其是那些老式的）的火炮都超载了，不适合攻击作战，比较适合窝在家里防御。”他的旗舰“皇家安娜”号和“皇家方舟”号在西班牙海域难以航行，必须把一堆装备丢下海。所以，他建议：“船要小而坚，比较适合‘旅行’，不要华而不实。”

在那个时代，战术的演进也一样缓慢。爱德华·塞西尔子爵于 1625 年颁发了几条训令：

1. 舰队由 3 支分舰队组成，每支分舰队 12 艘战舰，其下又分为 3 个分队，每队 3 艘战舰；另外还有 3 艘战舰作为总预备队。

2. 一道参与远征的盟军荷兰舰队在英国上将的右舷（这是较尊贵的位置）执行命令。

3. 舰队总司令处在前卫的布置，而不是中央。

4. 中将的分舰队位于英国上将的左舷，后卫的分舰队则作为总预备队。除每支分舰队的 9 艘战舰应按照舰队表，以 3 艘为单位进行攻击和撤离外，对战斗方式无特别要求。

5. 如果敌舰逃跑，各分舰队指挥官应紧随其后，并派出数量相当的、合适的战舰进行追击，随后击沉或夺取逃跑的敌舰。但如果没有分舰队指挥官的指挥，任何战舰不得进行此类追击。（预防舰长们为了

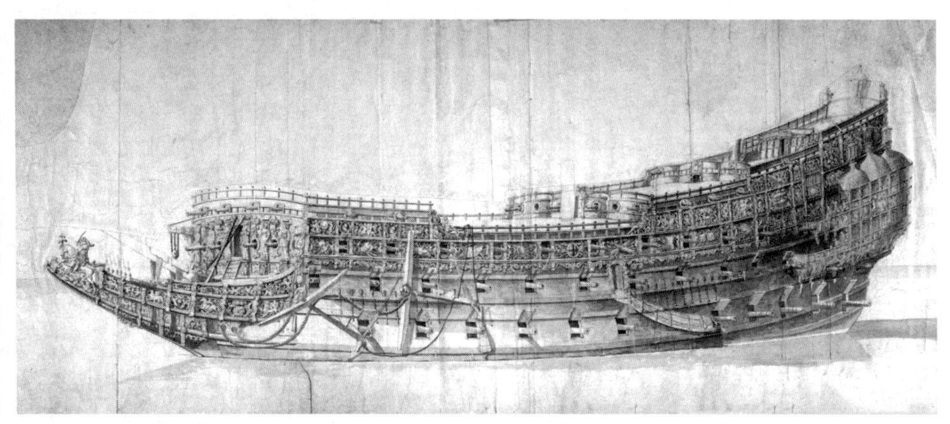

◎ 英国海军的象征——“海上君主”号

战利品擅自展开追击行动。）

6. 若敌军陷入混乱，我军后卫舰队应投入全部兵力战斗，直到取得战果。

7. 应从上风处发起攻击，上将对付敌军前锋，中将对付中军，少将对付后方追击的敌舰。

但这些训令在作战会议上被批评太过理想化。有人说："分析这些训令，我们可以发现，海战其实与陆战并无两样。训令给每艘战舰规定了特定的分队、阶级与位置，然后命令它们前进与作战。这点很难被执行，因为训令没有考虑到航行中的船只在大海上维持这些训令的难度。"

1636 年，阿尔杰农·珀西爵士成为英国舰队统帅，他发布了 10 条训令：

第 1—3 条：9 艘战舰平均分配给舰队指挥官、前卫指挥官与后卫指挥官，每个分舰队有 3 艘战舰。

第 4 条：战舰之间应有适当距离，为开火射击留出空间。

第 5 条：如果旗舰被纵火船攻击，邻舰应提供掩护，为其争取自救时间。

第 6 条：当任何战舰即将被俘时，邻舰应予以救援，即使这会让敌舰逃脱。

第 7 条：当战舰被击中水线下方的船体，或失去一根桅杆（或帆桁），或火炮过热无法射击时，邻舰应予以救援，从前方或后侧攻击与友舰作战的敌舰。

第 8 条：舰队中将所在的舰只应首先接战，邻舰予以支援。

第 9 条：任何一艘战舰都不应追击落跑的敌舰，而是应"进攻抵抗最激烈的敌舰，削弱他们的力量"。

第 10 条：海战有许多不确定性是训令无法给出的，战斗前，我们无法得知敌人的运作方式，会发生许多突发事件，舰长应充分利用自己的判断力和勇气。

这套训令比起以往的版本，几乎解决了追击受创敌舰与支援受创友舰的任务冲突。同时，击溃敌军抵抗核心优先于追击逃跑的敌舰，舰队整体的重要性凌驾于个别战舰的命运。这也许是第一套"真正"的英国海军战斗训令，每条训令都跟战术安排与战斗执行相关。

尽管如此，当时英国海军战术仍很不明确。纳撒尼尔·巴特勒舰长于 1685 年出版了《巴特勒的对话》①，该书提到："找不到一句话或一个词来描述西班牙人、葡萄牙人、法国人、荷兰人和英国人，自勒班陀海战后所有的战斗方法或他们任何一方的战斗阵型。"不过，他还是记录下了自己对当时英国斯图亚特王朝海军的观察。他写道：

一支舰队分为三支分舰队，如果舰队有一百艘或一百艘以上的舰船，就分为五支分舰队，多出的两支作为前卫（或中军）的辅翼和后卫。

……

① 通过一位上校与将军之间的对话，详尽描述了1634—1643年间英国斯图亚特王朝时期的海军生活：如何管理、维护和指挥船只或船队，如何安排成员的具体工作，分配食物、支付薪水，掠夺与使用武器装备等。

每支分舰队有三支分队（每支分队装备三分之一兵力的预备队）。为了避免混乱与碰撞，他们在战斗中或三艘一组，或五艘一组地冲锋、撤离，预备队则随时准备救援受创的友舰。

……

一支小舰队仅以一条阵线接战，指挥官位于舰队中央处，总指挥位于他们的最中央处，两侧都有最强的战舰提供掩护。此外，小舰队还有一项特别职责，即在各种情况下支援和救援其他较弱的友舰。一支大舰队也能保护友舰，当海面足够宽阔时，战斗力最强的战舰位于最靠近上风的位置，便能够保护下风处的较弱友舰。

……

小舰队倾向于选择旧式的混战，而大舰队则更适合三五艘战舰一组的团体行动，想必会组成纵队。他②对纵火船没有多少信心，尽管他知道纵火船在1588年战役中的重要性，因为纵火船攻击需要一系列环境条件的配合才能奏效。

由以上例子可以看出，对一位舰队司令而言，海战战术就是他的技艺。因此，他自然会努力用条例来完善自己的技艺。但他最大的敌人，是波涛汹涌的海洋和瞬息万变的风向。

比如，在由风力与船帆驱动的舰队里，如果顺风（航向与风向相同）行驶，将可以达到较大的航速；如果逆（抢）风行驶（航向与风向相反），速度将会变慢。

如果在海上画一个360度的圆，以12点为中心，左右夹角各为67.5度组成的扇形是无法航行区域，如果他想要逆风行驶，船头与风向夹角就不能小于67.5度，否则他将无法移动。顺风行驶时，与风向夹角180度时并不会得到最大的速度，因为尾杆上的风帆会挡住前面风帆的风，如果他想要获得最佳速度，就需得到最大的风力——左右与风向成夹角135度航行，走“之”字形。

敌军当然也会受到风向的限制。当两支舰队互相观察到对方时，其中一支通常会处于上风位置。位于上风处，自然意味着一定程度的战术优势——在选择何时进攻、如何进攻方面更是如此，因此，战斗初期的机动时常与保持或争夺上风位置有关。如果风完全停了下来，双方舰队可能会无法动弹。每位司令都会计算他的舰队与敌军舰队的相关距离、航速和航线，使用何种战术，很大程度上取决于气象。如

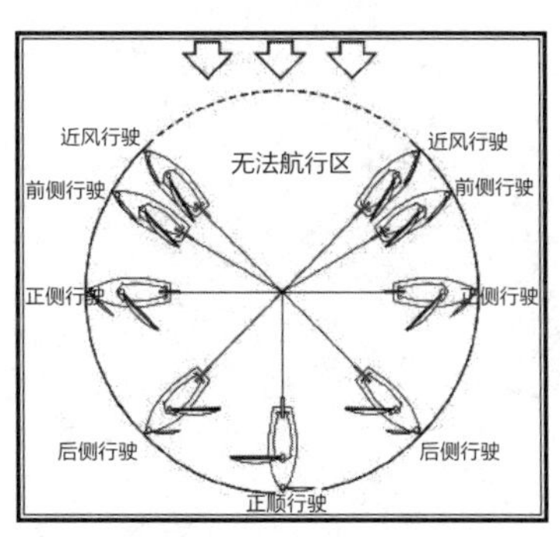

◎ 航行与风向

---

② 这里的“他”指的《巴特勒的对话》中的上校或将军。

果天气不好，不但战斗无法进行，战斗序列也无法展开。帆船时代战术教科书和《官方训令》中的示意图，展示了以完美队列执行战术机动的战舰，尽管这在实践中并非总能实现。另外，风帆战舰的机动不受风况和海况的影响。在接近陆地时，军舰还得考虑海流和潮汐。

总之，战争的胜利倚赖于司令在各种海况时，能把战舰组织成有纪律的舰队，使其服从自己指令或信号。只有当舰队组织良好的时候，才能在认为既有作战可能又有利的情况下对敌作战。舰长们得有能力快速改变阵型，因为在敌舰面前改变阵型是无用且危险的事情。当舰长们不同意或没完全理解司令选择的攻击形式时，司令不能期望得到他们的全力支持，这在很大程度上取决于整支舰队的凝聚力与协同训练程度。如果舰队组成不断变化，或是不断派出分遣舰队进行护航、监视敌方港口以及小规模作战行动，有效的组织就无

◎ 排成战列线的风帆战列舰

◎ *老式的卡拉克帆船“玛丽罗丝”号*

法实现了。

因此，舰队中的每位舰长都尽量让他的战舰根据舰队司令设定的航向和距离行进。一旦司令改变帆向，舰队中的其他战舰就要立刻将帆向调整到与旗舰一致——每艘船的风帆与风向夹角都一样。这样的调整是让舰队中的各艘战舰与旗舰的风力相同。但舰队规模越庞大，控制它就越困难，执行队形变化的时间也越长。因此转向时，每艘船是先调转船头还是先改变风帆方向或一并发生，都有严格的规定。这对每条战舰来说，都是严峻的考验。舰队列成紧密队形时，如果各舰不严格遵守命令，就有可能会相互碰撞。

总之，保持良好的队形需要团队的协作。在完成抢风和调头后，各舰都要立刻航行到恰当的位置，而在前头引航的舰长肩负了重要的职责。也就是说，当舰队列成一纵列航行时，前方的战舰责任甚大。当各条战舰以两条乃至更多的平行纵列齐头并进时，引领的舰长们同样负有重大责任。在舰队保持方位线，以梯队航行时，引领一条或多条战列线，保持各舰处于适当位置尤为重要，也极为困难。顺风行驶时出现失误，导致战舰偏离应有位置是最常见的失误。

不过，相对于进展缓慢的战术发展，当时造船技术的发展却很迅猛。

16 世纪末期出现了盖伦帆船。虽然早期的盖伦帆船如同老式卡拉克帆船那样，保留了高耸的、会妨碍航行性能的前后艏艉楼，但在设计上比卡拉克帆船还是有所进步。艏楼从船艏稍向后移，前方伸出船艏斜桅，使盖伦帆船能更贴近风向行驶，减少了风吹向艏楼造成船只意外转向的机会。

船尾从圆形改为垂直且较窄的形状，这样更能支撑艉楼的重量。艏楼前方的船头以渐细的形式向前延伸，并摆上有装饰的船首像。1575 年建造的“复仇”号改良式盖伦帆船把船只设计推向新的水平。这艘英国船有着较小的尺寸与吨位（好操作）、较高的长宽比（降低水阻）和较低的上层建筑（艏艉楼被削平了），所以也被称作削平式盖伦帆船。

17 世纪的帆具也比 16 世纪有所进步。风帆被修剪成较平坦的形式，前桅和后桅使用了辅助帆，能更有效地利用风力加强航行能力。艏桅上帆被挂在船艏斜桅上，这种新的方帆被使用到艏三角帆登场为止。能被降下的下桁快速传播到其他国家，它让下桁沿着桅杆落下，让船员在必要时可以迅速降下风帆。艏楼前方的前桅向后移动，穿过艏楼上甲板而竖立着。

船壳形式也有所改变，在水线附近较宽，越往上越往内缩，这让加装在两舷的

◎ 舰炮

火炮能尽量靠近船中心线，增加了船只的稳定性。而且，这种内缩也使登舰肉搏更加困难。

不过，盖伦帆船在17世纪早期并未被普遍接受，老式的卡拉克帆船仍大行其道。英国海军部的官员拒绝移除前后艏艉楼，因为那会使得“王后与陛下的船”看起来像只普通商船。这种保守的观念导致1588年的许多主力舰二三十年后仍在服役。但时代是前进的，盖伦帆船最后还是取代了卡拉克船。往后的盖伦帆船虽然尺寸不一样，设计哲学有所变化，但这些特点仍被延用，直到全装帆船消失。

另外，风帆时代火炮的铸造技术也得到了发展。当时，铸炮材料主要是青铜和铁。青铜较铁轻五分之一左右，熔点低，易于铸造。青铜材质韧性较好，即使炸膛也只是炮身开裂，而不是碎片四溅。而铸铁材质较重，熔点高，铸造难度大。如有瑕疵，炸膛时往往会造成惊人的伤亡。因此，铸铁炮往往较同等威力的青铜炮管壁更厚重，以降低炸膛的风险，这进一步增加了铁炮重量。但铁炮的优势是价格低廉。16世纪中期，铁的价格约为青铜的五分之一，17世纪中后期甚至只有八分之一至十分之一。于此原因，16世纪财政拮据的英国首先开始对铸铁炮持续投入研究。至17世纪，欧洲各国海军规模的扩张已使任何一支海军都无力承担以青铜炮为主的火炮数量需求，这就使得铸铁技术持续进步。16世纪中期，铸铁只能用于轻型火炮，至17世纪中期已能铸成24磅加农炮，至17世纪末已能铸造36磅大炮。

在此期间，火炮的发射技术也得到了变革。曾有观点认为，无敌舰队之役中的英军已使用四轮炮车，可以实现战场上较为便利的再装填。但小约翰·F·吉尔马丁教授指出，这种想象并没有任何文献证据。按照时人对海军战术与舰炮发射的描述，其情形显然也并非如此，再装填仍需从战斗中撤离。这也是1588年无敌舰队之役，英国舰队为何“8”字形驶进与驶离战场的原因。战场再装填得以实现，大致要到1620—1630年，因为1617年的战斗训令仍要求发射一轮后撤离战场。从16世纪末到17世纪，射速保持着稳定上升的趋势。1588年无敌舰队之役时，英国战舰的火炮每小时可发射1~1.5发；到了第一次英荷海战时，每小时上升到4发炮弹。

◎ *旧式装填（17世纪前期，荷兰人画稿），当时的火炮很长，军舰很窄，炮手往往得爬出船外装填，使得装填的危险性高，速度慢，而且无法在战斗中装填。*

17 世纪海军战术与训令的正规化

不管是 16 世纪还是 17 世纪，控制一支舰队所需的一切技艺都是为了实现一个目的——击败敌舰队。战术机动不是为了机动而机动。但倘若舰队不能维持适当的航行秩序，它就有可能在不知不觉间遭遇袭击。舰队在夜间分散开来时，这种状况极容易发生。所以，1653 年 6 月 1 日加巴德沙洲海战时，虽然英荷双方舰队都抵达了战场，但由于是晚上，双方只好停泊，等第二日再战。6 月 3 日撤退时，特罗普上将失去了对荷兰舰队的控制，不少船只在逃离时相撞，撤退变成了溃败。与此相比的是 7 月 31 日的斯赫维宁根海战，因荷兰人尽力维持着舰队秩序，撤退时没有再损失战舰。1665 年洛斯托夫特海战中，詹姆士如果能更好地控制舰队，排出完整的战列线，战果可能会更好。

由于害怕舰队失去组织，在纳尔逊冒险展开夜战前（1798 年的尼罗河之战），夜战是舰队司令们极力回避的。不过，海军也有夜战信号，因为舰队偶尔会被迫展开夜战。但是，强大的舰队一般会回避夜战，因为它们无法有效地施展开。弱小的舰队同样会回避夜战，因为它们担心自己可能被卷入激战，无法撤退。

另外，对风帆舰队司令而言，无法维持适当的侦察系统也是大错误之一。侦察的不足，在相当程度上也是僚舰地位低下的结果，因为它们无法以司令向僚舰发信号的方式发回信号。在无线电发明以前，僚舰很难发回关于敌军组成、实力和位置，敌军实时航向、未来意图以及风帆张起程度的详细报告，使得这些侦察其实没多大用处。对负责瞭望的巡航舰而言，除非它能大胆机灵地接近敌军，又不致被敌军击伤或俘获，否则，就算拥有最为优秀的信号系统也毫无用处。因此，巡航舰舰长的素质极为重要，重要程度甚至可能超过某些战列舰的舰长。

因此，时常会有人讨论，舰队司令是否应当待在巡航舰，而不是战列舰上（战列舰必然会因其特点卷入仓促激烈的战斗）。事实上，豪勋爵曾经尝试过乘坐巡航舰指挥，乔治·罗德尼上将也曾效法。奥迪贝尔·拉马图埃勒在他出版于 1802 年的《论海军基本战术》中对此进行了长篇探讨。正如拿破仑向冈托姆伯爵指出的那样，舰队司令乘坐巡航舰指挥的另一个优势在于，他可以亲自执行前出侦察，不用依赖传回来的信号。然而，这也带来一个缺点：因司令身处巡航舰，不在舰队中，他很难指挥战术行动。

如果舰队正在上风方向交战，司令所处的巡航舰就要位于己方战线上风方向；如果舰队在下风方向，则巡航舰就要处于己方战线下风方向。这样，司令的视野就会被烟雾遮挡，造成额外的不利影响。火炮产生的烟雾有时会一直笼罩在战场上，让舰队司令看不到除了身边船只之外的任何东西。与此同时，他的舰队可能会分散

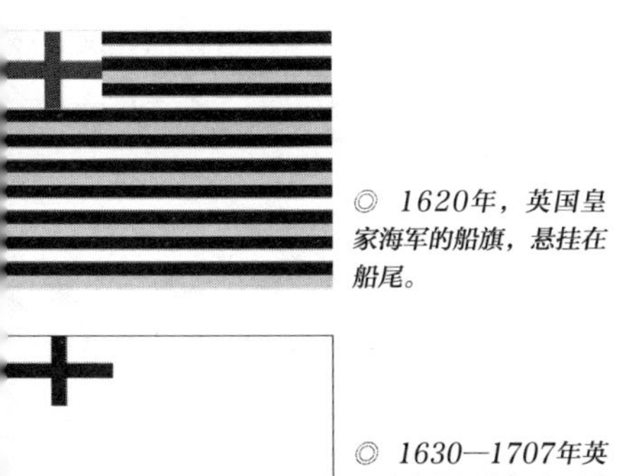

◎ 1620年，英国皇家海军的船旗，悬挂在船尾。

◎ 1630—1707年英国皇家海军的船旗“白船旗”，悬挂在船尾。

在广袤的海域，即便没有烟雾，传递信号也是一件十分困难的事情。

进攻一支已经列成战列线的舰队时，进攻方习惯慢慢接近敌舰。这样，进攻方的战舰就能维持直线排列，不至于冲到太靠前的地方或突然穿过其他战舰前进，遮挡双方的开火区域。即便存在有利于进攻的强风，它们也很可能仅以四节的速度推进。对现代读者而言，风帆时代绝大多数海战的缓慢过程是相当难理解的。进攻前，可能会花好几个小时甚至若干天的时间让舰队列成所期望的战斗队列。由此，我们可以看出，舰队司令在这种环境下所承受的压力是极为可怕的，以及风帆时代许多将领在胜利后为何不展开追击的原因。

另外，在风帆时代，相对速度对战术也极其重要。与其说决定速度的是战舰设计，倒不如说是船底累积的海藻和藤壶数量。在引入铜壳前，一支由全新战舰组成的舰队，能远远甩开一支建造结构类似，但在海上漂泊了多个星期需擦拭船底的船只。内在固有速度差异作为蒸汽船设计的一部分，对铁甲舰时代的海军战术发展产生了重要的影响。

没有人真正知道一场风帆海战发生的确切时间。尽管钟表匠约翰·哈里森[①]做了相当大的努力，但精密计时器要到风帆时代末期才出现。即便到那时，海军部也不会供应精密计时器。一些军官是花了100英镑自己购买的，倘若将其折合成今天的货币，那将是很大一笔钱。战列舰舰长持续出海时，年薪也只在246~365英镑之间（具体多少则由其战列舰级别决定）。尽管战舰航海日志可能会记载战地机动的时间和收发信号的时间，但这些时间只在与某一艘特定战舰上的时间变化相关时才有价值。当时，可以使用仪器测量同一条战列线中两条战舰间的距离，但并没有测量敌方战舰与己方战舰距离的工具[②]。因此，风帆战列舰将舰上装备投入战斗时遇到的问题远多于机械时代的战舰。

总之，风帆战舰是木制的堡垒，由风力推动。战舰两舷都配有数目巨大的火炮，由于体积庞大，需要大量的水手操纵。战舰的木料相当结实，这既是为了防御，也是为了能承受己方火炮发射时所产生的应力。战舰还有装载食物、装备和弹药的储

① 他发明了经度仪，可以求出经度，配合六分仪，就可以知道目前船只的经纬度。
② 虽然可以用近似法或三角函数算出己舰与敌舰的距离，但双方都在机动，此距离是有误差的；这跟陆军能精确测量己方与敌人固定目标的距离是无法比的。

物空间，能够在海上停留多个星期，也能经受得住恶劣天气的考验。每条战舰都是具有可观威力的独立战斗单位，能够从任一个舷侧发出猛烈的炮火，但只有很少的火炮向前后方向射击。以纳尔逊的旗舰“胜利”号为例，两舷共有 88 门火炮，前后只有 16 门火炮。于是，战舰的火力范围就只有两舷延伸出去的那段窄弧形。因此，海军战术系统的设计目的就是尽快使舰队投入战斗，且尽可能少地暴露在敌军火力下。要做到这一点，就得接近敌军战列线末端，阻止敌军炮组射击；同时沿斜行路线接近，让舰队能够向部分敌舰展开炮击。即便己方战舰需要一边前进一边调整目标，或者像特拉法尔加一样，对敌军战列线展开大胆的迎头冲击（以减少在敌军长距离火力下暴露的时间），一旦舰队开始交战，炮术的重要性就超过了快速射击和装填，尽管它们都是不可或缺的。有效的炮术依赖于士气和训练，二者缺一不可。英荷海战时，英国炮手就以较大的火炮、较好的炮术训练与纪律在几场海战中赢得了胜利。

有种说法，强大的海军会炮击敌军船身，弱小的海军则射击敌军战舰的桅杆、索具和风帆。在某种程度上，这种说法是正确的，但决定炮击目标的是选择的战术。

通过观察会发现，战舰的风帆比船身容易打中，因为风帆的面积很大。对帆索、船桅造成的损伤也可以阻止敌舰推进，或迫使其退出战列。尽管有强化索具将其链锁到横桁上，以阻止索具掉落，但帆索上的一切东西都是脆弱的。船帆可能会被撕裂，支索会被切断，横桁会和顶桅一起被击落。有时整根船桅都会被打坏，裂成碎片。落在战舰侧边的船帆、木器和索具，会挡住火炮的视野。

因此，英国海军爱德华·弗农将军和理查·肯彭费尔特将军曾仿效法军，轰击桅杆、索具和风帆。不过，船身虽然难被命中，但却是更具决定性的目标。击穿战舰的炮眼会让战舰变得脆弱，一系列精确瞄准的炮击损毁火炮后，它将无法作战。此外，炮击也可以深入船体内部，摧毁或击伤其桅杆底部，从而使其无法被操控，难以从仓库运来弹药补给。射击水线和水线下方的船身会使木工难以修补。英军战舰时常倾斜得很厉害，因此，敌军少数几发射击准确的炮弹就会使水兵们忙于使用水泵排水。在近距离交战中，最具伤害性的攻击方法是不断升起、降低火炮。这种情况下，火炮可以使用减装药射击，以便给敌军战舰造成尽可能大的碎片量。因此，陷入近距离“混战”时，船体是必然的轰击目标。

不过，尽管英军舰队司令们对战斗由单独战舰或单个分舰队猛烈展开攻击的“混战”口头上有所赞赏，但只有少数人试图在不保持紧密战术控制的状况下展开大战。许多英军将领认为，列成一条战列线，与敌军战列线在较近距离上平行排列，狠狠展开炮击就是令人满意的交战方式。实际上，拥有先进炮术和战列线排列得好的舰队才会占有优势。索具受损或漏水的战舰会试图从战列线中撤出，作战效能变低的舰队都会一并撤退（位于下风位置的战舰撤退时会轻松得多）。

当敌人拥有良好战列线、训练优秀的水手时，以分舰队展开攻击，看上去会没那么有效。因为它导致力量被分散，有被敌军各个击破的风险。特别还要考虑的是，当时英军信号系统的条件有限。采用某种更为复杂的战法，意味着组织和执行都更复杂，作战也就更容易遭遇困难。比如，一旦战舰的帆索遭到损坏，或者领头战舰失灵无法带领舰队，整场攻击就可能陷入混乱。埃尔丁的约翰·克拉克在《海军战术论文》中指出："与使用线性战术展开交战相比，攻击敌军的前卫往往无法令人满意。"因此，英军舰队司令们更偏爱线性战术而不是混战，混战无论如何都不是对敌军发扬火力的最佳方法。不过，要维持战列线，就需要每艘船维持一个稳定的速度（降半帆，航速在5节以下），以保证队伍的秩序。所以，某艘战舰想随意机动，就有冒着搅乱己方战列线推进的风险。

尽管舰队司令时常下令不要过早开火，或收到信号才开火，但战斗往往会在

而当双方舰队沿着相反航向擦身而过时，就会像1666年四日海战发生的那样，交战没有任何实质结果。这种战斗似乎时常出现在第二次英荷战争中，但到18世纪末期，至少在皇家海军中这一交战形式已经名声扫地。当时，更有前途的作战计划是，让较强的舰队利用其多余战舰骚扰较弱舰队的前后部分，扫射敌军船首或船尾，甚至有可能同时轰击船首和船尾。多余战舰还会绕过敌军前后部分，进入战列线不交战的那一侧，使敌军处于双重火力打击下，迫使其两舷同时炮击。在这种情况下，负责两面夹击的战舰需要小心翼翼，以免炮击夹在他们之间的敌舰时误中己方战舰。

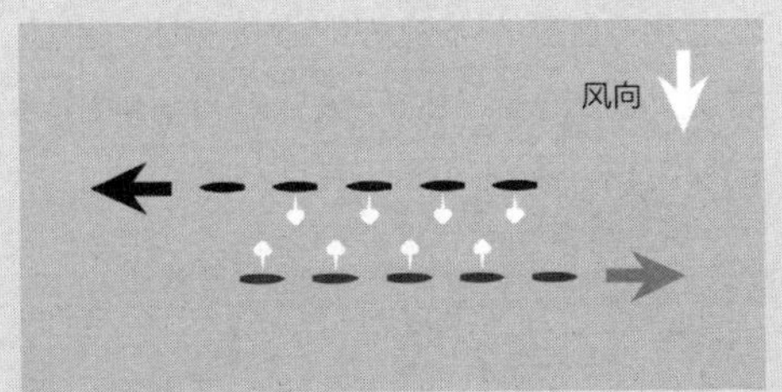

还有一种更复杂的攻击形式，就是集中舰队主力进攻敌人的部分战线，并且让敌军的其余部分不参与交战。通过这种方式，进攻方会对数量较少的敌方战舰有压倒性的火力优势，可在敌方其他战舰来援之前取得决定性的战果。在这种情况下，集结到敌军后方可取得最好的战果。然而，战果很大程度上还取决于进攻方的位置——既能发挥其火力的优势，又不会被敌军干扰。

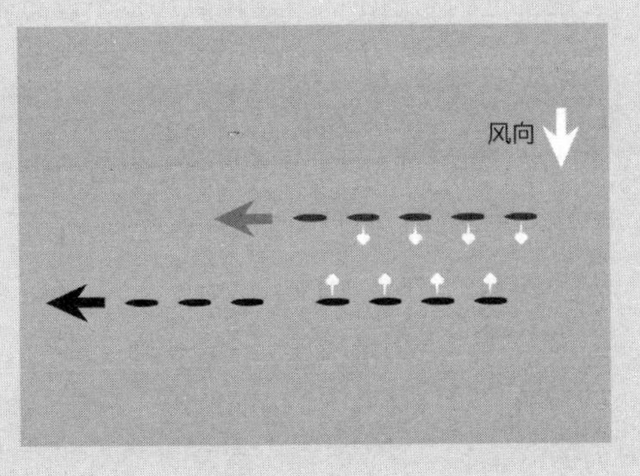

更为复杂的战法是打破敌人战列线的机动。从理论上讲，这种攻击方式存在多种变化形式。它既可以在上风方位展开，也可以在下风方位展开，可以由全部舰队执行，也可以由部分舰队执行，其突破地点可以是敌军战列线的任何一点。在通过敌军战列线时，分别用左右舷扫射敌舰的船头和船尾，随后投入到混战中。显而易见的是，进攻方部分舰队穿越敌军战列线时，双方都容易被分隔成两部分，即切割对方阵型的舰队本身也有被切割的风险。然而，假设切割一方具有不错的战斗效率和高昂的士气，并在随后的混乱中能保持战术凝聚力或展开“混战”，就会取得相当好的结果。如果切割方可以迫使敌方战列线中被分割的战舰脱离战列线，哪怕只有一条战舰切断了敌军战列线。这些雄心勃勃的战法需要优秀的协同能力、不错的战斗效率和高昂的士气，第二次英荷战争时期的英军至少还办不到。

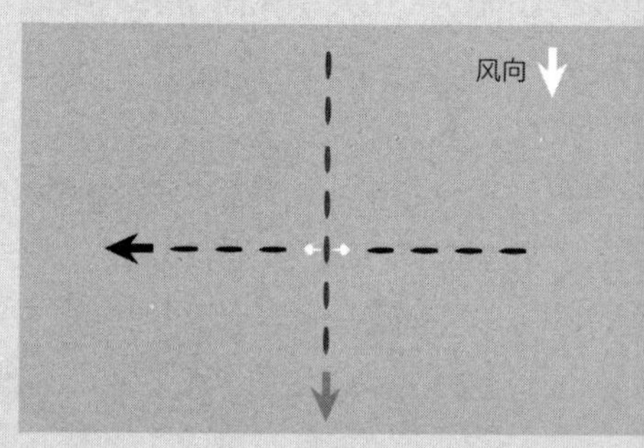

距离高达1000码的地方开始并持续下去。当进攻方舰队一条战舰的索具损坏，船舷摇摆，或出于自卫时开火，就有可能出现这种情况。这又可能让其他战舰也着手射击，否则它们就可能互相遮挡火力范围，从而妨碍己方其余攻方战舰进入距敌舰更近的位置。这时，射击纪律尤其重要。当一支舰队试图阻止另一支舰队执行战术机动，或是试图保障自己的机动自由时，也会发生远距离炮击。“近距离”是个富有弹性的术语，似乎可以指0.25英里以下的任何距离。英法两军使用的“步枪射程”和“手枪射程”术语也不精确。步枪射程大约意味着陆战队员可以用步枪向敌舰开火的距离，但这根据实际情况，出入可能会很大。这一距离可能是150码或更多，尽管滑膛枪在超出80码的距离上就被认为不精准了。手枪射程可能意味着决斗距离，也就是说50码或25码或者更少。总体上看来，大多数战斗中的射击距离可能略大于人们迄今为止所认为的距离。我们知道，荷兰海军卷入混战时更青睐展开登船战，因为他们擅长英军畏惧的登船战。

在真实的“混战”当中，由于毫无秩序的战舰都聚在一起交战，结果就取决于高效的炮术和操舰术，以及英国人所谓的“相互支持”。就炮术层面而言，这意味着让所有火炮甲板都保持稳定火力，在必要情况下甚至可以在战舰两舷同时射击。随着作战行动的持续，火炮被敌军炮击到失去战斗力，炮手或死或伤。当过热的火炮后坐力过强，导致弄断了特别用于作战的两条驻退索（发炮时阻止炮身后退的绳索，它们也可能会被敌军炮击割断），就有可能造成更大的伤亡。陆战队员和船员

◎ *17世纪的火绳枪和火绳枪兵*

会在船艏楼、船艉楼、甲板以及顶桅上使用步枪交火。部署在战舰水线上部建筑的回旋炮和后来的卡隆炮装填着霰弹，可以用于清扫敌军的甲板，消灭准备发起攻击的登船部队。只有当两艘战舰卡在一起时，才有可能出现登船状况，如果其中任一战舰起火，情况对双方就十分危险了。相互炮击有时会持续好几个小时，直到其中一艘战舰的炮手因伤亡过大，最终无力继续抵抗为止。18—19世纪的“混战”操舰术——攻方用侧舷扫射敌舰船首或船尾，这样除了可以最大化发扬己方火力，还可让己方舰船只暴露在敌人最少的火炮下（风帆战舰船头船尾的火炮数量最少）。这与16—17世纪的混战不同——16—17世纪的混战目的是登舷。

战列舰很少因为被炮火击中而沉没，但要是其起火后，火苗蔓延到火药库，就有可能被炸毁。其次，如果战舰的水下部分遭到敌军射击，在恶劣天气的影响下，也可能会沉没。另外，设计不良的战舰还可能在本舰射击火炮时被震成碎片。

总之，“战斗训令”这个被许多作家滥用的术语一开始是很原始的。早期的训令一开始并没有区分航行条令或战斗条令，内容也驳杂，里面可能包含奖赏、舰队停泊顺序、行政管理等各种内容。一般来说，条令的有效期很短，产生新条令后便失效了。因为下一次战役时，司令官可能会重新制定他认为合理的新训令，这种情况一直延续到了1660年。王政复辟以后，《战斗训令》不再是一部著作，而是《女王陛下（后改为国王陛下）舰队的航行与战斗条令》中的一个章节。随着时间的推移，《航行条令》和《战斗条令》内容被固定下来，对舰队在航行和战斗中的所有行为都做了尽可能详细的规定，包括抛锚、起锚、航行和锚泊时应发出何种信号，如何用灯光区分不同旗帜，雾天如何航行；资深舰长和新任舰长的船舶在航行时的优先级如何区分，如何召集军官；关于技工、领航员、双桅小帆船、沿海供应船和单桅帆船的条例，关于火攻船的条例以及如何鼓励火攻船作战的条例。

最初，《航行训令》十分原始，尽管包含了敌军未出现时，如何控制舰队的信号。此后，《航行训令》开始包括更多细节，最终包括了巡航编队的完整阵型，以及从一个战斗队列机动为另一个战斗队列的方法。从这些训令中，我们能够发现，大舰队是如何搜索到敌军舰队以及如何根据现有方法展开战列线的。到 1653 年，《航行训令》与《战斗训令》成为两个独立章节但又相互对应的文件。到 17 世纪末，它们更加详细。但在实际战斗中，当时的训令和作战信号较 1665 年约克公爵詹姆斯或鲁珀特亲王的主张并无进步。

当然，只有训令手册是不够的。我们从其他领域的经验中可知，一个系统的实际运转是不能仅参照官方手册的。官方手册所描绘的永远不是完整的，诠释战术需要专业实践。除此之外，战术还需要一种哲学，一种情感，一种传统，一个信仰，也就是“军队文化与习惯”，以此激励系统的使用者。从广义上讲，一支强大军队的训令和战斗实践最为接近，战斗力弱的军队的官方训令与战斗实践就容易脱节，一支正走向灭亡的海军，极有可能会不断颁布《战斗训令》。

一位舰队司令总是随身携带着训令，训令中包含了他指挥的条目，明确说明了他的战略目的（尽管常常用词细致），一定程度上还包括实现战略目标的手段——说服和安抚亲王、大臣和盟国将领，哄骗中立国港口的总督。与此同时，他还有至关重要的任务：指挥巡航舰保护贸易，为运输船提供护卫。如果交战的话，以何种方式进行，不是仅靠留意风向和观察敌军行动就能决定的事情。

总而言之，尽管训令有许多不足，且有时不能够实施，风帆时代的海军训令特别是海军战术，最终于 17 世纪正规化起来，其原因就是发生在 17 世纪后期的两次“英荷海战”。

第一次英荷海战中的线性战术

英国内战期间，王党勾结西班牙海军和法国海军派了大量私掠船袭击议会军。为了扫荡私掠船，同时也为了与潜在的敌人——荷兰海军抗衡，英国建造了大量巡航舰。英国的巡航舰有好几种，最大的巡航舰甚至有双甲板和 60 门炮。

英国国会于 1649 年处死查理一世，成立共和国政府。但军阀克伦威尔于 1653 年解散国会，自封为护国公，英国重新陷入军事独裁。克伦威尔上台后，通过增加税收以及出售充公的土地方让英国政府每年的收入增加到 200 万英镑。舰队经费不再依靠临时的“船只资金”，克伦威尔向海军承诺，每年会投入 40 万英镑从事海军建设，海军费用成了共和国财政中最为庞大的支出。

仅在 1649 年，克伦威尔就下令建造了 77 艘巡航舰。在他的大力支持下，英国海军战舰的总数达到了157艘，总吨位是斯图亚特王朝的数倍，海军人员达3万人。英国扩充海军的速度，在整个世界都是最快的。

随后，英国的造舰政策也进行了修正，虽然还是以重型战舰为主，但不再兴建“海上君主”号那样夸张的巨舰。新建的战舰大部分被限制在1000吨左右，长宽比大，载有火炮60~70门，基本无装饰，在火力与机动性上有较佳的平衡。

此外，英国海军还成立了海军委员会。原本的海军部和海军委员会都直属国会。海军委员会负责处理一般的行政事务，如建造船只、招募人员、后勤供应等，同时也监督各地的海军——各地海军每周都要向海军委员会汇报工作。海军部则负责作战指挥与制定战略，有12~15名成员，每周进行一次例会，并负责任命经验丰富的将军担任海军上将或舰队指挥官。

1649年2月，50岁的罗伯特·布莱克上校、39岁的理查·迪恩上校和50岁的爱德华·波帕姆上校被任命为海军上将。随后不久，爱德华·波帕姆病故，乔治·蒙克接任其位。其实这四人都是克伦威尔为了加强对海军的控制而安插的人马。这是因为海军曾经叛变过——1648年5月国王被拘禁时，一支驻扎于肯特的舰队发生哗变，投奔了海外的王军阵营。新模范军的加入给原本组织松散、由贵族和老水手控制的英国海军带来了严格的组织纪律。英国海军由此确立了一系列军规军纪，脱胎换骨。这一系列的军规军纪将在未来的战争中发挥了积极作用。

第一次英荷海战（1652—1654年）是破交与护航的对决。英国的重点是打击荷兰的商船队，然后封锁荷兰的经济。荷兰的重点在于帮商船队护航，只要商船能回到荷兰港口，就是胜利。英国在地理位置上占有绝对优势，因为不管商船从哪里来，回荷兰一定会经过英吉利海峡与北海，英国舰队只在这些地区附近以逸待劳就好了。第一次英荷海战的大部分交战地点都发生在英吉利海峡或北海。

虽然许多学者进行过相关研究，但大家对英荷战争前四场海战的细节其实所知甚少。当时留下的纪录不多，多是些残缺片断。那时，大多是混战，一方可能抢占T位，然后向对方炮击；也可能一方穿插对方的舰队，然后进入乱斗，最终目的是登舷，大家只要跟着司令往前冲就好。舰长或分队司令可以任意撤退或离队去追求战果，可以说毫无秩序，这种现象在荷兰方非常普遍。

《航海时代的海战》一书的作者布莱恩·康舒妥认为，英荷战争时，双方更有可能采用的是下面这种战术：“双方分别占据上下风位置，用多路并进的方式排成横阵，彼此的船头面对船头；在战斗中，双方船只交错穿过对方的队列，以侧舷开火，随后越过对方船头，转向，然后双方互换位置，重复上述动作。”

小约翰·F. 吉尔马丁教授的论文《近代早期的海战军事革命：技术源头、战斗结果和战略后果》中提到，传统的盖伦帆船交战方式是：“抢到上风，用船头的火炮射击，再用舷侧射击；越过敌船时用船尾的火炮攻击；在清理好炮膛能够重新装填之前，调整航向回头，用另一侧的舷侧射击。如果有机会登船的话，就抓住机会登船并夺取赏金和战俘终究是首要目标。”

甲方以多路舰队穿插分割乙方

结果1：甲方以交叉火力合围乙方

结果2：双方陷入混战

◎ 混战战术示意图1

看来这两个资料可以互相印证。

在战争初期，英国海军显然没有真正的战术系统，它的舰队由三支分舰队组成。分舰队司令们指挥着他们的分舰队。分舰队或单独的战舰可根据命令互相支援，所有的进攻都要尽可能从上风方向发起。

第一场战役是1652年5月的多佛海战。英荷双方主帅分别是罗伯特·布莱克上将与特罗普上将。这是一场发生在多佛外海的遭遇战，所以也没有什么事先计划好的作战计划，最后，荷方损失2艘船后

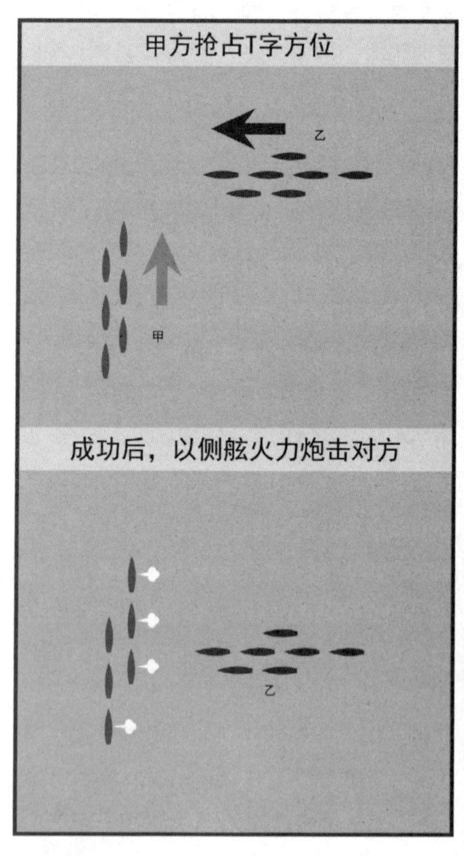

◎ 混战战术示意图2

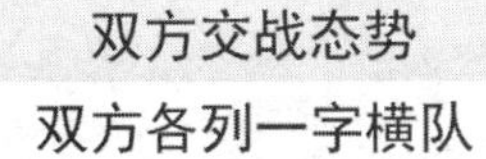

双方各列一字横队

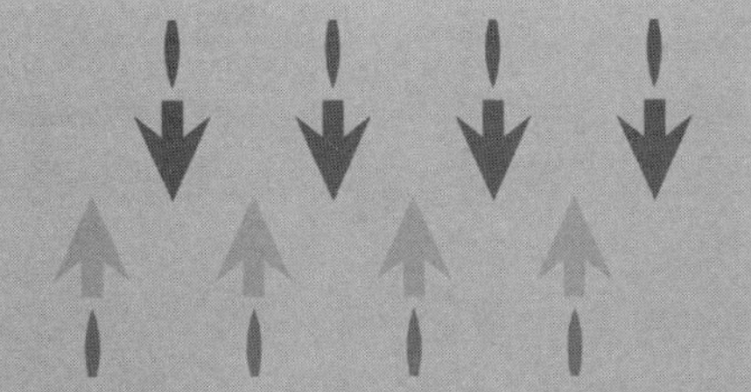

战舰穿过对方队列，侧舷开火

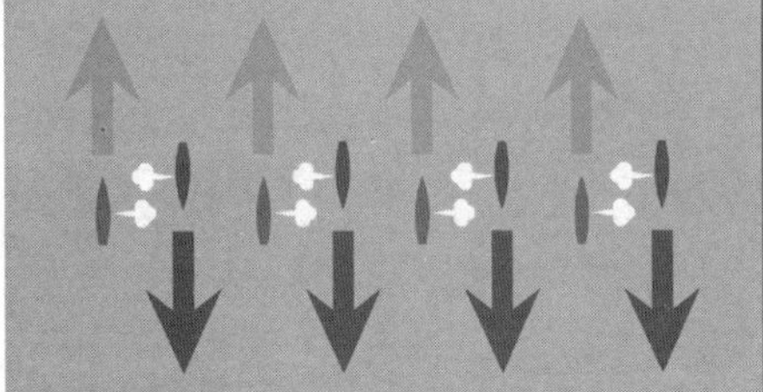

越过对方船尾并转向

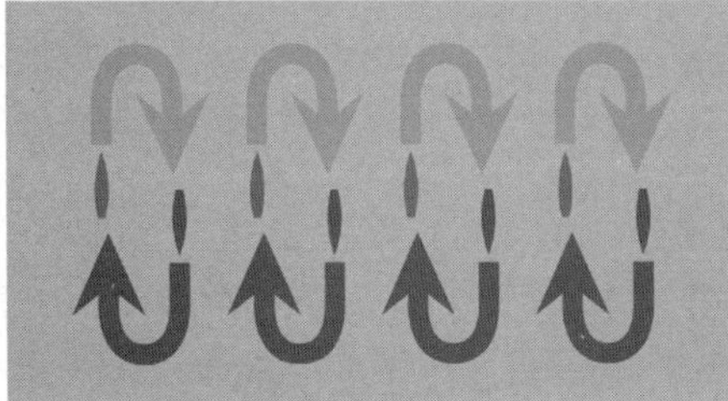

双方互换风向，再次开火

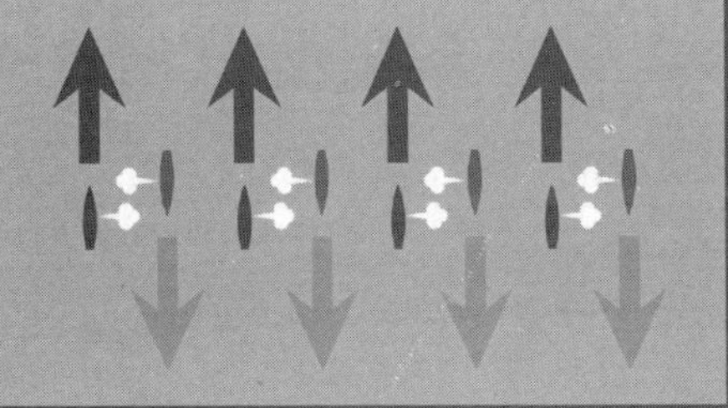

◎ *混战战术示意图3*

◎ *荷兰特罗普上将*

退出战场。

第二场战役是1652年8月的普利茅斯海战，英方乔治·艾斯丘爵士率领45艘船遇上了为60艘商船护航的23艘战舰和6艘纵火船（由中将米歇尔·德·鲁伊特尔率领）。文献中提到，占据着上风位置的英国打算冲入荷方队伍，但德·鲁伊特尔中将不停发射链弹扫荡英军的桅杆和索具，使英舰的速度减慢。随后，荷舰边打边逃。最后，英方放弃追击，荷兰商船安全地驶入大西洋。

在1652年10月的肯特诺克沙洲海战中，英国以战舰68艘、2400门火炮和10000名船员，对付荷兰的62艘船、1900门火炮和7000名船员。一开始，荷方略有优势，但荷军有内讧，在英军强大火力的攻击下，荷军损失2艘船后以失败收场。

◎ 1664年下水的荷舰“七省”号

而10月的邓杰内斯海战更像是场骑士的对决。布莱克上将的旗舰“凯旋”号再次遇上特罗普上将的旗舰“布雷得罗德”号，人们的注意力都集中在两人的单挑上。荷军小胜一场，夺回了制海权。

跟许多人所想的不一样，英国在1653年3月的波特兰海战中使用战列线战术完全是不经意的行为。其证据是战斗开始前八天，布莱克、迪恩和乔治·蒙克上将发布的新九条训令里面，没有提到任何有关战列线战术的字眼。不过，波特兰海战还是一场极为重要的海战。英军第一次把舰队分成前锋（白）、中央（红）、后卫（蓝）三个分队。英军也在此战中第一次局部使用了新的战列线战术——利用自己在火炮上的优势，把船排成一排，用侧舷的火炮和荷兰人对射。荷兰人虽然精于混战，一直想靠近英军登舷作战，但在对方炮火的打击下无法如愿。

更重要的是，波特兰海战后，布莱克、迪恩和乔治·蒙克上将发布了两套新的训令，分别为《舰队在航行中的队形规范》（简称《航行训令》）和《舰队在战斗中的队形规范》（简称《战斗训令》），第一次把《航行训令》与《战斗训令》分开，以两套相互独立但又相互配合的法规同时发布，因而奠定了后来将《航行训令》和《战斗训令》作为独立法规发布，但合并在一本书中的做法。此外，这两套训令只包含了战斗或航行中需要注意的事项，无关的内容全被省去。

《航行训令》共二十一条，其中的十二条全部或部分内容都与夜间巡航有关，其中有十六条提到了舰船之间信号的沟通形式。虽然这些条款的主要目的是使舰队在白昼和夜间能正常行动，其中没有提到任何抢风、调头的信号，也没有提到如何通知某分舰队改变航行方向的通信模式，但它们依然是一个新时代的开端。在这些条款的基础上，未来将发展出当敌军出现时己方的战术布置与巡航阵型准则。

《战斗训令》相对简短些，只有十四条，包含了如何处理火攻船，航行时上将、中将与少将该处于什么位置等内容。

这两套训令尽管存在不足之处，但也具备相当的革命性，不仅是因为它们的形式与内容，也是因为海军从此有了一套标准程序作业（SOP）。

似乎有很多理由认为新训令是在蒙克的强烈影响下产生的。蒙克，当时仅次于克伦威尔的英国二号军人，实战经验还胜于克伦威尔。他曾在低地国家（指荷兰地区）作过战，参与了1625年的远征西班牙加迪斯行动，为查理一世在爱尔兰作战，并站在保王党一方加入内战，然后被俘。布莱克在波特兰海战中受了重伤，迪恩又看上去对海军行政管理更感兴趣。对那时的蒙克而言，发布新训令可能是希望给予充斥着许多商船和商人的舰队更多好战精神。此外，由于蒙克担任过步兵与炮兵军官，他把陆军重视火力与纪律的概念带入海军，设计一套新战术让舰队能发扬出全部火力。

不可避免的下一场战斗是1653年3月的加巴德沙洲海战，它是英军真正使用战列线战术的第一场海战。尽管相关资料的记载不够详细，但足以证明英军的战术与昔日不同，而且有所改进。蒙克上将和迪恩上将的旗舰“决心”号的舰长理查·莱昂斯表示：“我们的舰队以较之过去更好的阵型行动，一艘接着一艘。”

还有一封从海牙寄给正在哥本哈根流亡的温特沃斯勋爵的信这样写道：“英军始终处于上风位置，在距离敌舰半小时航程远的地方，排成自己希望的纵列作战阵型，然后在距离敌舰大约火炮射程一半[①]的地方猛烈轰击荷军一整天，成功取得了击沉2艘荷军战舰的战绩。次日，英军继续排成纵列，在距离火炮射程一半的地方阻挡荷军，使其无法登舰，并在发现荷方舰队秩序混乱时派出小型船只进行登舷，然后将其俘获。直到荷兰舰队接近奥斯坦德时，英军才脱离战斗。”

英军不仅在风向上有优势，拥有更多、更大的火炮，也比荷军更有纪律。他们能遵循分舰队司令的指示保持队形，在原位置上不断开火，不会任意离队。他们利用这些优势挡住了荷军。当荷军发现他们处

① 火炮射程约200~300码。

于不利之处时，想办法利用有利的风向，但英军利用风向的优势阻止了荷军。

荷军的一切努力似乎都旨在立刻登舷近战。毕竟在老式混战中，登舷是唯一迫使敌军投降的方式。这与纳尔逊的混战战术不一样——18 世纪末期，纳尔逊复兴混战战术，但仅以此作为破坏敌军阵型、阻止敌军逃跑的方式。虽然纳尔逊在圣文森特角海战中以漂亮的登舷俘获了敌舰。

最后一场海战是发生于 1653 年 7 月 31 日的斯赫维宁根海战。迪恩已经在加巴德沙洲海战中战死，布莱克上将因病登岸休养，蒙克因此成了英军方面的唯一一位上将。荷军则由特罗普上将指挥，协助他的是德·鲁伊特尔中将和德·威斯中将。英军取得这场海战压倒性的胜利，特罗普战死。对战斗细节有若干种描述，其中，丘比特上校的记载里面满是“冲锋”字眼：

我们朝着他们转向，穿过了他们的整支舰队。一部分敌舰处于我方舰队一侧，另一部分处于另一侧……我们刚冲过敌方战舰，就接着继续转向，他们也朝着我们转向，靠得很近的相互穿插过去……双方一旦互相冲过，就立刻再次转向，荷兰人

◎ 1653年斯赫维宁根海战油画

还处于下风，我们紧咬不舍……我们这次分割了一些没有航行到我们上风方位的敌舰……我们朝着他们转向，他们也朝着我们转向，这次是双方最为拼命的战斗，近得几乎长矛都可以捅到对方……在这最后一次的冲锋中，我方战舰时常距离敌舰极近，上将对这一定非常烦恼，所有战舰肯定也是这样……

另一位目击者西奥菲勒斯·萨谢弗雷尔这样写道："我们与敌军整支舰队交战，从敌方舰队当中冲了过去，隔开了许多敌舰；敌军出动了三四艘火攻船，但是（在上帝的保佑下），他们并未给我们造成任何伤害。此后我们再次转向航行，又一次冲过了敌方舰队，接着是第三次。"

这些记载里面根本不存在任何战列线战术，哪怕连最细微的证据都没有。战斗场面看上去更像前文提到的老式混战：双方分别占据上下风位置，用多路并进的方式排成一字横阵，彼此船头面对船头。在战斗中，双方船只交错穿过对方的队列，以侧舷开火，随后越过对方船头，转向，然后双方位置互换，多次重复上述动作。

虽然斯赫维宁根海战没有任何使用战列线的证据，1654 年 3 月由布莱克重新发布的新战斗训令也没提到战列线战术，但战列线思想已经确立起来。到第二次英荷战争爆发时，战列线战术已成为必需战术，证据是，训令规定己方战舰接触敌舰之前要预先列成战列线。

为了在海上与荷兰争霸和打击西班牙，英国同时维持着一支强大的海军与一支强大的陆军。可以说，英国共和国时期

◎ 英国国王查理二世画像

是连年战争：1649—1650 年远征爱尔兰、1650—1651 年入侵苏格兰、1652—1654 年第一次英荷海战、1654—1660 年断断续续的英西战争，穷兵黩武至极。军费让共和国破产，再也发不出军饷。1559 年克伦威尔死后，克伦威尔之子压不住军队与贵族，国会议员们迎回了查理二世。1660 年 5 月，查理二世在多佛登陆，回到伦敦，于 5 月 29 日正式加冕为不列颠国王，史称"王政复辟"。

在首席大臣爱德华·海德的斡旋下，查理二世赦免绝大多数的圆颅党人，只处死了九名法官，因为他们当年签署过查理一世的死刑命令。同时，查理二世也承认内战后的产权变动，几乎以不流血的方式取回了政权。

多数英国人经历克伦威尔五年的独裁

◎ 英国海军将领鲁伯特亲王画像

统治后，厌恶这禁止一切娱乐的清教徒生活，热烈支持查理二世即位和道德解禁与美好传统的回归。好笑的是，他们与当年拥护克伦威尔上台和处死查理一世的是同一批人。

英国海军不仅恢复了财政能力①，而且是将星如云：国王的堂兄鲁伯特亲王、乔治·蒙克上将、爱德华·蒙塔古上校、威廉·潘恩爵士，国王的弟弟，年仅27岁的约克公爵詹姆士虽然没有任何海战经验，但未来将会证明他的出众能力。

1660年的英国海军军官是在英荷战争中成长起来的第一代海军职业军官，他们出身平民，是熟练的水手，加上受过布莱克等人的军官专业培训，在战列线战术尚未被他国接受的当时，他们知道如何以新战术击败敌军。热爱帆船航海的查理二世是海军事务的行家，他虽对

① 克伦威尔以短期债券的形式筹措军费，虽然短时间筹到了一大笔钱，但一起爆发的还款事情让共和国财政破产。王政复辟后，英政府采用长、短期债券并用的方式筹措军费，短期债券用于临时开销（如战争支出），长期债券用于平日的舰队维持，然后以税收摊还，因为平日舰队的维持才是大宗的军费支出。通过这种方式，王政复辟时期，政府虽然也有财政紧张，但不会破产。当然，在议会的控制下，国王无法随意发动战争，也是政府没破产的原因。

◎ 英国海军将领约克公爵画像

旧军官颇为猜忌，却也知道这是目前的唯一选择，清洗了这些旧军官，就没人操纵海军了。

此时，围绕复辟后海军将领的选拔，海军与宫廷发生了所谓的“绅士与油布”之争。持“绅士”派的观点者多是国王身边的贵族士绅，他们认为拥有荣誉感的贵族青年天生就具有领导能力，适合担当军事统帅；而所谓的“油布”派，则是皮普斯等海军官员，认为身披油布衣、航海经验丰富的老水手才能胜任海军军官。国王和约克公爵都清楚海军的需求，但王政复辟后的政治格局要求他们必须团结掌握着议会的贵族势力。欧洲贵族家庭有这样一种传统：长子继承家业，次子及其他儿子则在教会或军队谋出路。当时，英国教会职务有限，而英国陆军的规模也在复辟后被议会压缩得很厉害，因此，海军的官职便成了王室笼络贵族的重要筹码。

为了平衡海军与政治的需求，1661年，查理二世与约克公爵做出了折中而巧妙的决定：选拔贵族子弟接受海军职业训练，将之培养为贵族职业军官。依照这一制度，获得国王许可令的贵族少年将成为海军的志愿者，在指定战舰上担任海军见习生（midshipman）之职——这一职务本由经验丰富的高级水手担任，因其工作位置在船只中部而得名。志愿者们受到各自舰长的教导和考核，锻炼数年后即可提拔为较低级的正式尉官，随后便依其功绩逐级晋升为舰长和将军。今天词典里的“midshipman”（多译作海军学员或海军见习生）一词便源于此。这便是后来皇家海军海军见习生制度的雏形，也是英国海军贵族化的开始。

按照17世纪70年代斯图亚特王朝的设想，贵族入海军都是正式军官[②]，但非贵族出身的也可以做到正式军官，比如加入海军的商船船长。可惜的是，非贵族出身的军官只可以担任一些小军舰的舰长，“舰长兼任航海长”就到顶了；贵族出身的军官则可以从尉官、舰长一路做到元帅。

② 海军成员分成三种：commission officer, warrant officer, crew. commission officer是从尉官到元帅的正式军官，warrant officer就是航海长、医生、木匠、炮手等技术军官，crew就是水手。

第二次英荷海战的火力至上

此后，随着英荷两国争夺殖民地矛盾的激化，第二次英荷战争（1664—1667年）爆发了。1664年秋冬，英国舰队都在普利茅斯港休整。11月9日，詹姆士抵达舰队并接管了指挥权。11日，他将舰队分为三支分舰队，并在16日与22日发布了新的《航行训令》和《战斗训令》。《航行训令》与之前共和国时期的大同小异，只是以“上将”取代了之前的“将军”头衔，并增加了在白昼与夜间弃锚漂流的命令。而《为了国王陛下的舰队在战斗中更为有序的训令》（即《战斗训令》）包括十六项条文，与共和国时期的训令也十分类似。不同之处在于，共和国版本的第三条要求“舰长保持直线，与司令官一起组成一道战列线”被改成要求舰长“进入战前命令中指定的位置与序列”（第二条）与“按照指定的阵型与敌人交战”（第三条）。其中，第十五、十六条是全新的：它们规定了左舷或右舷逆风时组成纵队的情形，并规定，进入合理的交战距离后没开火的战舰指挥官应受到军事法庭的严厉惩处。

这些战斗训令显示了当时的舰队组织：舰队分为前卫（白）、中央（红）、后卫（蓝）三个分队，每支分舰队再分成前锋、中央、后卫三部分，分别由一位前锋司令、一位中央司令与一位后卫司令指挥；每艘船的战斗序列位置事先就被指定了。另一项证据来自1665年2月1日爱德华·蒙塔古从唐斯出海时额外发布的五条训令，第一条是：“如有时间，舰长们即按照事先已发布的分舰队航行或战斗序列进行航行。”在那个年代，战斗序列还是新规定，其作用是为每艘战舰指定其战列线的位置，舰长们应尽快事先组织好战列线以免开战时战舰无法抵达正确的位置。

1665年4月10日，詹姆士又发布了新的训令，其目的似乎是增强舰队的纪律性，同时建立一些简单清晰的战术原则。其第一条训令，明确要求指挥官“应尽力将舰队保持为一条纵队，尽可能地保持战前计划的战斗序列。”第四条提出，天气合适时，战舰应在半链（1链为0.1海里，半链约90米）的距离上同敌人交战。第二、三条则规定，如果舰队要迎击从上风处驶来的敌人，先导舰队应驶向敌军舰队的首端，如果舰队迎击来自下风处的敌人，则指挥官们应尽力将舰队的战列线保持在紧靠上风的位置。由此可知，使用战列线战术且固定战斗序列是17世纪海战战术最重要的进步之一。

第六条：“在敌军主力溃逃或被瘫痪之前，陛下舰队中的任何战舰都不应追击任何少数的敌舰。”第七条：“任何战舰的追击行动都不应超出旗舰的视野，所有追击战舰必须在夜间返回。”第八条：“瘫痪的战舰，如果没有陷入沉没或被俘的危险中，便由最后方的友舰加以救援，而舰队的其他部分应通过痛击敌人的方式支援我方受创战舰。”这些禁止单舰追击敌军的规定则被后世学者认为是造成战列线战术僵化的罪魁祸首，充满形式主义。赫伯特·里士满上将是这样批评的：“掌握一支舰队并获取全面胜利的原始概念与这种糟糕的形式主义混而合一，造成舰队在攻击下只想保全自己，这样的观点在漫长的和平时期成为主流，使防御凌驾于攻击。”

然而，谴责当时这些训令条文是没有道理的。“形式主义”一类的词语只能用于形式与秩序存在的场合，当时，形式与秩序并没有出现，战斗序列的概念才刚刚被接纳。

于是，一些学者开始对此指控提出相反看法。P. H. 哥伦布认为，把船排成一列直线就能轻易避开纵火船这些恐怖的东西。布莱恩·康舒妥认为，这种限制机动的命令是合理的。因为17世纪中叶的英国舰队由100艘乃至更多的军舰组成，里面混合了商船和战舰，这种命令是防止商船的船长为了赏金去追逐一艘受创的敌舰，而导致编队队形被破坏（这种现象在第一次英荷战争中很常见）。

他们说得没错，1665年的英国舰队除106艘战舰外，还有19艘征用商船，这么多素质不一的舰长无论在哪一方面，都极难保持凝聚力。将领们深知，那些贵族舰长或商船舰长并不可靠——他们一心只想着俘获战利品或通过登船夺取敌舰获得荣耀。如果允许舰长私自决斗或与小组混战，阵型就会混乱，其害处远大于“保持”固定战斗序列。从第一次英荷海战就可以看到混战、无序的害处。

英荷海战催生了战列线战术，其艰苦的战斗经历巩固了战列线战术地位。英荷战争时，舰长们面临的最大问题是作战舰队规模，考虑到战列线有超过百分之十的船只是临时雇来的商船，缺乏凝聚力的情况就更是严重。1650年前的舰队指挥是“简单”的，大家只要跟着总司令的命令往前冲就好了，而战列线时代，船舰数量多且战舰有固定的战斗序列，指挥的难度比以前大。

因为舰队规模是如此庞大，纵队的舰只会把整只舰队拉得很长，队伍的长度往往超过6海里。加上北海或英吉利海峡常有浓雾，分队司令往往抱怨自己看不到总司令的信号，战舰只能跟随自己的分队指挥官移动。有时分队指挥官漏掉了舰队总司令的命令信号而自行其是。因为战术控制的前提——凝聚力与良好的协同训练都无法实现，总司令精密复杂的战术动作自然无法执行。不过，有一点非常清楚，英军指挥官的目的在于击败敌军，战术不过是实现这一目标的手段。

由于英军舰队部署在距离荷兰港口和锚地相对较近的地方，一般情况下，舰队出港后没多久就进行作战，战后立即返回基地进行维修，不会长时间航行，自然也无法锻炼出团队精神。

组织一支中型规模、秩序良好的舰队与掌控一支规模庞大的、难以维持秩序且战术执行能力差的舰队，完全不是一回事。纳尔逊时代能做到混战与精密复杂的战术动作，是因为他的同僚皆经过良好训练、素质统一。而且，更重要的是，那时舰队的规模都较小，纳尔逊在特拉法加海战只指挥了 27 艘船。当然，17 世纪的将军们也知道战斗训令只是一种理想，实际执行起来天差地远。因此，如果敌人的舰队在某些区域出现了小规模溃逃，不管是受创、丧失战力、士气低落还是在耍诡计，指挥官一般只能将力量完全集中于敌人的主力，夺取、击沉或瘫痪尽可能多的敌舰。

切断战线、突破敌阵，分割、冲锋，或是穿过敌军战列线，都让己方的炮火无法集中于某一目标，自然无法取得明显的战术优势。只有固定战斗序列的战列线战术能把大量的火力集中于某一目标。战舰的舰体十分坚固，只有持续的打击能使之开裂漏水，让其失去速度和机动能力，成为舰炮与纵火船的靶子。但即便如此，被重创的战舰也可能退出战列线返回母港。

第二次英荷海战的第一场战役是 1665 年 6 月 13 日的洛斯托夫特海战。奥布丹指挥的荷兰舰队攻击詹姆士率领的英国舰队，双方在英格兰东海岸外的洛斯托夫特展开战斗。荷兰舰队有 103 艘战舰、4869 门火炮和 21613 人，英国舰队有 109 艘战舰、4542 门火炮和 22055 人。虽然荷军火炮较多，但口径不如英国舰队。此役，荷兰惨败，折损 17 艘船，2000 多人被杀、2000~2500 人被俘，主将奥布丹阵亡。英国大胜，仅损失 1 艘船，300~500 人死亡。这是荷兰海军历史上最惨烈的挫败，英国海军的火

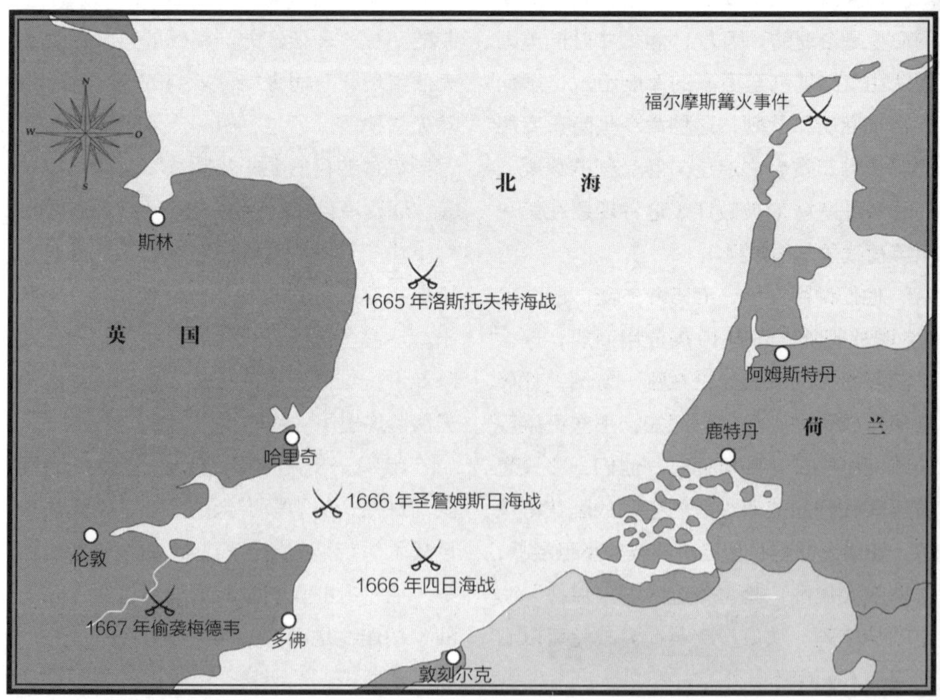

◎ 第二次英荷海战交战地点

◎ *1665年洛斯托夫特海战油画*

力优势与荷兰主将的阵亡引起荷军混乱是英国制胜的原因。

《战斗训令》与实际战斗的差距都在这场战斗中展露无遗；爱德华·蒙塔古伯爵记下了他的观察：“尽管我们制定的战斗序列要求排列成直线，每艘战舰应在自己的位置参与战斗，以免误伤友军。可许多战舰第一次驶过敌阵时就未遵守。他们向上风方向转舵，使阵型有3层、4层甚至5层，行驶到敌人够不到的远方，越过前方的己军开火，但好些都打到了自己人并造成损伤。”

8月12日的卑尔根之战是第二次英荷海战的第二场战役。德·彼特准将指挥的60艘荷兰东印度公司商船绕过苏格兰北方返国，但遭遇风暴后被分散，约50艘船集结于中立国丹麦的港口卑尔根。英国海军的美洲舰队本来要去拦阻荷兰海军上将德·鲁伊特尔，知道消息后命汤玛斯海军少将率领一支约30艘船的舰队前去拦截。

英国和丹麦签署有密约，允许英国进入港内攻击荷兰舰队，然后战利品均分。问题是这道命令来不及传达到卑尔根要塞的丹麦守军手中。英军在攻击时误中要塞

◎ 荷兰上将德·鲁伊特尔画像

英国仍然占有战略优势。

肆虐于14—15世纪的黑死病在1665年间又卷土重来，再度入侵英国，半年内由伦敦的西区扩及东区。从1665年的5月开始，每星期约有1000名牺牲者。到了9月，每周更有7000人死于此病。一直至到冬季，死亡人数才开始变少。国王查理二世都离开伦敦避难去了。据说，有10万人死于这场灾难，虽然后来疫情放缓，但伦敦的鼠疫个案并未完全停下来。一年后，“伦敦大火”①摧毁了伦敦市中心的大部分建筑，鼠疫突然彻底消失。有人认为，是大火将无数卫生条件恶劣的房屋连同疫病源头——老鼠和跳蚤付之一炬。这场鼠疫让英国国内一片混乱，暂时无法发动任何战争。

而遭到丹麦守军反击，攻入港内的英国海军有30艘船、600门火炮和2000人，而荷兰舰队有50艘船（包含多艘重型的武装商船），卑尔根要塞有125门火炮和200到300人。

后来，德·鲁伊特尔与英国的爱德华·蒙塔古伯爵都率领舰队主力到达卑尔根，英军被逼退，封锁解除，双方没有损失任何船只。荷兰舰队回国时遇到暴风雨，4艘战舰和2艘商船落单被英军俘虏。英军因未能虏获大部分东印度公司的商船，作战目的失败。1665年下半年，德·鲁伊特尔依靠出色的指挥，游弋于英吉利海峡、泰晤士河口外，有效保护了荷兰的对外海上贸易。但荷兰仅能维护交通线的安全，

1666年1月，荷兰先后同法国、丹麦结成反英同盟。法、丹两国开始向荷兰提供各种援助。尽管法国并未积极参战，但也使英国开始处于战略劣势。詹姆士与爱德华·蒙塔古不再担任海军指挥官后，鲁伯特亲王成为英国舰队的唯一高级指挥官。而在1666年的战役中，乔治·蒙克上将，被任命与他共同指挥舰队。鲁伯特一上任就重新颁布了詹姆士的《对纵火船舰长与舰员的激励措施》：“如果纵火船向40炮以上的敌舰发起攻击并将之烧毁，每位舰员将能得到10磅的赏金，舰长还能得到1枚金奖牌；如果摧毁的是敌人的旗舰，奖赏加倍。而在纵火船袭击下解救了我军

① 1666年9月2日，伦敦发生的一场无名大火。

◎ *1666年四日海战油画*

五级[②]或以上战舰的反纵火船辅助舰队的成员则能得到40先令（20先令等于1镑）的奖赏。被租借作为纵火船或反纵火船辅助舰艇的私人船只如果在战斗中损失，船主能够获得来自海军财政金的补偿。”不管执行情况如何，这些承诺无疑展示出王国海军需要比共和国海军更强的激励措施，只有提供危险工作的额外补贴，才能招募到纵火船与那些反纵火船辅助舰艇。

当舰队还在为航海季节的战役休整时，1666年5月1日，在诺尔湾的“皇家查理”号上，鲁伯特亲王与乔治·蒙克共同颁布了新训令。《航行训令》与之前共和国在1653年颁布的训令的大同小异，只是增加了“最末舰首先转向”与“在白昼与夜间弃锚漂流”的两条命令。

1666年6月11日，知名的四日海战展开。因为错误的情报，鲁伯特亲王率领英国舰队中最好的22艘战舰去寻找不存在的法国舰队，所以在头三天缺了席。

战斗的前三天，乔治·蒙克率领57艘战舰在泰晤士河口与德·鲁伊特尔的84艘荷兰战舰进行了实力悬殊的苦战。在战斗的第二天，双方以常规的相反航向相互

② 把战舰分为一二三级战列舰、四五级巡航舰的做法始于1660年。

◎ 第二次英荷海战中荷军最大的战舰——旗舰“荷兰”号

驶过，从前卫到后卫依次通过对方阵前，在后卫与敌舰脱离接触后，全体转向，再次进行类似机动。之后，荷军后卫科内利斯·特罗普（已故荷将特罗普的儿子）的分舰队被英国舰队分割，德·鲁伊特尔被迫前往救援。此时的英国舰队展现了非同寻常的力量，似乎取得了某些优势。但双方数量相差毕竟悬殊，英军遭到严重损失，乔治·蒙克选择撤退。第三天，他缓慢地进入泰晤士河口，用后来被称为的撤退阵型掩护受创严重的战舰。“皇家王子”号，这艘最初由菲尼亚斯·佩特为英王詹姆士一世建造的巨舰，在加洛普沙洲搁浅后被荷军俘获并烧毁。当日夜间，鲁伯特与乔治·蒙克会合，并于次日被编成前卫分队，英荷双方实力恢复相等。而在最后一天的

◎ 第二次英荷海战中英军最大的一级战舰——英国“皇家查理”号（1655年下水）

十二小时苦战后，夜间的浓雾迫使双方脱离接触。

尽管德·鲁伊特尔的操舰技术更佳，并在前三天拥有更强的兵力，荷军依然未取得压倒性的胜利：英军损失10艘战舰，荷兰损失4艘。

虽然自1653年后，荷军开始新的造舰计划，并在第二次英荷海战中投入了24艘更重型且火力更强的战列舰，但其战舰的火力与英舰相比，仍居下风。例如，荷舰最大的船“荷兰”号有80门炮，每次舷侧齐射时能投射总重为568磅的炮弹，但这种火力只等于英国60门炮的战舰“费尔法克斯”号，只有英军最大船只90门炮的“皇家王子”号（每次舷侧齐射总重972磅）的三分之二而已。不过，1665—1667年前后建造的英舰普遍存有设计上的问题，如1108吨皇家“凯瑟琳”号根本就是失败品，炮位和给养都还没装载，最底层的炮口离水面就只剩3英尺，这就意味着，如果再装上炮位和给养，最底层的炮门在海况恶劣时根本无法打开，不然海水会倒灌进船舱；而满载60—70门火炮以及四个月给养的荷兰军舰，最底层的炮位距离水面仍有4英尺。

此战的无序自然会降低火力的效率。A. H. 泰勒少将在分析于1666年进行的四日海战时指出：“两支舰队交战时，大多是双方相对航行，并在距离敌方200多码时交火，然后双方再转向。这样的穿梭至少有十次，每次须花上三小时。英国战舰每门火炮携带了40轮射击的弹药，最后所有战舰还都剩下10轮以上的弹药。这样算来，每轮反向交战时火炮仅能射出3轮，即每门炮每小时射击一次。”

当荷兰方面首次在战斗中使用线性战术时，英国一方却背离了战列线战术。战后，海军将领威廉·佩恩爵士与塞缪尔·皮普斯聊天时评论道：“我们本该排成战列线作战的，这样我们无论如何都能打败他们。荷兰人用正确的方式作战时，我们打得一团糟（英军陷入混乱，无法排成战列线）。”这些观察足以说明，纸面上理想的《战斗训令》与实际战斗的情形存在着很大的差距。

1666年7月25日的圣詹姆斯日海战爆发前一周，鲁伯特与乔治·蒙克发布了《增订战斗训令》，第一条是“将敌军保持在我军的下风位置”：

如果我们占据了上风位置，敌军冲着我们驶来，我们也冲着他们驶去，那么我军前卫舰队应保持上风位置。当与敌军后卫舰队拉开适当距离后便停下等待，直到我军的整条战列线赶上来并与敌军前卫也拉开同样距离，然后，我军整条战列线应转舵为与敌方一致的航向，同时保持上风位置，这样就不会受制于敌方前卫舰队的转向。如果敌军后卫舰队首先转向，那么我军前卫的先导舰应带头转向，然后整条战列线跟随转向，与敌人保持同样的航向。

这一训令不再是之前双方相对驶过的那种作战方法，而是实力大致相当的两支舰队以平行的战列线进行全面交战。在洛斯托夫特海战中，詹姆士曾尝试进行这种机动，但由于打出信号需要一定时间，战术时机最终被错过。此后，鲁伯特与乔治·蒙克的训令中也没有出现代表这一机动的信号。

这一训令是 17 世纪海战战术最重要的进步之一，它可以让舰队们有更长的持续开火时间，能给予敌人更严重的打击，算是 17 世纪时英国海军除战列线战术外最为重要的发明。它明确地告知海军指挥官该如何进行海战，被写入《永久航行与战斗条例》（第十七条），成为未来一百多年来通行的唯一一条强制性训令。严格说来，指挥官们除了选择适当时机打出信号命令舰队转向以保持与敌军航向一致外，没有其他战术选择。

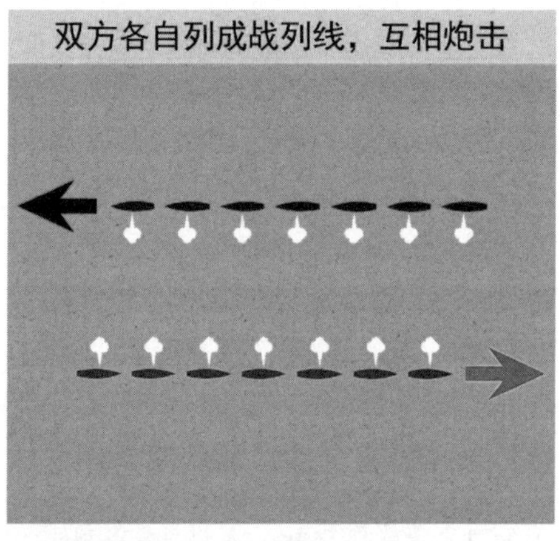

◎ 旧式战列线战术（双方以相反航向相互驶过）

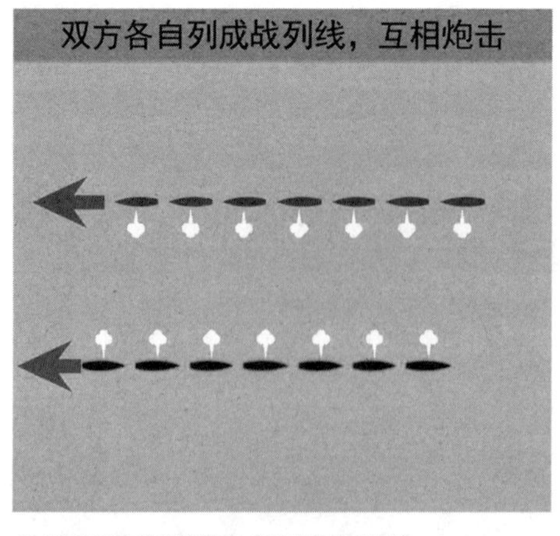

◎ 改良后的战列线战术（双方航向相同）

《增订战斗训令》的第二条为“分割敌军舰队”：

如果敌军占据着上风位置，海面足够宽阔，我们便应尽可能采取逆风的航向，直至我们发现分割敌军舰队的机会。如果我军前卫分队找到了敌军的空档，他们便应转向插入，力求分割敌军。前卫分舰队应先通过这一缺口到敌军的另一侧，然后转弯与敌军平行，保持与敌军航向一致。中央分队应驶向被敌军被分割部分的下风处，而后卫分队作为支援，或者驶向敌军下风处，或者努力避免其他敌军驶向上风，发挥其最大作用。

鲁伯特亲王在四日海战就用过类似的机动。这种兵力集中的方法，更像是一种夺取上风阵位的方法。执行机动的自主权应该授予前方指挥官，而不是总司令。”这种做法在实际的海战中是正常的，因为分舰队司令往往距离总司令旗舰 6 海里以上，由各分队指挥官自行判断比较合理；完整分割敌军的战术，这时代还未萌芽，要到更晚的时期才到来。

1666 年 7 月，圣詹姆斯日海战爆发，荷兰打算强攻泰晤士河的梅德韦地区，因为那里有英军海军基地。荷兰德·鲁伊特尔上将以 89 艘战舰、20 艘纵火船和 9 艘小船，对抗鲁珀特亲王和乔治·蒙克上将两人指挥的英国舰队 90 艘战舰与 16 艘纵火船。

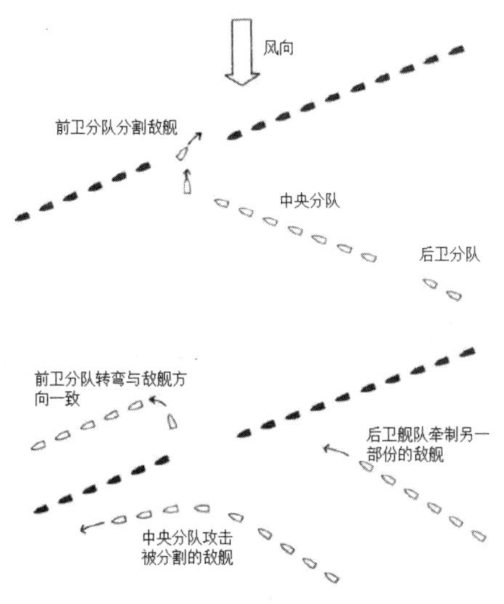

◎ *分割舰队战术示意图*

关于此战的详细细节，我们知道得很少，只知道一开始英军前卫分队的小分队和中卫分队在与荷兰前卫分队的炮击中拥有优势，并将优势一直保持了下去。英军一直迫使荷军交战直至夜间，终于取得全面胜利。英军前卫分舰队司令汤玛斯·艾林将军生动地描述这场战役：

我们的前卫舰队，十分勉强地组成了战列线，一些船只未加入。白天，一些舰长违反严格的命令，依旧越过好几艘我方战舰进行射击，我们在9或10时投入的战斗……前卫分队的司令很勇敢地执行他的任务……但劳而无功……我们的后卫分队也没能帮上什么忙。

荷军损失了2艘船，5000人死伤（1200人死亡或重伤），而英军1艘船沉没，300人伤亡。此役看起来是英军大胜，但德·鲁

◎ *圣詹姆斯日海战油画*

伊特尔上将完整地保存了整支舰队，英国则因伦敦鼠疫与9月2日的大火，政府濒临破产，查理二世无力维持舰队也无法发动新战役，荷兰实际上获得了战略优势。

1666年8月的福尔摩斯篝火事件，其实不算海战，但荷兰受到的损失超过了整个战争期间英国舰队给荷兰造成损失的总和。英国的罗伯特·霍尔姆斯上将受命率领一支小型舰队（8艘战舰）突袭荷兰的弗利兰岛，意外发现了大量隐藏在那里的荷兰商船。英国舰队在几乎未遇任何抵抗的情况下，纵火焚烧了村镇与商船，并劫掠了弗利兰岛。荷兰损失2艘小型战舰和140艘商船，火光和浓烟远处都清晰可见。篝火事件不久后，“伦敦大火”爆发，荷兰人视之为上帝对英国的报复和惩罚。经过两年的战争，英荷两国都马困人乏，双方启动了和谈。

1667年6月的偷袭梅德韦可算是17世纪版本的“斯卡帕湾偷袭”。英荷谈判的同时，荷兰海军德·鲁伊特尔上将率领60艘船（包括8艘火船）、1500名陆战队溜进泰晤士河，偷袭了梅德韦地区的查塔姆军港。

这次奇袭，皇家海军蒙受了奇耻大辱，英国海军在战斗中损失13艘战舰，仅存的4艘大型战舰有3艘二级战舰被焚毁（“忠诚伦敦”号、“皇家橡树”号、“皇家詹姆士”号），整修中的一级战舰“皇家查理”号被拖回荷兰，沉没的船只堵塞水道，岸上据点和设施也多有损毁，英国损失20万镑。之前瘟疫和伦敦大火这两重灾难，财政紧张让英国政府解散了海军的水手，有船无人的窘况让船只只能停泊于港口无法出海，整个英国海军等于停摆。英国已无力再战，全国失去战斗意志。此奇袭，不仅报了福尔摩斯篝火的一箭之仇，也让谈判桌上的荷兰有了更多筹码。英荷两国的谈判进程加速。7月31日，两国签订了《布雷达和约》。英国把《航海条例》改成较有利于荷兰的形式，放弃了在荷属东印度群岛方面的权益，并归还了在战争期间抢占的荷属南美洲的苏里南。荷兰正式割让哈得逊流域和新阿姆斯特丹，并承认西印度群岛为英国的势力范围。这个和约划分了英荷两国殖民地的势力范围，第二次英荷海战随之落下帷幕。

◎《布雷达和约》会谈油画

后记

后人常将18世纪英军的战术失败归咎到战列线战术的迂腐、形式主义和被驯服的将军。战列线之所以有这种不光彩的名声，主要原因是从1704年马拉加海战经验中得出的防御作战概念与战列线相关。在海军上将罗伯特·布莱克、鲁珀特亲王和约克公爵詹姆士手中，战列线的主要目的就是将最大数目的火炮数量对准敌军，以此击败敌军。当海军上将乔治·鲁克爵士与他同时代的人和后继者开始强调战列线的防御长处时，那些对战列线早期发展产生过重要影响的人就被称为形式主义者。

但批评者却并未考虑到一个事实：双方都愿意，会战才能展开。正如海军上将圣文森特勋爵约翰·杰维斯所言："我曾经告诉过你，势均力敌的两支舰队是永远不能产生决定性事件的，除非他们决心打个水落石出，或其中一支舰队的总司令把事情弄得一团糟——对他的战列线处理不当。"

作家笔下十分流行的全面追击让人大呼过瘾，但如果不严格控制追击，全面追击很容易导致己方舰队被敌军各个击破。追击也不像那些作家想的那样，是相当快速的作战。微风时，攻方舰队可能会以2—3节的速度接近敌军，以确保各舰保持队形，不至于互相遮盖火力范围。在这种情况下，全面追击的速度可以达到多少节？几乎不会超过7节，对"猛扑"向敌军的舰队而言，这不是一个快得喘不过气的速度。

实际上，第一次和第二次英荷战争间的空档才是中国屈服于西方船坚炮利的起点。虽然英国在16世纪初就已建造了有十余门火炮的艨艟巨舰（"玛莉萝斯"号），但这样的巨舰在既无对手也无经济支撑的情况下，充其量只是国王的大玩具，相当于郑和舰队，对后世没什么深远的影响。但英国人对大舰巨炮的坚持在后来却引发了海上强权荷兰与法国等国的海军军备竞赛。也是从这时起，非西方的海权开始被抛弃，尽管在人员与船只数量上可与西方一较高下，但火炮的数量与质量已瞠乎其后。一旦荷兰人的造船实力被激发，进一步带动英法两国的海军军备竞赛后，火炮的质与量飞涨，在接下来的18世纪，非西方的海权再也优势不起来。鸦片战争，中国会失败，其实在17世纪就能看到端倪。

◎ 詹维梅尔油画《弹琴的少女》，展示了17世纪荷兰女性的生活。

附录：

1665年4月的战斗训令

1. 一旦收到舰队司令发出的发现敌舰队信号，就降下舰队司令将旗并挂出信号旗，每个分舰队派出一艘护卫舰扬帆跟随敌舰队，尽可能获取敌舰队数量和质量的情报：有多少纵火船和其他船，舰队的状态。一旦完成情报收集，护卫舰们便会合总结情报，然后提交给所属分舰队及总指挥官。如果敌舰超出自身数量则不要交战，除非占据优势地位。

2. 一旦发现上述敌舰队，舰队副司令或第二顺位指挥官及其分舰队，和舰队第二副司令或第三顺位指挥官及其分舰队应立即扬帆追赶，并执行之前收到的战斗指令。

3. 一旦发现舰队司令交战或放两炮并在前主桅顶部升起红旗，每个分舰队应当根据规定利用最好优势与敌交战。

4. 如果任一分队遭到围攻或陷入困境，另一分队或舰船在收到信号后应立即前去解救和帮助。该信号是前主桅顶部的长三角旗，拥有该信号旗的是舰队司令分舰队或舰队副司令或第二顺位指挥官的分舰队。

5. 如果舰船失去战斗能力或遇险，快要沉没或被俘虏，如损失桅杆、水下中弹或其他类似情况，该舰船应挂起国旗和海军旗为信号，与其相邻的舰船应当解救这些舰船。

6. 如果任一舰船有必要脱离敌舰来堵漏洞或修补其他必须修补的地方，该舰应当在后桅横桁臂或海军旗杆上挂出信号旗，以便所属分舰队的其他舰可以知晓该舰意图。而且，如果该舰为舰队司令座舰或其他旗舰，舰队或分舰队的其他舰只应当竭力靠近，在该旗舰与敌舰之间组成战列，以防受敌舰干扰。

7. 如果舰队司令在敌舰队上风且舰队其他舰载舰队司令的上风，那么在后桅横桁或后桅顶桅升起蓝旗，其他舰则应跟随其航迹或航线。如果舰队司令在敌舰队下风，且其舰队或任意部分在其下风，如舰队司令按前述方法升起信号旗并转向下风，这些舰只应跟随舰队司令排成战列，处于下风的舰船不要转向下风，而应转舵强风航行，以便跟随旗舰航迹或航线。

8. 如果舰队司令意图让任意舰扬帆或竭力抢风或其他手段以抢占敌舰上风，他应当在斜杆帆、顶桅支索、前桅支索或前主桅顶桅支索挂出红旗。先看到该信号的舰只应当扬帆并降下国旗和海军旗，这样，其他舰只可以注意到信号并跟随其行动。

9. 如果后桅支索或后桅横桁臂挂起红旗，其他旗舰则跟随其航行。

10. 如果战斗中上帝将任意失去行动能力的敌舰投入我方火力范围，追击敌舰的我方舰船指挥官不能在战斗中停留、夺取、持有或焚烧这些失能敌舰，因为这样做将失去完成更重要工作的机会。如舰长希望执行这些行动时，应当有旗官（司令）们下达的指令。

11. 不要对旁侧有己舰的敌舰射击，但在确保不会伤害到己舰的情况下可以射击。

12. 所有小型护卫舰、双桅帆船、小帆船的舰长和船长的职责是知晓敌方纵火船，监视其行动，并在可能情况下尽力切断其小艇。因此，这些舰船应保持在所属分舰队的上风。如果已经尽力，却依然不能阻止纵火船靠近己方战舰，这些舰船应竭力操控自己的舰只、小艇、抓钩和其他工具扫除这些纵火船。如有这样的光荣举动，应当获得表彰，疏忽职责的则应受到严厉惩罚。

13. 每个分舰队中的纵火船应竭力占据上风。纵火船及小型护卫舰应尽可能地靠近大舰，以收到舰队司令的信号并相应行动。如果舰队司令在后桅横桁臂或顶桅顶部升起一面白旗，其分舰队所有小型护卫舰应前往其船尾听命。

14. 如果日间交战持续到夜间，且舰队司令希望下锚，那么在收到下锚信号后，各舰应以良好的秩序下锚。撤退信号是放两炮，且两炮间隔应当可以分辨，三分钟后再如此放两炮。

15. 当舰队顺风时，如果舰队司令想让舰队副司令及其舰只右舷船尾受风，并转向右舷抢风，那么应在后桅顶桅顶部升起一面红旗；如果想让舰队第二副司令及其舰左舷船尾受风转向左舷抢风，那么在相同位置升起一面蓝旗。

16. 我方舰长应当在有效射程内下令射击，否则将遭到军事法庭的讯问和严厉惩罚。

1665年4月10日或18日颁布的附加10条训令

1. 在与敌交战时，舰船指挥官们应竭力使舰队保持战列，并尽可能保持规定的战斗序列。
2. 如果敌方留下与我交战，我方处于上风，我舰队的先头分舰队应当与敌舰队的先头舰相对。
3. 如果敌方在上风位置与我方舰队交战，我方舰队指挥官应竭力使舰队排成单战列靠拢上风。
4. 理想情况下，我舰队指挥官们应当让各舰之间保持半链距离，但天气不好，需要救援己舰或突击敌舰时，指挥官可自行决定舰只间的距离。
5. 旗官们应当根据下达的战斗序列来安排自己的位置。
6. 在敌舰队主力失去战斗力或逃跑前，己舰不能追击小股敌舰。
7. 追击时，任何己舰不能追击已超出视线范围的敌舰，如在夜间，所有追击舰应当回到旗舰附近。
8. 有己舰遭到痛击，但没有沉没或被敌舰包围的危险时，跟随其后的舰只不应停留以保护前者，而应竭力攻击敌舰，将护卫受损舰的任务交给舰队最尾部的舰只。打击敌舰队主力是最能保护受损舰的方法。尽管与此前下达的战斗条令中第四看起来冲突，但本条必须遵守。
9. 当舰队司令让舰队先锋首先抢风时，如果舰队司令舰没有升起红旗，舰队司令应在前主桅顶部旗杆升起国旗；如果已升起红旗，前主桅上桅帆则降低一些，国旗应从前主桅上桅顶部向下展开。
10. 当舰队司令意图舰队后卫首先抢风时，国旗应当挂在后主桅上桅顶部的旗杆。传递这些信号给全舰队的最好方法是，看到信号的每艘舰只都挂出同样信号。

天崩地裂扭乾坤

侯景之乱与南北朝格局之变

作者：宇文若尘

南北朝后期，北朝分裂为东魏与西魏两国，加上南方的萧梁帝国，天下三足鼎立，形成了继魏蜀吴之后又一个典型的三国时代。此局面自534年东西魏分裂开始，到589年取代宇文氏政权的杨忠之子杨坚消灭陈朝宣告结束。相对于持续三百多年，战祸不断、政局震荡的魏晋南北朝大分裂时代，这个“后三国”时代南北朝尚能保持一定均势和稳定。

尼采曾经说过：“安谧的时代即中国式的时代。”这句话显然适用于南梁武帝——著名信佛皇帝治下的梁朝国都建康城，这里的确安谧、平静。大诗人庾信那屡屡被历史学家引用的名句“五十年中，江表无事”，正是这种实情的反映。

一 用兵如狼侯骨景

梁朝与北方的东魏保持和平友好往来已经十几年。东魏的实际掌门人高欢为了全力同死敌宇文泰抗衡，对南方的势力采取和平友好政策，双方使节往来相当密切。高欢的儿子高澄还时常在国都邺城组织人跟那些有着深厚文学素养的梁朝使节诗文唱和。昔年曹魏父子在邺城横槊赋诗的文学盛事大有复兴之势。

梁朝与北方的西魏隔着秦岭这个天然阻隔，无太多官方往来，再加上高欢的压力，西魏暂时也没有将手伸到南梁的打算。因此，无论东魏还是西魏，在南线都与萧梁保持着事实上的和平友好关系。就综合国力而言，当时以东魏最强，南梁次之，西魏最弱。

但547—556年，一个人的野心却挑起了一场持续十年之久的大动乱。这个人，就是东魏叛臣、南梁灾星——“宇宙大将军”侯景。公元547年，东魏权臣高欢病死，其子高澄接管政权，平日素与高澄不和的东魏大将侯景即举兵反叛东魏，但随之很快被高澄击败赶出国门。走投无路之际，侯景被南朝梁武帝收容。不久，他又反叛梁朝，在南方掀起一番惊涛巨浪。

侯景自548年阴历九月起兵祸乱梁朝，至552年阴历四月兵败被杀，乱梁时间持续三年零七个月。如果从他背叛东魏的547年阴历正月算起，他为乱世间的时间为五年零四个月。但是，这场大动乱一直到556年年底才真正告一段落，整整有十年时间。

◎ 南朝梁武帝（464—549）

而本已形成均势的南北朝格局，经过侯景这个彪悍善战的瘸子一番搅局，彻底改变。南梁因此亡国，被陈朝取代，且南朝失去长江以北以及汉中、两川之地的大片土地。南朝愈发孤弱，愈发无法同北方的势力抗衡。东魏、南梁和西魏中势力最弱的西魏趁机从南梁获取大片国土，实力迅速膨胀，成为三方中的最强者，由北自南统一天下的趋势遂不可逆转。可以说，侯景凭一己之力改变了中国当时的政治格局和未来的历史走向。

侯景，字万景，朔方人，本姓侯骨，是五胡中的羯族人。北魏孝文帝那场名垂青史的改革之后，诸鲜卑姓被改为汉姓，侯骨氏也改作侯氏。跟高欢一样，侯景也出自怀朔镇。据考证，侯景的祖上曾是北地的荣盛大族，与稽胡种[①]的尔朱氏有较近的亲缘关系，最早属于尔朱氏集团。但大约到了侯景祖父那一辈，家族实力开始式微，后来甚至衰弱到只能与“役同厮养”的六镇小兵为伍的地步。

◎ 侯景像（绘图：雪夜回家的鸟）

到了侯景那一代，尔朱氏出了一个叫尔朱荣的枭雄人物。侯景早早投奔尔朱荣，与慕容绍宗共事。侯景右脚偏短，且还长着一个若隐若现的肉瘤，但他头脑好，对兵法的领悟能力天生一流。慕容绍宗祖上就是大名鼎鼎，被誉作“十六国第一名将”的前燕太宰慕容恪。慕容绍宗家学渊源颇深，再加上多读了几年书，因此很有战术素养。一开始是侯景虚心向其学习兵法，结果不久后，慕容绍宗每有排兵布阵上的疑问，反要来咨询侯景的意见。

于是，尔朱荣对侯景甚是器重。侯景因此成为尔朱荣的前驱，参与了镇压魏末规模最大的葛荣起义。在这一战中，尔朱荣仅以精兵七万便大破葛荣号称百万的大军，并且于阵中生擒了起义军统帅葛荣。继“六镇起义”之后声势最为浩大的“河北大起义”，经此一战由盛极走向衰亡。侯景开始在这个风云乱世中初露锋芒，因军功卓著被擢升为定州刺史、大行台，并加爵为濮阳郡公。

尔朱荣死后，尔朱氏集团中没有一个能独挑大梁的领袖人物，显赫一时的尔朱氏集团很快走向衰亡。原尔朱荣手下高欢反啮旧主，以悬殊的兵力，经过广阿、韩陵两次大战，彻底击溃尔朱氏势力，于公元 534 年入主都城洛阳。从此，高欢大权尽揽，成为北魏的实际主人，侯景也在此时背弃尔朱氏集团，投奔了高欢。

其实，侯景与同乡的高欢早就认识。高欢在洛阳暴动之后，就认定天下即将大乱，“始有澄清天下志”，于是倾家财以结交豪杰。侯景亦是高欢倾心结交的对象之一。掌控北魏一切大权的尔朱氏集团被高欢扳倒后，侯景率众投靠高欢，并被委以重任。

当时，尚有关中的贺拔岳、侯莫陈悦（“侯莫陈”是复姓）、荆州的贺拔胜，以及零星分布在其他地方几股相当有实力的

① 据陈寅恪考证，“稽胡”实为“羯胡”字误，也就是尔朱氏其实为羯人，见《陈寅恪魏晋南北朝历史演讲录》。

势力存在。他们或割据一方、关起门来当土皇帝，不服从任何人号令；或效忠于早已名不副实的北魏皇帝元修，不买高欢的账。欲统一天下的高欢挟天子以令诸侯，采取软硬兼施、打拉结合的手段，逐个给予拔除。侯景是高欢铲除各地势力的得力干将。

该年二月，招降失败后，高欢遂决定下杀手，派人前去关中离间贺拔岳、侯莫陈悦两大兵团，令有勇无谋的侯莫陈悦诱杀了贺拔岳。虽然贺拔岳的部众推选了宇文泰为新领导者，但高欢仍派侯景前去接管贺拔岳的部众。

因此，宇文泰与侯景均日夜兼程，快马加鞭准备接管这支部队。根据后来的历史，贺拔岳的部众数量虽然不多，但却是关陇集团的起源以及西魏、北周、隋、唐四朝的政治基础。在这个节骨眼上，谁只要落后一小步，历史就可能完全更改。不巧的是，宇文泰与侯景又狭路相逢。究竟谁更厉害，从相遇的这一刻中便可得知。

宇文泰真正踏上历史舞台，便是从与侯景的这一次相遇开始。一见面，宇文泰便大喝一声："贺拔公虽死，而宇文泰尚在，卿欲何往？"侯景在这种咄咄逼人的气势压迫下顿时没了精神，不知如何回答。憋了许久，他才答道："我犹箭耳，随人所射，安能自裁？"当即掉转马头，灰溜溜地沿原路往回赶。历史就在侯景退缩的那一刻被定格。

宇文泰喝退侯景后，在众人的拥戴下接管了部队。侯景虽然灰溜溜地回去，但因高欢此时完全没把宇文泰放在眼中，并未多加责怪。有个颇有远见的谋士曾劝高欢，那宇文泰乃是人中之龙，切不可放着他在关中自由发展势力。高欢不以为意，反倒得意洋洋地问："君不见贺拔、侯莫陈乎？"言下之意就是，贺拔岳与侯莫陈悦都被我几句话搞定了，他宇文泰算什么角色？等我收拾完东边残余势力，回头再处理他也不迟。

高欢的后半生，不得不为这种轻敌付出代价。那支规模不算大的军队作为宇文泰日后起家的资本，成了决定今后两百年政治格局力量最初的那撮火苗、隋唐盛世巨流发端的那股细流。

宇文泰一方面堵住关中门户潼关，将高欢势力阻止在关外，一方面迅速出兵除掉了杀害贺拔岳的凶手侯莫陈悦，兼并了其部众。接着，他软硬兼施，迅速兼并了关中其他势力。随后，他又窥准机会，将洛阳城里与高欢闹得不可开交的皇帝迎接入关，从此"挟天子以令诸侯"。奇迹就是这样诞生在英雄人物手中的，短短数月时间，宇文泰就从一名小小刺史，变成了足以与高欢一决雌雄的大人物。

高欢悔恨之余，只得在东边另立了一个傀儡皇帝，北魏从此分裂为东西两魏，加上南方的萧梁，天下再度呈现出三分鼎足的局面。因此，没有侯景的退缩，就没有宇文泰的崛起，也就没有高欢日后与宇文泰的互讨了。如果高欢一举平定北中国①后，挥兵南下攻打南梁，天下从此就被他统一也说不定。而侯景作为鹰犬，少说也能捞个"开国公"当当。但历史毕竟是历史，没有假设的可能。宝剑一旦握在英雄手中，能不改变历史都困难。就在宇文泰那声大喝后，一度张扬不可一世的侯景被打回原形，作为高欢手下鹰犬，到处打击割据势力。

很快，高欢便将目光转向分散各地的其他割据势力。侯景这根草箭，在高欢号令下南指，准备去对付盘踞荆州的贺拔胜。贺拔胜是贺拔岳的二哥，称得上是北地骁将，驻兵荆州时曾骚扰过南梁边境，连败梁军。梁武帝就曾下敕令告诉自己在前线的儿子萧续："贺拔胜是北方的骁将，你可要小心点啊。"贺拔胜和弟弟贺拔岳拥众在外，在高欢与孝武帝争权夺势时，不看好高欢，为高欢所忌惮。

关中的弟弟贺拔岳已被高欢解决掉，贺拔胜曾犹豫是否入关接管弟弟的部众。但做好决定后，率兵尚未出荆州边界，他就听闻入关门户潼关已被高欢的人掌控，于是只好回军荆州。不幸的是，行走到半路就听说荆州已乱了阵脚。他正在迟疑时，侯景的铁骑如狼群奔袭而来。贺拔胜大败，荆州势力就此被端掉。

贺拔胜没有办法，便率仅余的五百多名骑兵南下投奔了梁武帝萧衍。萧衍信佛，以慈悲为怀，不计较从前贺拔胜杀掉了多少南梁军队，慷慨接纳了他，好酒好肉招待。后来，贺拔胜想回到关中宇文泰那里，半路再次遭遇侯景袭击，部众全部溃散，贺拔胜带着少量残余从小路回到关中。

接着，高欢志在荡平山东地区的众多割据小势力，无暇西顾——这给了宇文泰宝贵的时间，使其在这段时间里得以迅速发展。而侯景也开始在河南一带拓展，带兵入侵南梁国境，生擒刺史一人。接着，

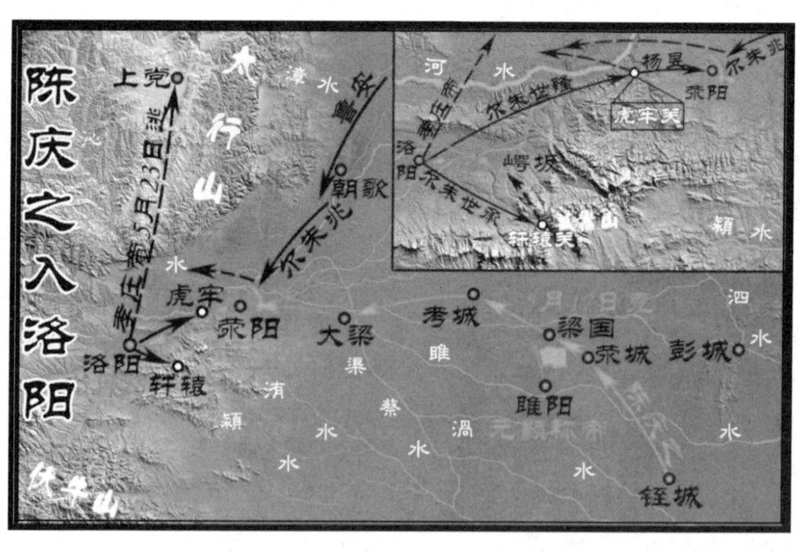

◎ 陈庆之入洛作战线路图

① 传统的淮河以北的区域，这里指北朝原有的疆域。

他又与陈庆之打了一仗。

陈庆之就是那个带着七千人马护送北魏北海王元颢打回洛阳的传奇名将。忆往昔，这七千白衣白袍的骑兵在陈庆之率领下，一路上连破三十二城，历四十七战，战无不胜，攻无不克，整个北中国都一度为这七千人马颤抖。洛阳小儿都在传唱："明师大将莫自牢，千军万马避白袍。"

但陈庆之后来的结局我们是知道的，由于元颢的猜忌，梁武帝不增兵援助，孤军千里的壮举最终功亏一篑。七千白袍军同尔朱荣作战时，在黄河岸边遭遇了山洪，全被吞没。陈庆之只身一人，化身为和尚逃了出来，后任边境刺史，为南梁镇守国境。

史书对陈庆之与侯景两人的交锋并没有用过多的笔墨描写。梁武帝派去增援陈庆之的军队还没到达，侯景就已经败下阵来。侯景的军队溃散后，军实辎重也全部丢掉。常常有人认为陈庆之七千白袍军入洛一战充满水分，但令很多人都感到头痛的侯景却被陈庆之轻易击败，可见陈庆之作战能力之强。

如果陈庆之依然在世，侯景是没有办法对梁朝构成威胁的。但天不假英时，陈庆之在侯景祸乱南梁的九年前就病死了。梁武帝前期的梁朝名将自此凋零。日后，侯景在攻破建康城之际曾讥笑南梁说："萧衍老儿非无菜（卒），但无酱（将）耳。"

侯景虽然不是名将陈庆之的对手，但也是久战宿将。据统计，侯景从魏末大乱开始登上历史舞台，背叛东魏前，他在北中国参加了大大小小不下百次的战事。除了对陈庆之一战丢盔弃甲外，其余战事很少有败绩，如战贺拔胜、独孤信、杨忠，甚至战宇文泰。史书上这样形容侯景："弓马非其所长，而多机谋。"意思就是，这个人是靠脑子打仗的。

在高欢与宇文泰的沙苑大战前，侯景曾提出一个大策：把有绝对优势的二十万兵力分成两部分，先后投入战场。若前部胜则后部乘胜而上，彻底歼灭对方；若前部不利则后部补上，可确保万无一失。但高欢没有采纳，全军压上，结果遭了埋伏，惨败。二十多万的大军输给区区一万的西魏军，光是被俘的就有八万多人，损失兵器十八万件，高欢仅以身免。

高欢手下两位勇冠三军的猛将高敖曹、彭乐，都曾在战场上有过令人瞠目结舌的表演。高敖曹"马槊无双"，在一次大战中几乎被射成刺猬，其中有三支箭贯穿身体，但当晚仍挣扎着爬上马巡视军营以鼓舞士气。因此，高敖曹作为汉人将军，在以鲜卑族士兵为主的东魏军中享有盛名。一般情况下，高欢向军队训话时都讲鲜卑语，但只要有高敖曹在，他就讲汉语。

彭乐曾喝得醉醺醺地上场厮杀，被敌人刺破肚皮，肠子掉出来后，他按回去继续作战。后来，他嫌肠子屡屡掉出碍事，居然将掉出来的肠子截断继续战斗。他甚至曾单骑追得宇文泰差点没命。

但侯景对这两位勇将不屑一顾："此辈皆如狼奔豕突，横冲直撞，不晓大势！"果不其然，后来彭乐在追击宇文泰几乎到手之际，被宇文泰一个急中生智"我要是死了，你留着何用"给说动，放走了宇文泰，回去之后差点被高欢军法处置。

而高敖曹心高气傲，自持英勇看不起宇文泰。在洛阳郊外的河桥之战中，高敖曹轻视“黑獭”（宇文泰的小名），故意在战场上升起麾盖大张显耀，结果引来宇文泰猛攻。不但高敖曹的人马被“黑獭”吃掉，他本人也掉了脑袋。可还没等高欢亲率大军从黄河北岸南渡去扭转败局，战斗就已经结束了——“黑獭”大败而归，西魏损失士兵约6万人，击败“黑獭”的，就是侯景。

可以说在河桥之战中，侯景的作战指挥能力表现得淋漓尽致。关于宇文泰是怎么溃败的，史书并未言明。史书只说当天两军摆开巨大的长阵，首尾都相距甚远，从早上战到晚上，战了数十个回合，不分胜负。然后，西魏的左右军作战不利，再加上与中路的宇文泰失去了联络，只好撤军。左右一撤，西魏大军登时溃散。左右军为什么会溃散的具体原因则没有讲清，但野史家在《北史演义》里面的说法是，正当两军处于万分关键的胶着状态时，侯景突然命人在东边大喊：“已经生擒‘黑獭’了！”宇文泰手下将士正搞不清状况时，西边又传来“已经生擒‘黑獭’了”的声音，并伴随着阵阵欢呼声。结果，在中军督战的宇文泰还没来得及澄清谣言，他的军队

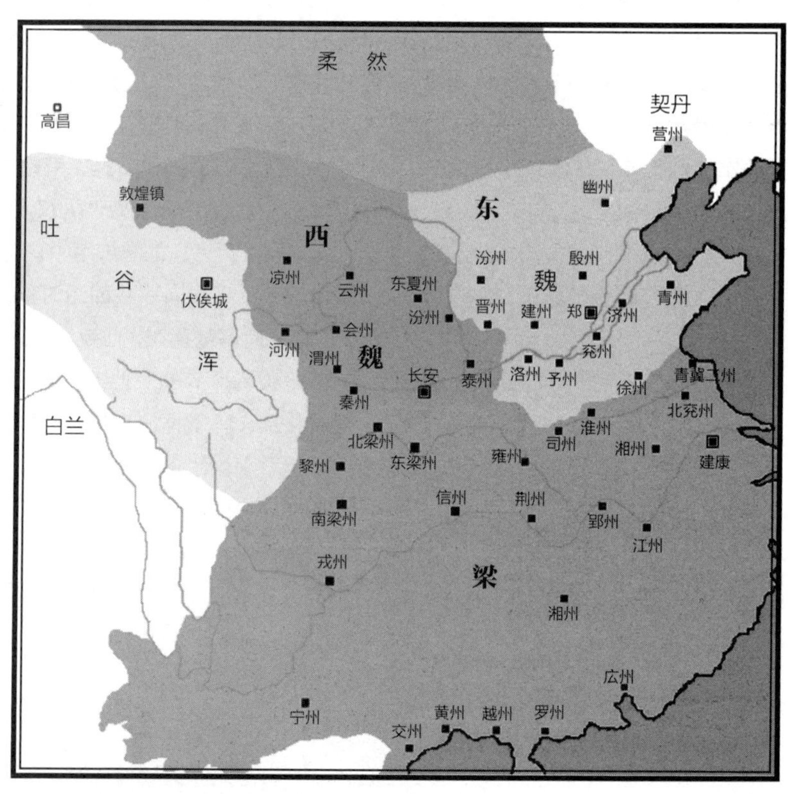

◎ *黄河以南的东魏国土就是侯景的“自留地”。*

就散了。军败如山倒，任宇文泰再怎么喊破喉咙都没有用了。这条记载也许是野史杜撰的，但确实很像侯景的作战风格：兵不厌诈，随时随地都可以使诈！

可以说，长期的军旅生涯虽然没能将侯景打造成一个睥睨天下的英雄人物，但其用兵水平却被打磨得炉火纯青如饿狼一般阴险狡诈的程度。由其用兵之法可知其为人，此时的侯景已成为一个需要被防范的角色，如果要用他，就不能不防他。高欢就有这个本事，能驾驭得了他。比如沙苑大战后，侯景在高欢面前夸下海口：给我两万铁甲骑兵（有的说三万），我一定能趁着“黑獭”此刻骄傲的情绪一路杀到关中去，把他生擒来给你看！丧气的高欢听此大为高兴，准备付诸行动。但此事因高欢夫人娄昭君的劝阻而失败。娄昭君不愧有识人之明，既然她当初能把普通得不能再普通的高欢挖出来，委身于他，并用自己的家族财力帮助他成就大事，又怎会看不出侯景打的小算盘？她对高欢说：“果真那样的话，侯景还会回来吗？得到一个‘黑獭’，到时又再生出一个‘黑獭’，对我们有什么好处？”这事遂搁置。

但到了高欢临死前，与其一同起家能信赖的猛将已基本丧尽（彭乐虽未死，但已不再受重用），唯独侯景可以依靠。侯景曾对高欢说：“愿得兵三万，横行天下，要渡江捉来萧衍，让他做太平寺住持（太平寺在邺城）！”高欢果使侯景统兵

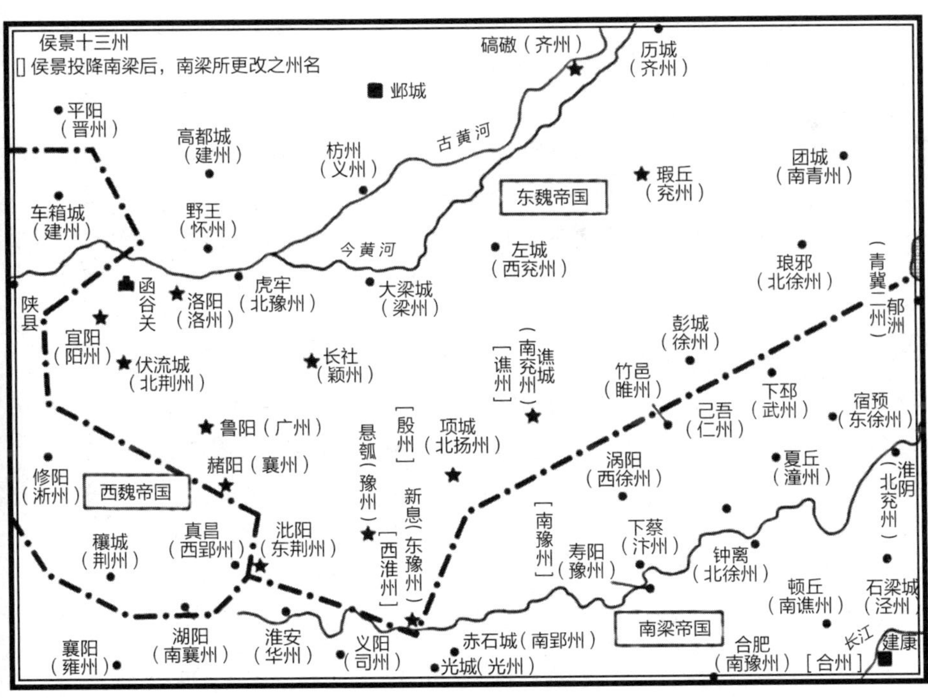

◎ *侯景十三州*

十万，治河南，如左右臂。后经过长期征战及积累，侯景在“河南之地”形成了一股不容小觑的势力。而“河南之地”也因侯景盘踞多年，几乎独立于三国之外。

让我们来看看这块地的重要性。这一地区大抵是东魏黄河以南的地区，西接函谷关，南与梁朝大约以淮河一线为分界线，一共有十三州，十一万平方公里左右的面积，大约占了东魏国土面积的三分之一。

“河南之地”向来富庶，《玉海·邺侯家传》记载：“东魏河北、河南三道殷实富强。”另外，据《魏书·地形志》的记载，东魏武定年间（543—550年）人口统计时，河南之地的九州就有七十六万人之多，另外四州不见记载。但总体看来，十三州人口当超过百万。侯景在这里经营多年后，几乎把这里变成了自留地。唐代很重要的典籍《通典》卷三《乡党》这样记载：“侯景之反，河南侯氏几为大患，有如刘元海，石勒之众也。”刘元海，即汉化的匈奴人刘渊，为了避唐高祖李渊的讳不称名而称字远海，他是五胡乱华的首乱者，从他开始，西晋亡国，胡族在北方作乱，一直延续到南北朝分裂。石勒是续匈奴而起的羯族人，同样在五胡肆虐的乱世中原逐鹿了一番。拿侯景跟刘渊、石勒两人相比，即表明侯景当时在河南之地得人心，具备起家造反的资本。

河南之地，是三方交界之处，军事意义自然不用细讲，北魏为了向南拓展，费了很大力气才把军旗插到黄河以南，哪有那么容易放弃。南朝自宋文帝刘义隆北伐失败丢失这块土地以来，反复用兵也没将这里夺回来。这里是真正的正朔所在，“自古之都，王畿之内，天地之所合”的洛阳城就坐落于此。孝文帝当初汉化改革还费了极大力气将国都迁到这里。这里也是传统农耕地区，出产粮食，而且海岸线一带还产盐。盐跟粮食都是重要的军国物资。

然而，河南之地特殊的情况又不能保证侯景可以扯起大旗自立山头。这块地是一块肥肉，人人想分一杯羹，所谓“四战之地”是也。这里不占一点地理优势，向北与高家的势力隔着一条黄河，黄河冬季结冰后，骑兵都可以长驱直入；向西跟“黑獭”隔着潼关天险，但此好处是“黑獭”拥有的，河南之地无险可言；向南呢，淮河流域一带水网密布，最适合南朝军队作战。夹在三方包夹之内，又处处与人为敌，守无可守，就算占有这里又不足以作为后方根据地。侯景想反叛东魏，只得先以投降的名义把这块土地献出去。

因此，当侯景打算叛乱，献出河南之地的消息传出后，立刻引来三方骚动。也是从这一刻起，侯景奸诈的脾气注定会成为天下格局再度动荡的左右力量。

如此说来，侯景这位其貌不扬、曾屡战屡败也曾屡败屡战的阴谋家，只能在英雄手下充当鹰犬，在历史上扮演一个奇怪而又重要的角色：无论是退缩一小步，还是前进一大步，都彻底改变了历史格局，左右了历史进程，这是谁都没有预料到的。

二 多方逐鹿河南地

547年正月，高欢病逝于晋阳家中。高欢的死讯还没广泛传出，听到风声的侯景就背叛了高氏政权。如前面所说，侯景虽然坐拥东魏三分之一面积的河南之地，但此地却不足以令他割据自立。在此情况下，公开举起叛旗的侯景先后将南边的萧梁势力和西魏的宇文氏势力拖入这个棋局，终令三国局势剧烈震荡，格局大改。

至于侯景为何叛变东魏，据说，直接原因是他接到了一封落款仍为“高欢”的征召令，但那上面却没有此前两人才知道的暗号，侯景遂断定高欢已经死了。侯景还认为，这封诏令一定是高欢儿子高澄发出来的——为骗他自投罗网。而且高澄一直为侯景瞧不起，侯景遂决定公开起兵反抗东魏。

正月辛亥（十三日），侯景正式竖起背叛东魏的反旗。但侯景首先考虑归顺的对象并不是后来被他搅得天翻地覆的梁朝，而是他曾经敌对交战了半辈子的宇文氏西魏。

西魏掌门人宇文泰对此的反应呢？答应了，但受降如临敌。

宇文泰不得不谨慎考虑：首先，侯景一向狡诈多变，天知道这是不是他跟高氏家族联合起来搞的阴谋；其次，就算这不是阴谋，河南之地远离西魏本土，又无险可守，趟这趟浑水的风险极大；第三，也是最重要的一点，宇文泰曾在河南之地吃过大亏。四年前的543年，东魏大将高敖曹的哥哥高仲密投降西魏。那一次，宇文泰不惜率领重兵前去接应，结果遭遇与高欢历次交手以来最惨重的一次失利（即邙山之战），西魏政权都差点因此崩盘。这场失利让宇文泰认识到，西魏的国力远弱于东魏，尽管那块土地很诱人，但要再次举倾国之兵去争夺一块孤悬于本土外的土地，实在不是明智之举。

◎ 高氏家族第二任掌门人高澄

◎ 西魏掌权者宇文泰

在口头上，宇文泰倒是慷慨地给侯景封了一大堆头衔：使持节、太傅、大将军兼尚书令、河南大行台、河南诸军事以及上谷公。但让侯景忧愁的是，对他当前最迫切需要的派兵接应事宜，宇文泰却不像封上述官职那样痛快。而且，侯景很确定一件事：他的老东家东魏也没打算让他太得意，高氏一定在日夜筹划良策对付自己。

确实也是如此，为了对付侯景，刚刚挑起重担的高澄在谋士陈元康等人的帮助下，一上台就来了个疑兵之计。

高澄遵照亡父生前的安排，不动声色地稳住了高家老巢晋阳（东魏最重要的兵马驻地）的局势，他以高欢世子的身份出巡以安抚各地民众。临行前，高澄安排“亲戚中最可靠”（高欢临终语）的段韶留守晋阳处理一切军政大事，并让谋士陈元康将未来一段时间内的大事列出来，按序写在几十张纸上。这些纸张交给段韶保管，待高澄出行之后按序发布，落款仍是高欢。这样，就算高澄出行在外，诏令仍可源源不断地从晋阳发出，好似高欢仍在晋阳主持军政大务一样。

四月初六，高澄抵达国都邺城，朝见东魏傀儡皇帝元善见。元善见设宴招待，高澄还席间起身舞蹈，又蹦又跳，做出一副欢乐的模样，因为此时高欢仍然“活着”。也就是说，为了配合剧情，高澄必须忍着父亲已死的悲痛，装出一副高兴的样子。

随后，东魏派出使者李系出访建康城，表达了东魏想与梁朝继续保持和平友好双边关系的意向，试图稳住梁朝。

到了五月份，东魏又宣布大赦天下，一派太平的景象。然而，就在下达大赦令的第二天，一直警觉着的侯景就接到军令：有一支大军正昼夜兼程，朝他杀来。

领兵的东魏将领是一个叫元柱的人，此人只是无名之辈，不是作战经验丰富的侯景的对手，经过一番交手，侯景轻而易举将其击垮。但侯景还没来得及擦汗，就感到一股大军正在逼近。长期的军旅生涯告诉侯景，这个无名之辈元柱很可能只是东魏方面放出的一颗烟幕弹，厉害的高手一定隐藏在这股烟幕背后。

侯景猜得没错，他一向轻视的“鲜卑小儿”高澄使的是一出组合拳。元柱的攻击只是虚招，真正致命的是后面的大军。元柱才退，高澄舅舅韩轨（高欢娶了韩轨的妹妹为侧室）统领的一支精锐大军就突然杀到，迅速将侯景围困在颍川城内。

急迫之下，侯景只得将自己控制下的四个城池献给西魏，以此来央求宇文泰派救兵。到了这个时候宇文泰才开始动心，虽然他的心腹于谨仍然劝他暂且持观望态度，但他没有听从。他派出了第一支援兵：由六大柱国中的李弼和赵贵统领的一万骑兵。

在西魏这支援兵的压迫下，韩轨撤围而去，东魏方面暂时收缩战线。但危机刚刚解除，侯景就跟西魏的两员柱国将军互相猜疑。侯景十分眼馋他们手头的那支军队，想找机会将两人宰了夺走那支军队。但李弼跟赵贵作为宇文泰手下柱国，又岂是那种能轻易被搞掂的角色？双方还没开始合作就猜忌层层，根本无法展开协同布防等事情。

侯景再跟西魏请求增兵。这次宇文泰派韦法保、贺兰愿德等六将率一万两千兵马去接应侯景。第一次派兵一万，第二次也只有一万两千，由此可见，宇文泰还是对侯景不太放心。宇文泰可谓矛盾重重：一方面侯景不可信，一方面又不想丢掉河南之地这块大肥肉。

最后宇文泰在幕僚的劝说下，决定征

召侯景到国都长安当京官。侯景若是真的离开河南之地入朝为官，无异于鱼离开水在陆上求生。

侯景当然不会上当！相反，他打算先把宇文泰派来的人马赚到手就翻脸。于是，他假惺惺地跟主要将领套近乎，每次探访西魏军营时也只带少量侍从，以示信任，还亲自上门造访西魏军中各位主将。但没有人不提防着他。第一批援军的两位柱国本打算先下手为强杀了侯景，但商议半天后，觉得没有十足的把握，且杀了他就是帮东魏除害。如果不杀他，又整天提心吊胆，最后，两人决定干脆一走了之。

第二批援军的将军们一样不相信侯景，但在西魏军事长官王思政的安排下，他们使了很绝的一招。西魏暗中部署各路军队，不声不响将侯景此时所能控制的土地——七州十二镇——全给占了。

侯景大窘，大骂西魏这些人怎么比我还狡猾。不过，对他而言，终于有好消息传来：另外一支规模达十万的援军已经浩浩荡荡开过来了！侯景立刻有了底气，遂决定跟西魏扯破脸皮。他气急败坏地给宇文泰写信说："吾耻与高澄雁行，安能比肩大弟！"他比宇文泰大了那么一点点，故称宇文泰为大弟。

宇文泰见信一笑了之，反正也没损失什么，随之发出一纸召令，将增援侯景的各军都撤回来。不过，却发生了两个小插曲。一个是王思政占据了颍川不肯撤出，高澄费了好大劲，损失慕容绍宗等三位大将后才重新夺回（这是后来的事）。另一个是，宇文泰召回增援侯景各军时，一员西魏将领带着所部的一千多人马投靠了侯景。这个人名叫任约，不管是在记载南朝史事的《南史》、《梁书》、《陈书》，还是在记载北朝史事的《北史》、《周书》、《北齐书》，都找不到他的传记。他的事迹散见于其他人的传记中，但这人在往后的侯景战绩中频频出现，是侯景的一员得力大将。

至于那支让侯景底气大增的援军，就是梁武帝派来的吴地大军。

侯景虽只有一块河南之地，但做得一手好买卖。他做出投降西魏的决定时就明白，常年与他兵戎相见的西魏未必容得下他。所以在归降西魏的同时，他也向梁武帝的萧梁帝国递上了降书。

根据《南史·侯景传》的说法，侯景至少在正月就派了使者丁和赶往建康城递上降书。因此可以确定，侯景并不是得到西魏冷淡的回应后，失望之下才转向梁朝的。事实上，侯景应当是在联络西魏宇文泰的同时，就给建康城的梁武帝发出了求援信。其实，以他的狡诈性格，必然会有两手准备。

而两家的反应大不相同。宇文泰说得多做得少，但梁武帝萧衍不仅封侯景为"大将军，河南王，都督河南河北诸军事、大行台"，还立刻命令羊鸦仁、桓和、湛海珍等三员梁将统兵三万赶往悬瓠，给侯景运送军粮。而且，紧接着军粮队伍的便是梁武帝亲侄子萧渊明挂帅的十万大军。

过了二月才接到侯景的降书，三月初梁朝就派出大军接应，可见梁武帝清心寡欲的外表下抹不去的疆土情节。

自西晋末年五胡乱华，中原士族南渡

以来，以洛阳为中心的那片中原疆土，始终是士大夫们内心深处抹不去的一个情节。陈寅恪对其意义有过精辟的论述：“秦汉以来，北部有两个文化中心，一是长安，一是洛阳。北方汉人士族并不以江左政权为依归，并不向往南朝。洛阳为东汉、魏、晋故都，北朝汉人有认庙不认神的观念，谁能定鼎嵩洛，谁便是文化正统的所在。正统论中也有这样一种说法，谁能得到中原的地方，谁便是正统。如果想被人们认为是文化正统的代表，假定不能并吞南朝，也要定鼎嵩洛……”

◎ 老糊涂的梁武帝

反过来说，南朝一贯以正统自居，也不甘心这块区域一直落在外族手中。自衣冠南渡以来，“收复洛阳”一直是许多志士仁人一生的奋斗目标。声势浩大的北伐行动屡屡发起。从“中流击楫”的祖逖，到感叹“树犹如此，人何以堪”的枭雄桓温；从“气吞万里如虎”的刘裕，到利用“元嘉”盛世起封狼居胥之意的宋文帝刘义隆，莫不如此。梁朝尽管因萧衍沉浸于佛经而渐失北图之心，但如有机会，仍希望夺回正朔的象征洛阳城。

但接纳别国叛将，获得相当于对方三分之一面积的国土，并非小事，梁廷内部必然会有一番商议。有资料表明，萧梁内部确实就此事曾进行过激烈的廷议，反对的声音也相当大，然而，最终起决定作用的还是皇帝。

现在，西魏已经撤军。争夺“河南之地”的暂时只有以高澄为首的东魏和以萧衍为首的南梁了。前文所述，高欢临终前百密一疏，忘了告诉高澄跟侯景约好的那个暗号，给高澄带来不小的麻烦。但高欢还留有一手，他雪藏了一个人。这个人足以帮助高澄对付侯景。他这就是名将慕容绍宗——侯景命中的克星。

我们之前说过，慕容绍宗为前燕太宰、太原王慕容恪的直系子孙。其人“容貌恢毅，少言语，深沉有胆略”。他为人颇有远略，早年与高欢、侯景同在当时北魏权臣尔朱荣门下效力，而且早就瞧出高欢绝非池中之物，因此屡屡向尔朱氏建言不要给高欢带兵权。但尔朱家终不听其逆耳忠言，给了高欢这条蛟龙施展云雨的机会，最后被高欢所灭。尔朱氏灭亡后，慕容绍宗无奈之下只得投降高欢，但高欢故意留了一手，留他而不用他，压一压其锐气，为将来自

◎ 画像砖里的南朝士兵

◎ 名将慕容绍宗
（绘图：雪夜回家的鸟）

己死后儿子能够得其力埋下伏笔。

只不过，初掌一国之权的高澄，最开始以为单凭自己之力即能平定其叛，因此并没有立刻想到启用慕容绍宗。结果，韩轨率军去打，侯景不屑一顾："只会啃猪肠的小儿，他来了能干嘛？"高澄本家亲王高岳率精兵救援，侯景又这样评价道："军队倒是精锐，但带兵的乃庸人。"东魏大将无不被轻视一番。因此，当时能与侯景保持在同一水平线上的，除慕容绍宗就无第二人了。于是，慕容绍宗被重用，他与高岳、刘丰生等率十万大军进据橐驼岘，还没到就让侯景感受到了压力。

此时，梁军正驻扎于徐州的中心城市彭城与侯景军遥相呼应。

慕容绍宗略微分析一下战场局势后，决定先拿梁军开刀。他先派将军刘丰生率一部分人马与侯景相持，牵制住侯景，自己再率军对付梁军。

梁军的主帅萧渊明，是梁武帝萧衍的侄子，要论窝囊程度，此人一点不比造成梁朝著名的"洛口之溃"的临川王萧宏差。史书上记载的这位萧梁宗室子弟不懂行军作战谋略，对属下也没有约束力，但又刚愎自用。诸将想找他议事，他就会勃然大怒："我自己懂得临机应对，不必多废话！"

梁军纪律败坏，一路上争相抢掠所到之地的百姓，行径有如一伙打着正规军旗号的强盗。萧渊明对此根本无力制止，他能做的就是约束他自己直属的一军勿参与到抢掠百姓的行列。

慕容绍宗大军刚到，梁军中后来守卫建康城的顶梁柱羊侃就跟萧渊明建议，应该趁着敌军立足未稳之际，打慕容绍宗一个措手不及，萧渊明不听。第二天，羊侃又来劝主帅出战，萧渊明还是不听。羊侃意识到这个主帅不是带兵打仗的料，为了避免全军覆没，就带着自己的部众撤离大营，到新修筑好的大坝上安扎下来。

很快，慕容绍宗集中兵力猛攻梁军某一营，梁军主帅萧渊明喝得醉醺醺没法迎战，就命手下众将出战援救。无人敢战。只有刺史胡贵孙对同僚赵伯超慷慨激昂道："我等带兵来到这里，目的是为了什么？如今已遇到敌人，难道不该去应战吗？"赵伯超被问得无言以对，但还是没有出兵的打算。他跟自己部下说："虏盛如此，与战必败，不如全军早归。"有什么样的将军就有什么样的部下，那些人异口同声地说："善！"于是，几千号人不声不响悄悄溜出了战场。赵伯超甚至挑出好马载了自己的爱妾先走。他的儿子赵威方实在

◎ 北朝骑兵俑

看不下去了，想自己出战，却被他追回呵斥一番后，一起往南逃了。

但此时，战场又出现一个莫明其妙的转折——梁军异常勇猛的胡贵孙率部众斩敌两百多人，暂时杀退了慕容绍宗。慕容绍宗失利撤去，梁军自然要乘胜追击。不过，侯景忌惮慕容绍宗的威名，曾告诫梁军说："要是追击东魏军，不要超过二里地。"但此时的梁军早把侯景的话抛在了脑后，不顾一切地追击，连已经撤回的赵伯超、酒醒过来的主帅萧渊明都兴奋地加入了追击的行列。

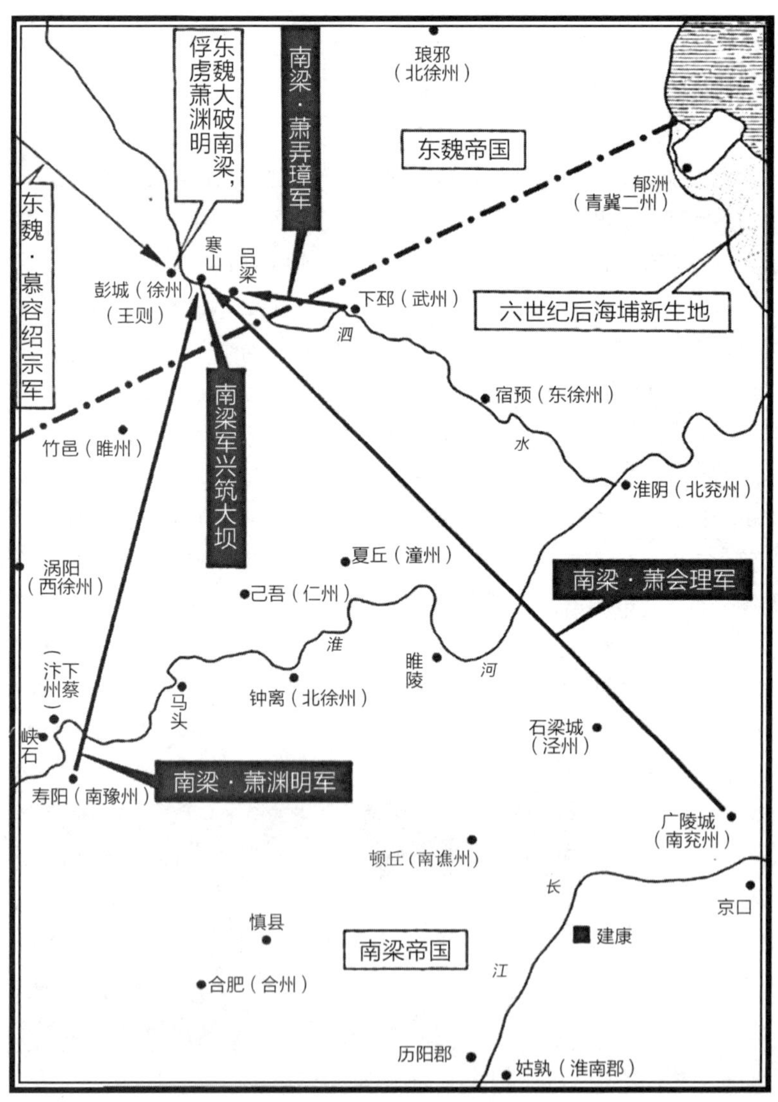

◎ 梁魏寒山之战

其实，慕容绍宗确实想假装败逃来着，但他没想到，梁将胡贵孙攻势勇猛，假败变成了真败。不过，败退的东魏军还是将梁军引入事先埋伏好的伏击圈。结果，守候在伏击圈内的东魏军还是依原计划行事，等梁军追击的时候，就从梁军背后发动偷袭。慕容绍宗见此，趁势掉转马头回击，两边包夹，梁军兵士虽然骁勇，但纪律极差，将不能约兵，下不听令于上，登时大溃。十万大军有如从前洛口的“百年未遇之鼎盛”大军一样，伤亡达数万人，余者皆被俘虏，无一遗漏。梁军主帅贞阳侯萧渊明，部将胡贵孙、赵伯超都被生擒。梁军只有羊侃部因为早有预见，得以有序退回，保存了一点实力。

慕容绍宗则趁战胜梁军的余威进击，率众十万，偕高岳、彭乐、刘丰生诸将，旗甲耀日，鸣鼓长驱而入。而此时的侯景也没有闲着，他趁魏梁两军死斗的机会，打起了“政治牌”。

不久前，东魏孝静帝因不满高澄专权，打算“造反”却惨遭失败。邺城元魏皇室受牵连被杀者达六十多人，孝静帝也被囚禁起来。侯景趁此派王伟到建康游说梁武帝。王伟说，之所以会发生此事，是因为河北民心所向，仍然在元魏，还说，杀人是为了响应侯景，并趁此向梁武帝提议要立元氏为东魏国主，以顺应民心，从而使侯景反对东魏师出有名。

◎ 北朝常见的重骑兵俑——甲骑具装

当时梁朝内部存在多位元姓的人，他们曾都是北魏的皇室成员，因为各种原因逃到梁朝来避难。这属于南北朝常见的一种亡命现象。南朝内部动乱时，也常有皇族成员亡命北朝。于是，萧衍应允了王伟的建议，下诏册封一个叫“元贞”的人为东魏国主。

但元贞这个由“岛夷”萧衍所立的“魏主”，却没有给侯景军带来任何士气上的激励。元贞虽然姓“元”，但其血统距离皇室已相去甚远，在北方民众中几乎无法产生任何影响。因此，侯景的“政治牌”虽然打得不错，但最后面对乘胜而来的慕容绍宗，还是得靠兵法。

此刻的侯景拥有装载辎重的车辆千余辆（《梁书》上说有万余辆）、战马数千匹、部众四万，实力不容小觑。但在慕容绍宗十万大军的紧逼下，侯景主动示弱，暂时退保涡阳城。

双方兵力对比是十比四，不论从哪一方面来说，东魏都占有明显优势。但当侯景这样的对手主动示弱，将才纵如慕容绍宗者也不敢太掉以轻心。因此，东魏军没有立刻展开攻击。

结果，东魏军很快就接到了侯景送来的“挑战信”：“诸位此番来是想做侯景的送客呢，还是想跟侯景来个一决雌雄？”面对挑衅，慕容绍宗最终选择了一决雌雄，双方立刻进入作战状态。

第一回合，侯景就让东魏军吃了大苦头。当时，东魏军顺风摆开阵形准备作战，侯景看到风向对自己不利，紧闭营垒不战。见此，东魏军士原本紧绷的神经都稍有懈怠。只有主将慕容绍宗知道侯景底细，不敢放松。他骑在马上来回奔驰，不停地告诫部下："侯景此人诡计多端，喜欢从背后包抄进攻，大家小心防备。"但话音未落，一支偷袭的军队就杀向东魏军本阵。

数千士兵身穿短甲（为方便行动），手持短刀、短斧之类的砍杀武器，一窝蜂地滚入东魏军阵中。这些人一入阵中便专攻下路，对着东魏军的马腿和人小腿猛砍。侯景这个战术取得了巨大成功。我们从一些考古挖掘出来的陶俑以及壁画看，东魏的骑兵是标准的重骑兵装备，从人到马，全身都披挂着厚重的装甲，交战起来几乎是刀枪不入。但也有破绽——这些貌似重型坦克的重装甲骑兵有着光秃秃的马腿。马一旦被砍倒，那些身穿重甲的骑兵就会跌落到地上，厚甲反成累赘，行动不便，只能原地待宰。这时，锋利的匕首和短刀就是最好的杀人武器。那些落马的东魏军士虽然身披重甲，但夺命的短刀和匕首却能刺向头盔与肩甲间的缝隙。因此，东魏那些引以为傲的重装骑兵见同伴纷纷被砍倒，大骇，阵型大乱。

在混乱中，慕容绍宗的战马也被砍倒，所幸他被东魏军士拼死救了回去。副将刘丰生同样落马负伤，也是靠部下拼死抢救才捡了一条命回去。

第一番交手，东魏军大败：东魏军主将慕容绍宗落马，副将受伤，另一名东魏将军被俘，军士损伤无数。慕容绍宗只得率领残众退到东魏的谯城。城内有两个魏将没见识过侯景的厉害，因此不停数落这些败军之将。慕容绍宗又急又气："我打过的仗多了，但没见过侯景这么难缠的。你们不信，自己去跟他战战看看！"话是这么说，但慕容绍宗为人光明磊落，没想让这两人去送死。待两人准备出战时，慕容绍宗一直叮嘱："不要渡河作战（隔着一条河比较安全）。"

这两人中有一人就是后来的名将斛律光。17岁时，他一箭射下一只盘旋在云端的大雕，赢得了"落雕都尉"的美誉。但真实的战场，却不是仅靠射雕的箭术就能取胜的。

一开战，斛律光就隔着河向侯景射了一箭。但这一箭不但没伤到侯景，反而激怒了侯景。侯景隔河训斥斛律光："你为功名而来，我为逃命而去。我跟你老父（斛律金）共事多年，大家都这么熟了，你为什么要拿箭射我？你哪里懂得不渡涡水过河的道理？还不是慕容绍宗教你的？你以为躲在对岸就安全了吗？"一席话说得斛律光满脸羞愧。

斛律光的愧色未及消退，侯景的杀招就到来了。侯景军中一个名叫田迁的神射手奉命上阵。第一支箭呼啸而至，隔着河就射死了斛律光胯下的战马。斛律光狼狈爬起，骑上了另一匹马，结果这匹马又被射死。主将连番落马，东魏军士气大乱，被侯景军杀得大败。同行的另一名魏将也在混乱中被活捉。不过，侯景并没把那名魏将怎么样，后又放了回去。由此可见，侯景打了胜仗后依然保持着清醒的头脑。他深知自身实力有限，因此不想把东魏军逼得太狠。

斛律光，正如侯景所言，是高欢旧部下斛律金的儿子。那天的教训，为他今后的人生提供了宝贵的经验。日后，他逐渐成长为东魏军中的后起之秀，北齐王朝的国之栋梁。有他在，西边宇文家的势力就没有办法突破潼关。但令人惋惜的是，后来军功卓著，在战场上几近无敌的斛律光却中了对手的反间计，被他所效忠的北齐统治者满门抄斩。以至于宇文家得到消息后，兴奋得下诏大赦天下。周武帝宇文邕攻入北齐国都时，指着斛律光的牌位对属下说："若是此人还在，朕哪有那么容易攻入这里？"

目前，侯景是两战两胜，而且是在兵力处于劣势的情况下取得的。可见，这个瘸腿的羯人的确是临阵指挥高手。

不过，双方较量的第三回合旋即而至。日后与斛律光并为"北齐干城"的段韶夹涡水筑营，在上风处点火欲借风火烧侯景军。当时寒冬腊月，天气干燥，火势迅速蔓延。见势不妙，侯景立刻命他的全部骑兵冲入涡水的浅处，然后上岸。马蹄沾湿枯草，踩出一个隔火带出来，火势渐被控制。段韶随后无计可施，这个回合，双方打平。

于是，侯景在兵力处于劣势的情况下，两胜一平，占据了战场主动。侯景虽然打了胜仗，但他清楚地知道自身处于劣势，因为此刻的自己谁也指望不上。南边的梁朝在十万大军溃散后，再也拿不出什么家当来支援自己了。而西边的宇文泰，能不趁火打劫，就已经让侯景谢天谢地了。宇文家的援兵？想都不要想。因此，侯景尽量躲在涡阳城内。连吃败仗的慕容绍宗则依然紧逼，将大军驻扎在涡阳城附近，不攻也不撤。

接下来一段时间，战事陷入胶着状态，侯景的粮草开始短缺，大军士气渐衰。很快，侯景军团的第一个破绽出现了。在侯景起兵之初，第一个响应他的东魏颍州刺史司马世云，此时又投降了慕容绍宗。他的出走对侯景来说是致命的，因为他将侯景最重要的五千骑兵拉走了。

第二年正月（公元548年），侯景终于没了耐心，决定突围而出。慕容绍宗用司马世云的五千铁骑夹击侯景军，令他无可奈何。窘迫之下，侯景这个狡诈的战术专家立刻又生出一计。侯景对己方士兵大喊："你们的家属，都已经被高澄杀光了！大家唯有死战方能杀出血围！"

慕容绍宗见势不妙，立刻竭力大喊："你们的家属都平安无事，如果你们能够弃暗投明，投降官军，官职爵位一概不变！"为了让对方士兵相信自己所说，慕容绍宗脱下战盔，披头散发，面对北斗星发誓。这大概是鲜卑人最狠的誓言，侯景的手下都信了。

这下，再狡诈的侯景也没有办法止住溃败之势了。当初被他"诱拐"的几个东魏将领带头投降了慕容绍宗，普通士兵自然跟风。接下来的状况相当悲惨。慕容绍宗指挥东魏军趁机发起猛攻，剩下的侯景军队很快溃散，士兵争相渡过涡水，又造成相互踩踏的惨剧，顿时，尸体塞满了河道，涡水不再流动。

这一仗，侯景最后的家底：四万甲士、四千马匹以及万余辆车就这样全没了。侯景经营河南之地十四年，所积攒的甲士与物资，以及那十三州、十一万平方公里的土地，全都化为云烟。

侯景逃跑时，经过一座小城。城内有人站在城墙上，看到侯景这副破落样，大声骂道：“跛脚奴，看你还能怎样？”有些事可以忍，有些事则无论如何也不能忍，就跟不能拿萧绎的独眼开玩笑一样，侯景的瘸腿也是不能提的。侯景大怒之下，不顾追兵追赶，下令攻城。城小，很快被攻下，侯景亲自上前，一刀砍了那人的脑袋。

侯景因攻城费了不少时间，被追兵逼近。绝望之际，他只好亮出最后的撒手锏。他派人给慕容绍宗送信：“景若就擒，公复何用？”

“狡兔死，走狗烹；飞鸟尽，良弓藏”，以慕容绍宗的人生经历而言，这句话无异一把锋利的匕首，狠狠地插到了他的内心深处。

慕容绍宗默然，停止追赶，侯景这个天煞孤星遂留在了人间。侯景就此顺利逃到了南梁。慕容绍宗当然不会想到，因他的这一犹豫，日后南方掀起了怎样的惊涛巨浪。后来，慕容绍宗在高澄调令下，回去跟王思政争夺颍川郡。结果，在那里，慕容绍宗迎来了他一生中最黑暗的时刻。

三 离间计下反南梁

高澄虽然将侯景逐出国境，且逐渐收复了被侯景卖给他方的国土，但只要侯景一日不死，对他依然是个隐患。为了将侯景逼上绝境，高澄再施妙计，打算以几封书信和一个人质骗萧梁与侯景发生内讧，将侯景变成南梁内部的祸水。高澄手上的这个人质，就是寒山之役中俘虏的梁军主帅、梁武帝侄子萧渊明。高澄以此人质为桥梁，跟梁朝大讲和平友好关系。梁武帝起初因大败，折损了十万将士，对高澄主动抛过来的橄榄枝并不感冒。但他听说高澄愿意送侄儿归国，重新修好两国关系后，遂答应了下来。

可见一个离间计，只要抓住要点就可成功。高澄抓住的要点即是梁武帝的弱点：纵溺亲族，假慈假悲。利用这点，高澄取得同梁廷讲和的机会，成功地离间了侯景同梁廷的关系。

当时，侯景盘踞在梁朝与东魏边界附近的寿阳城。这是他被慕容绍宗追杀时，趁寿阳城梁军换防的空当，强行占领的。之后，梁武帝也没多追究，转而任命侯景为寿阳太守，把寿阳给战败的侯景作为安

◎ 南朝武士形象

身之地。南北信使往来，侯景自然坐立不安。

不安之下，侯景不停上书反对梁朝与东魏修好。他甚至贿赂用事者朱异想终止两国通使。奈何当时的侯景被视作丧家犬，谁都不待见，朱异拿了他送来的黄金却不为他办事。于是，侯景又用尽浑身解数，拦截信使。他将萧渊明写给梁武帝的信件内容替换为对高氏政权的极力污蔑，甚至假借萧渊明的名义请示梁武帝终止与高家修好关系。奈何萧衍不忍两国干戈再起、生灵涂毒，即便如此也不改初衷，坚持讲和。为了稳住侯景，梁武帝承诺道："朕与你大义已定，岂有成而相纳，败而相弃的道理？"甚至还说过："朕为万乘之主，岂可失信于一物？"

不过，侯景却信不过梁武帝的承诺。于是他假借东魏发了一封信。梁武帝萧衍被侯景伪造的这封信所骗，说的一句话最终逼反了侯景——我侄儿早上被送回来，晚上我就将侯景作为交换品送回去！

至此，侯景算是看清了，大骂："早知道这个吴地老头心肠恶毒！"其军师王伟在旁起哄道："今坐听亦死，举大事亦死，就看大王您的决断了！"

也就是从这时起，侯景开始为造反做准备。他将寿阳城内所有的居民，悉数招募为兵，并立即停止收取市场税及田租。百姓之女，都被分派给将士们："属城居民，皆召募为军士，辄停责市估及田租，百姓子女，悉以配将士。"

其实，在这期间，梁朝曾有多次机会将侯景叛乱的苗头扼杀于萌芽中。侯景为造反做准备，这么大的动静，不可能引不起有关方面的注意，揭发侯景有不臣之意的上书一直不断。那位被梁武帝送去给侯景当名誉君主的元贞，因为一直在侯景军中，首先察觉到事情不对劲。他找了个机会偷偷逃回建康城，并将侯景的行动都告知了梁武帝。

怎知，梁武帝却不置可否，只好好安慰了元贞一番，另给他安排了份"始兴内史"的差事。对元贞所报告的侯景造反一事，梁武帝既不做调查，也不打算过问。

坐镇合肥的鄱阳王萧范，对侯景造反的告发可谓不遗余力——他的上书如雪片一般送到建康城。然而，梁武帝一直用"侯景如今孤危寄命，好比婴儿，正需要喝别人的奶活命，哪里还有余力造反"或"朝廷自有处分，不须汝深忧也"之类的话来敷衍他。

但萧范异常执着，不但没有停止上书告发侯景，甚至申请动用他控制区合肥的驻兵来讨伐侯景。萧范欲将这股叛乱扼杀于摇篮的想法，得到的却是朱异的一顿训斥："就算普通的穷苦人家也有几个客人往来，你这是干什么，是不允许堂堂大国有一个客人吗？"自此以后，凡萧范上书，朱异一概给压下，不予上报。

如此明目张胆却无人来管，侯景自然更加肆无忌惮了。因此，可以说是梁廷的一味姑息纵容、麻痹大意，酿成了滔天巨祸。

在侯景正式反梁前，还发生了两件事。

第一件发生在萧梁内部。公元 548 年农历三月，陈霸先奉命击破在交趾（今越南境内）一带为乱甚久的李贲叛军。叛军首领李贲的脑袋被送到建康城示众。日后，李贲被越南人尊为李南帝，他所建立的，只存在几年时间的万春国被越南史称作前李朝。陈霸先通过这次平叛，积累了一定实力。他的这支力量日后在“侯景之乱”中起了决定性的作用。

◎ 南朝的重骑兵

另一件发生在北方。农历四月十三日，高澄下令慕容绍宗与高岳、刘丰生两将合兵一处，去争夺被西魏控制的颍川郡。颍川城中，西魏大将军王思政虽只有少量兵马，但守城决心十分坚定。自此，历时一年零三个月的颍川城血战打响。东魏先后发兵二十余万人，损失慕容绍宗、刘丰生等三员大将后，高澄亲临现场指挥才将此城攻下。可以说，此战差不多决定了当时北方两国的基本格局。

公元548年农历七月，侯景在寿阳正式竖起大旗，以清君侧，诛杀朱异在内的三员佞臣的名义起兵反梁，开始了搅乱天下之旅。

可是，听到侯景叛乱消息的梁武帝却哈哈一笑。他对人说：“侯景才几百个人，能成什么气候？我折根树枝就能教训他！”豪迈得让人仿佛又看到了昔日那个文武双全的萧衍。然而，他晚年的人生，却不得不为这句话付出重大的代价。

不过，轻视归轻视，梁武帝仍然针对侯景叛乱做了一些安排。他令第六子邵陵王萧纶挂帅，领衔四道都督四路并进前去围剿。至于侯景的人头，梁武帝萧衍开出了三千户爵位和一州刺史官位的赏格。这个赏格，深深伤害了侯景的自尊。侯景认为，自己曾是坐拥河南之地的一方霸主，这种赏格远远配不上他的地位。

不过，愤怒归愤怒，侯景还是决定忍一时之辱，保存好实力，不与前来讨伐他的邵陵王萧纶硬拼。因此，在军师王伟的策划下，侯景数量并不多的军队犹如隐入丛野的兔子，让猎人萧纶逮不到一点蛛丝马迹。侯景的军队与梁朝军队周旋三个月后，虚晃一枪，突然出现在长江北岸，马首直指萧梁首都——建康。

尽管此时的侯景力量还很薄弱，且当时也没人相信他能对建康城造成威胁，但他自己却不这么想，因为他拥有别人不知道的利器——内应！

在叛乱的准备阶段，侯景就四处寻找内应。梁廷内凡有北人背景的，都曾被侯景暗中拉拢过。终于，侯景在萧氏皇族内部找到了一个最佳内应：萧正德。

萧正德是梁武帝萧衍的亲侄子（萧衍六弟萧宏之子）。他的身份和经历可谓相当特殊，因为他早年曾过继给萧衍当儿子。那时，萧衍年过三十依然没有儿子。萧衍的正室郗徽给他生了三个女儿，且脾气暴躁，不准他与其他女人来往。但郗徽在萧衍建立萧梁王朝前就去世了。萧衍称帝后，萧衍后宫人马瞬间充实起来，儿子也一个接一个出生。

有了亲生儿子后，萧衍就将养子萧正德送了回去，并立了亲生的萧统为太子。虽然梁武帝后来破例给萧正德封了只有皇子才能享有的爵位作为补偿，但萧正德仍然心怀怨恨，不知感恩，甚至还负气去过北魏，在那里不受待见后才灰溜溜地跑了回来。

萧衍延续了一贯的优容自家亲戚的做法，对萧正德的投敌行为并没有做严厉处罚。孰料，这种处理方法非但没有让萧正德感恩戴德，反而让他的怨恨更深了。自此以后，怨毒的种子就在萧正德腹内发芽，等着报复这个王朝。现在，等了四十几年的机会终于来了。当侯景派人来与萧正德商议造反，并约定事成之后扶他做皇帝时，萧正德就欣喜若狂地大叫："侯公之意，暗与吾同，天授我也！"

正因为有这个内应，侯景才敢只留下表弟王显贵镇守寿阳对抗邵陵王萧纶的大军，他自己则率主力诈称出去游猎，悄悄离开寿阳，开始了神出鬼没的冒险之旅。

该年冬十月，侯景放话说要进攻合肥。正当合肥守军紧张备战时，侯景却暗地里兵锋一转，直杀对长江防线有重要意义的谯州城。谯州城的内奸——担任"助防"一职的董绍打开城门投了侯景，并且将刺史萧泰生擒。侯景就这样兵不血刃地占据了谯州城。

梁武帝听闻谯州失守，才开始着急起来，命太子家令①王质率三千人马巡防长江南岸。

侯景一刻不停，接着攻打历阳（今安徽和县）。历阳城内的梁军组织了一次抵抗。太守庄铁的弟弟亲率一支人马夜袭侯景军营。不料，侯景早有准备，偷袭的人马全军覆没。庄铁的母亲痛失一子后，苦劝庄铁投降。侯景为了收买人心，对庄铁的母亲行跪拜礼。庄铁"感动"之下投降了侯景。不过，别认为这庄铁是个感大义之人，他可是缩小版的侯景。

庄铁这个"梁奸"马上为侯景献策：杀过长江，直捣建康，承平太久的梁国不习武事，定会举国震骇，如此，兵不血刃便可成功；如若不然，等朝廷有了准备，只需遣老弱之兵千人据守对岸的登陆点采石，到那时纵有精甲百万，大事亦不得成功。

庄铁此策就是传闻的"黑虎掏心"术，可谓毒辣至极。侯景采纳了他的计策，与内应萧正德联系后，留下两将镇守历阳，自己率大部队兵临长江。庄铁则兴奋地当起"带路党"为侯景充当向导。

历代从下游北岸渡江的地点有两个：

◎ 披挂重甲的战马

① 官名，太子家总管。

历阳和广陵，但最佳的地点非历阳莫属。《读史方舆纪要》有总结：自古南下渡江从历阳下水的占了九成。历阳是长江江面最窄的地方，几乎肉眼都可以望见对岸的建筑物。如今侯景已占据了历阳，若不严加防守，建康必危。

与历阳相对应的南岸登陆地是采石，王质的三千人马就驻扎在那里。六百多年后的南宋王朝，未有军事经验的书生虞允文就是在这里担任临时指挥官，引导南宋军民击退了来犯的完颜亮几十万大军。

此前，梁武帝曾向羊侃问策，羊侃建议说：“先派两千人急速增援守住采石，再下令已渡江到北岸的讨伐军主帅邵陵王，率兵去攻打侯景的大后方寿阳。如此，侯景进则不得前，退则失去巢穴。他的一帮乌合之众，自然可瓦解。”

如果依照羊侃的策略行事，萧梁王朝的命运，本有可能得以维系——只要派人守好采石，梁廷就有机会将兵乱阻止于大江之外，并且渡江作战向来就不是一件轻松的事。但侯景的运气真是好得出奇——那位国之蠹虫朱异这时跳出来大声宣扬“侯景必无渡江之志”，羊侃的建议因此被搁置！如此巨蠹误国误民，羊侃只能对天长叹：“今兹败矣！”

朱异误国，萧正德则是败国元凶——梁武帝恰恰将建康城的一切军防大事都交给了萧正德处理。萧梁帝国不倒也难了。萧正德准备了几十艘大船，以运载芦苇为

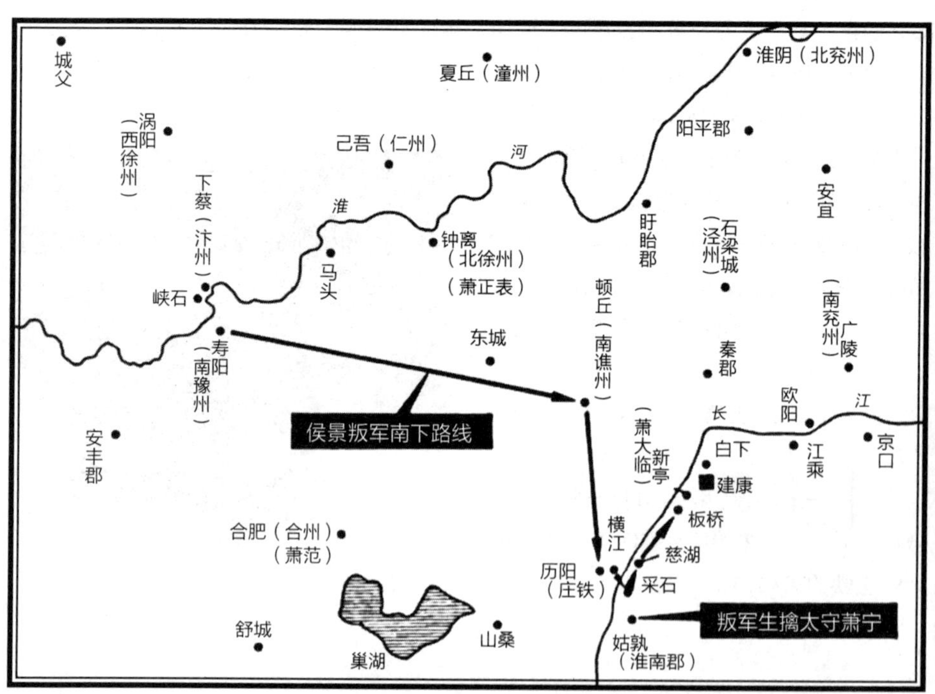

◎ 侯景叛乱进军图

名，将侯景大军悉数接应过江。

渡江前，侯景本来还担心驻守采石的三千人马会碍事，事先派了探子乘小船渡江侦察。结果探子的回报令侯景十分兴奋：守军突然都不见了！侯景还不放心，命再去折一根南岸的树枝回来。探子如言折回了一根对岸的树枝，证明对岸真的一个人都没有。侯景大喜："吾事办矣！"立刻下令渡江。

为何如此顺利？原本守卫采石的那三千人马哪里去了？原来，萧梁的一位太守看到采石的防守形势后，给梁武帝上书说王质的水军过于羸弱，恐不足以守住采石。梁武帝接受其意见，将王质撤去，改命陈昕（名将陈庆之之子）镇守采石。但梁军素无纪律，王质不等接任者到来，就将军队撤得不剩一兵一卒。于是，在换防部队到达之前，采石就无兵防守，侯景又恰恰在这时渡江！

不过，侯景渡江而过的军队并不强大，只有八千头戴铁面具的锐卒和数百军马，他们将面对的是一个拥有百万人口的繁华建康城。

公元6世纪时，建康城已拥有二十八万户，一百多万人。虽然百万人口的城市今日比比皆是，不足为奇，但那时却是极其罕见的。要知道，欧洲直到14世纪时，诸如威尼斯、佛罗伦萨的大城市才八九万人，纽伦堡、奥格斯堡等一般的城市才万余人。自梁武帝取得皇位以来，建康有近半个世纪没有遭到战火荼毒了。这在被称作乱世的魏晋南北朝，非常少见。在和平年代，它的经济文化得到长足发展，但防备情况却很松弛。

◎ 出土的铁面具

十月二十五日，侯景那八千戴着铁面具的大军来到台城，开始了长达五个月的围城之战。这个繁荣之都，因为侯景这个北方来的瘸腿武夫变成了人间地狱！

从事后诸葛的角度看，若非萧梁上下心怀鬼胎的诸侯们消极怠战，已经立国接近半个世纪的萧梁帝国是不会亡国的。而且，侯景此时手头仅有八千人，这点兵力要想攻克拥有高大城墙的建康城，在当时的人看来简直是笑谈。因为之前高欢的十万大军都没有攻破只有几千人马守卫的玉璧城。高欢儿子高澄攻克八千人守卫的颍川城，也前后发动了二十万余人，费时一年多。

但是军情紧急，梁朝方面也做了充分的防守准备。太子萧纲亲自指挥，任命嫡长子萧大器为都督城内诸军事。也就是说，守城的一切军事调令都同皇上的嫡长孙安排。萧大器还有一名很厉害的副手——羊侃。羊侃不是土生土长的南方人，大约二十年前，北魏发生内乱时，他从北方来的。类似他这样的人，此时的梁朝内部还有很多，比如后来平定侯景之乱的荆州军主将王僧辩。萧梁王朝后期，国内安定无事，上上下下都习惯了醉生梦死的日子，以至于军事上越来越依赖从北方来投奔的人。这种状态一直到以陈霸先为代表的江南本土豪强纷纷崛起才有所改变。羊侃堪称一代名将，他拥有强大的军事指挥能力以及丰富的实战经验，他对接下来的城守工作做出了巨大的贡献。因此，这个人事安排是非常正确的。

为了解决防守兵力的不足，萧纲还下令将监狱里的囚犯释放出来驻防。这也是古代史上常见的做法。至于最重要的军粮储备，萧纲也及时做了调拨。

另外，建康城作为一座都城，面积庞大，不同的地方就要安排不同的人来防守。萧纲在其他地方的安排都没太大问题，唯一有问题的就是朱雀门——还未暴露的侯景内应萧正德正守卫在那里。因此，侯景大军刚刚逼近城下，外城就陷落了。萧正德直接开门接了侯景军入城。

还没交手，外城就陷落了，梁朝上下顿时震骇不已。加上此时的建康城自从梁朝建立以来，已经快半个世纪未发生过战

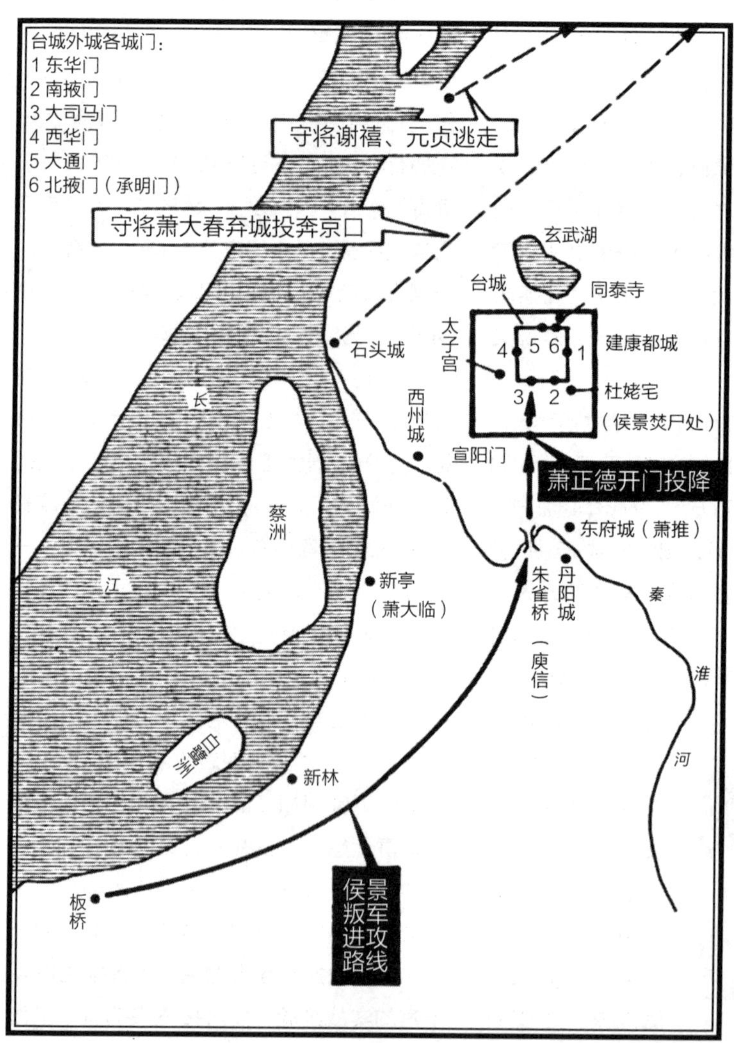

◎ 侯景攻入建康城

乱了，过惯了太平日子的梁朝公卿们显然对这种猝然发生的战争没有心理准备。关系国都安危的几个重要外围军事据点，如石头城、白下城等守将纷纷丢下防守任务四处逃窜。如果发生连锁反应，建康军民的心理防线崩溃，整个台城就将陷落。

幸亏这时，萧纲安排的守城主将副手羊侃出手了。羊侃眼见局势不妙，迅速出手，当即斩杀一个制造混乱的人，稳定了台城内军民的人心。于是，建康攻防战拉开序幕。

◎ *石头城遗址，如此重要的军事据点，还没发挥作用就被惊慌失措的梁朝军民丢弃了。*

四 鏖战建康大厦倾

一开始，侯景采用传统的攻城方式。他围绕台城四面用兵，百道出击，同时四处放火，尽可能破坏城防，尤其是各道城门，妄图用火烧穿城门。但羊侃立刻命人在门上凿出一些小洞，从里面灌水阻止火势。萧梁帝国的太子萧纲在军事方面帮不上忙，就亲自手捧银质马鞍，去奖赏有功将士。

侯景一计不成，再施一计。他派人用长柯斧猛砍东掖门。眼见大门即将被砍破，羊侃又及时命人在门上凿出孔洞，用长槊往外猛刺，刺死二人。那些手持长柯斧的侯景士兵被逼退。

随后，侯景又制造数百攻城木驴想攻上城墙，但羊侃命守城将士以巨石还击，全部将其击碎。侯景改进工艺，将木驴顶削尖，欲令石头无处着力，但羊侃改而用雉尾炬[①]还击。侯景又命人打造十余丈高的登城楼，高过城墙，打算居高临下用箭射守城者。但羊侃看了一眼这个登城楼，很有经验地说：“车高堑虚，一动就倒，不用管他。”果然被他料中，这个头重脚轻的登城楼还没派上用场就自己倒了。

◎ *攻城楼*

① 雉尾炬是古代一种类似大号毽子的常见守城武器，投出去后，尖的一端自动向下，钉在木头上，随后，另一端的火蔓延开，将木制攻城器械烧毁。

就在侯景束手无策之时，城中的人却开始给羊侃添乱了。被侯景指名道姓作为“清君侧”对象的朱异还想派人出城与侯景军作战。羊侃坚决阻止：“出人若少，不足破贼，徒挫锐气；若多，则一旦失利，门隘桥小，必不致失亡。”但朱异等坚决要打开城门作战。结果，派出的千余人还没交战就不战而退。溃军退回护城河时争相过桥，造成踩踏事件，死了大半，还连累羊侃的一个儿子被侯景生擒。

侯景将羊侃的儿子押赴城下，欲招降羊侃。羊侃慷慨激昂道：“我倾宗报主，犹恨不足，岂计一子，幸早杀之！”侯景没有办法，只好将人押下。过了几天，侯景又不甘心，重新将人押过来。羊侃一看，谓曰：“久以汝为死矣，犹在邪！”引弓射之。侯景念其忠义，没有杀掉其儿子。

其实，对侯景来说，最关键的是时间。他必须在各地的萧梁军队赶来勤王之前攻克台城。否则他仅凭目前的八千人，与多达几十万的军队交手，取胜是极不可能的。见硬的不行，他便在军师王伟的建议下，开始考虑从心理上瓦解城内军民的防线。

当时，南朝社会贫富差距明显，普通

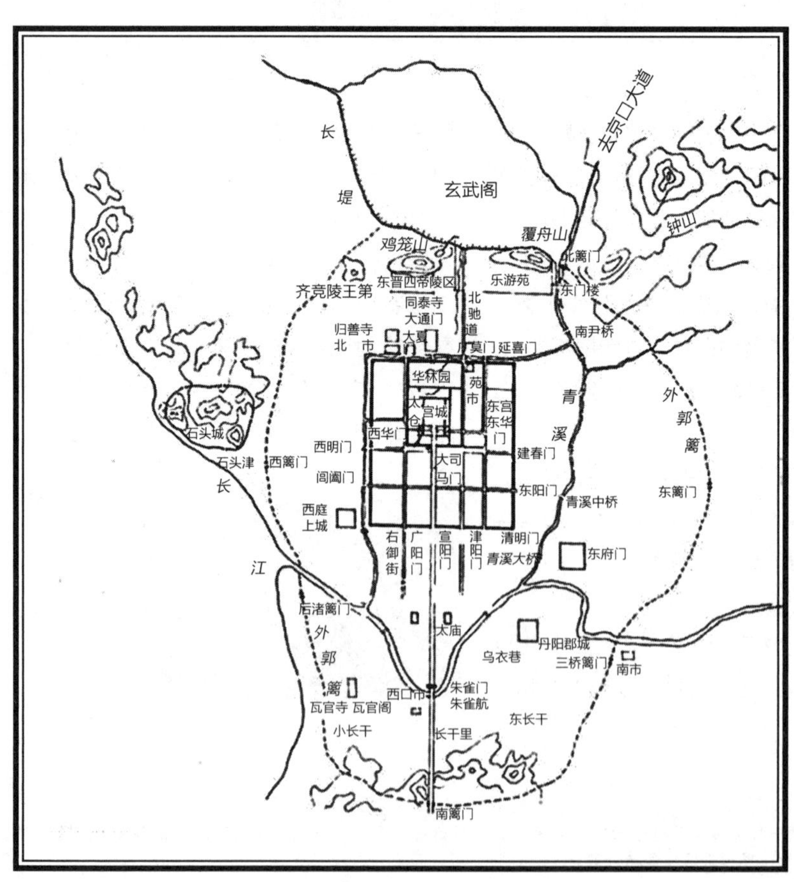

◎ 六朝建康城附近示意图

民众生活生不如死。大量世世代代被定牢在贱民身份的特殊人口，成了侯景争取的对象。他在城墙外给城内百姓构筑了一个幻想的天堂。他跟城内人许诺：来投我军，给你富贵。

大奸臣朱异家的一个奴隶趁乱从城中逃出来投奔，侯景立刻给了他一个意想不到的惊喜。第二天，他穿着丝织的衣服、硬实的高靴，神气地骑着一匹高头大马，径直来到了被围的城墙下。他对着城墙上目瞪口呆的朱异大骂道："老狗，你在官场混了一辈子，为官五十载，到如今也不过是一个区区中领军。我今日一投侯大王之军，立马被封为仪同。你羞也不羞？"

毫无疑问，这是侯景下得最漂亮的一步棋，朱异无言以对，其他人也将这一切看在眼里，收在心里。虽然这只是小恩小惠，但却是瓦解城内军民心防的致命武器。这下，城内民心大动，以至于投敌者如潮！

随后三日，城里数千民众出城投奔侯景，侯景对这些人皆抚以配军，"人人感恩，为之致死"。守城军心益散、益弱，城外军势益盛、益众！

此外，侯景的军师王伟还以侯景口吻发布檄文，彻底瓦解了城中军民士气：

今城中人人指望四方入援，然吾观城外各地王侯、诸将，皆志在保留全身，有谁能竭力致死，来与吾一争胜负哉？况且以长江之天险，昔日二曹（曹操曹丕父子）苦叹而不得过，今吾一夜之间驾一苇叶即一渡而过，若非天命以及人望允协，如何能够办到？愿城内诸人幸各三思，自求元吉！

心理战发动了一拨又一拨，城中渐无士气。但此时，守城方也迎来了一次可能一举扭转战局的机会！

事情的缘由是这样：梁将陈昕（陈庆之之子）为侯景所擒，侯景打算招降他，与他喝酒言欢称兄道弟，要他去收集失散的手下，为自己所用。但陈昕乃将门虎子，不为所动。侯景不死心，又派了一个叫范桃棒的部下继续做劝降工作。不料范桃棒被陈昕策反，他们商定一起造侯景的反，并计划率范所部的人手去袭杀侯景贼党王伟、宋子仙等。

范桃棒先让陈昕趁夜潜入城中告知梁军。萧衍得到如此军机大喜，命陈昕携带银券[①]回复范桃棒："事成之日，封汝为河南王，

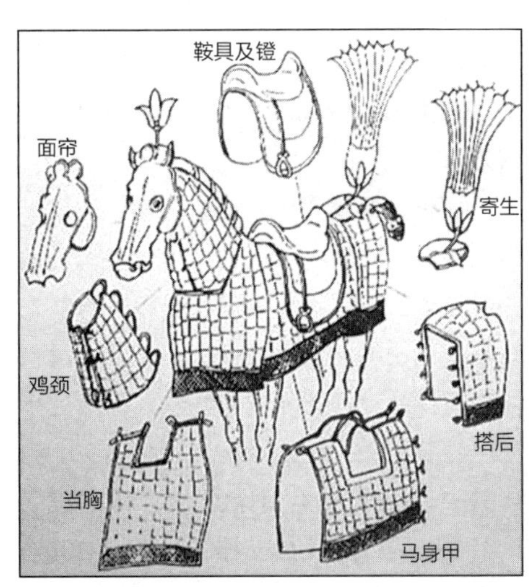

◎ 南朝甲骑具装分解示意图

① 这里的"银券"与"丹书铁券"的"铁券"功能差不多，是一种封爵赏功的凭证。

并侯景所有部下归汝所有，朝廷另外赏赐金帛女乐。”

但此事却被太子萧纲所阻。萧纲恐其中有诈，认为：“我等坚城自守以待勤王大军，只要援军一到，内外夹击，叛军有何不平？此乃万全之策。如今开门纳降范桃棒，谁知道是真是假？万一中计，将后悔莫及，这是事关江山社稷之大事，须得慎重再慎重。”

萧纲的思虑也不无道理，身在城内，如何知道这是不是侯景的又一出诡计？吃了侯景太多亏，难免警惕一点。范桃棒为了让城内人信任他，又通过陈昕提出只率所部五百人来降，人到城下后立刻脱去战甲，只求朝廷能够开门接纳。事成之后，保证擒得侯景。

无奈范桃棒投降之心愈切，萧纲的疑虑之心愈重。萧纲指望的是城外藩王的勤王大军，只要大军来到，城内城外来个夹击，侯景必败，故如今不信一切来降计划，最为保险。

可怜范桃棒与陈昕坚持行事，结果事情泄漏。范桃棒被部下告密，侯景将其“拉杀”处死。陈昕不明就里，依然按照事先约定如期出城接应，被候了个正着。侯景本想将计就计，要陈昕向城中人说范桃棒先派轻装数十人先入。侯景欲派人甲士混入其中，杀进城内。但名将之后陈昕犹存大节，坚决不与侯景合作，被杀。陈昕与范桃棒的密谋彻底失败。

所幸陈昕与范桃棒的密谋，也延误了侯景的攻击。台城等来了援军到来的那天。第一支赶来救援的勤王军，就是萧衍第六子邵陵王萧纶。前文提到，萧纶被任命为征讨侯景的大都督，统四道人马前去围剿，但转来转去愣是找不到对手的踪迹。萧纶兵到钟离之日，却惊闻侯景已在建康城外围，因此赶紧回转大军来保卫都城。

但他走得太急了，或者是运气不好，大军在渡过长江的时候遇到大风，船只纷纷被沉。渡江后，只剩三万步骑，人马损失惨重。萧纶带着剩下的人马向建康城外围杀来。

侯景惊闻外援来了，赶紧部署作战。萧纶听从手下的建议没有直接跟侯景开战，而是迂回绕道建康城的北面，从钟山方向杀来。这一布置本可以对侯景军形成突袭，但萧纶大军在夜行中居然在自家的地盘上，多绕了二十里，以致失去了最佳的偷袭时间。侯景军得到消息，立刻排出整齐的阵列迎战。此战，侯景再一次向世人展现了他不俗的军事才能。

当时，双方对峙到天黑后，都没有开打，于是约好明日再战。但梁军再度出现指挥问题，萧纶手下有一部人马看到侯景那边先退了，没有请示主帅就决定乘机追杀。侯景马上还以颜色，一战便将该部打垮，然后趁猛攻萧纶的中军。萧纶手下——那个在跟慕容绍宗作战时第一个逃跑的赵伯超，再次望风而逃，致使萧纶全军溃散。侯景趁势全力追杀，彻底击溃了萧纶军。第一拨勤王军就这样被侯景军打垮。

不过，此战也有义士。萧纶战败，包括皇孙萧大春在内的多名将帅被生擒。侯景将他们绑到台城下，并把一堆俘获的军仗器具也推到了城下，逼俘虏对城内人喊话："邵陵王已经被乱兵所杀。"但一位叫霍俊的人反而竭力大喊："邵陵王只是小小失利，已经全军退还京口！城中只要再坚守数日，援军必然到达！"侯景军以刀柄殴打其背，而霍俊辞色愈厉。侯景认为此人是义士，命人释放，但穷凶极恶的内应萧正德却命人杀死了霍俊。

就在萧纶战败的当日，梁朝的其他勤王军正好陆续到达，梁军声威复振。距离建康城较近的几拨人马先后抵达建康城外围，其中有鄱阳王萧范的世子萧嗣、衡州刺史韦粲、江州刺史当阳公萧大心、司州刺史柳仲礼、西豫州刺史裴之高、宣猛将军李孝钦、南陵太守陈文彻等，甚至远在荆州的湘东王萧绎派来的援军也陆续到达。各路大军总兵力将近二十万人。

◎ *北朝重骑兵俑*

但这么多的勤王军，并没有一个强有力的大将来统一指挥。各路将领于是召开统一会议，推举出了一个领导者——柳仲礼。提名柳仲礼为领导者的则是南朝名将

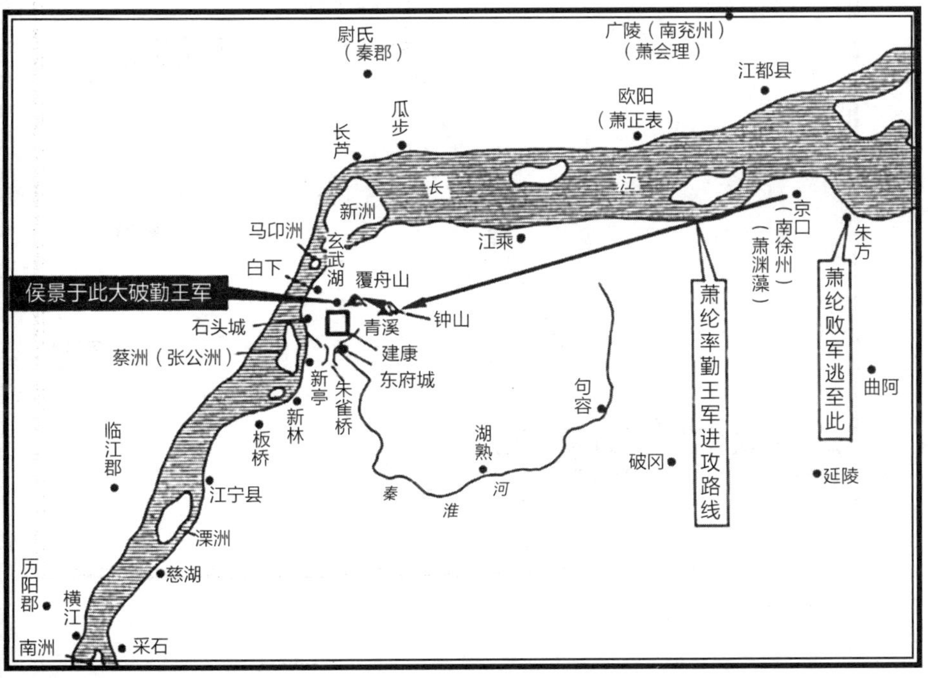

◎ *萧纶的勤王军被击败*

东魏帝国
西魏帝国
南梁帝国
彭城（徐州）
下邳（武州）
鲁阳（广州）
淮阴（北兖州）
涡阳（谯州）
项城（北扬州）
穰城（荆州）
悬瓠（豫州）
钟离（北豫州）（萧正表）
寿阳（南豫州）（王显贵）
（南兖州）广陵
义阳（司州）
柳仲礼军
建康
蔡洲
横江
京口（南徐州）（萧纶）
合肥（合州）（萧范）
襄阳（雍州）（萧誉）
王僧辩军
安陆
南洲
宣城郡（杨白华）
武城
晋熙（南豫州）
南陵郡
公安
竟陵郡
夏口（郢州）（萧恪）
江陵（荆州）（萧绎）
寻阳（江州）（萧大心）
彭蠡湖
洞庭湖
青草湖
萧方等军
豫章郡
临湘（湘州）
临川郡
庐陵郡
湘东郡
建安郡
零陵郡
晋安郡
南康郡
南岭（五岭）
韦粲军
含洭（衡州）（欧阳頠）

◎ 南梁勤王军大集结

韦睿的儿子韦粲。本来，梁武帝儿子萧纶有这个资格担当此责，但也许是他此前的表现无法让众人信服，也许是他自己不愿出来担当此责，总之，柳仲礼成了勤王军总指挥。

柳仲礼和提名他当总指挥的韦粲均出自著名的士族：一个是河东柳氏、一个是京兆杜氏，这两个家族隋唐以后仍是著名的士族。他们跟东晋以来早期渡江的王谢子弟不太一样，政治地位完全是靠自己拼搏来的。因此，这次天下大乱也被他们当作建功立业的大好时机。

柳仲礼在初战侯景时，也确实有让人眼前一亮的表现。他指挥各部梁军去抢夺有利的军事要地。在进军朱雀航的时候，韦粲所部梁军因大雾迷路，被侯景军围歼，韦粲一族几百男丁几乎被全歼。正吃饭的柳仲礼听闻消息后，扔下筷子立刻披挂上阵，率领本部几百骑兵赶去救援。在青塘，他与侯景大军交战，取得斩首数百级，迫使上千人掉入秦淮河淹死的战果。柳仲礼甚至差点追上侯景将其斩首。然而，不幸的是，侯景一个手下从柳仲礼背后一刀砍来，砍在其肩膀上，不但救了侯景一命，也差点让柳仲礼命丧沙场。

而这一刀，似乎也从此将柳仲礼的勇气也砍没了。被部下拼死救出捡回一条命后，柳仲礼从此成了畏敌如虎的胆小鬼，再也不敢轻言一战。在接下来的战斗中，他始终持观望态度，跟萧家的王爷们一同眼睁睁看着侯景大军猛攻台城。或者可以这么说，萧梁王朝的命数，也被这一刀砍没了。

这时，城中近乎绝望的军民迎来了好消息，也收到了坏消息。好消息是，外围援军来得越来越多，侯景军随时有覆败的可能。坏消息是，败敌之日不知在何时，外围数量庞大的援军似乎一点都打不过数量很少的叛军，破敌解围之日看似遥遥无期。更令他们绝望的是，城内的顶梁柱羊侃在没有任何征兆的情况下，突然去世了！

支柱既倒，大厦危矣！

羊侃一贯身强力壮，有勇有力，指挥得当，也没有受过什么伤，按理说不应该暴毙才是。但据猜测，羊侃的去世跟城内的环境有重大关系。当时，城内早就断粮，军民只好到处挖野鼠、捕麻雀充饥。梁武帝有一个养了很多观赏鱼的大池子，饥饿的军民开始偷偷捕捞鱼儿当食物的时候，皇帝还大发雷霆，到后来已经无法禁止了。到这个时候，别说是水里游来游去的鱼，就是躲在淤泥底下的乌龟、青蛙也被人挖出来吃了。后来，实在没有东西吃了，城内的人就开始吃人肉。据史书载，“食者必病”。很多人其实并非战死，而是因为城内死人太多来不及埋掉处理，害瘟疫而死。也许身为城中指挥的羊侃，就是这样死的。“（羊侃死去，）城中益惧。侯景大造攻具，陈于阙前，大车高数丈，一车二十轮，丁酉，复进攻城，以是虾蟆车运土填堑。”

幸亏，羊侃死后台城内还有人——材官吴景是个出色的工匠。侯景纵火烧掉了城内东南守城的木楼，他立刻指挥人手堆起土堆做楼基，然后在上面用木头构筑新城楼。侯景放的火才刚刚熄灭，新城楼又立起来了。叛军又惊又惧，以为城内有神灵相助。

火烧城楼，吸引城内人注意力之际，侯景又派人在城墙下挖掘地道。直到城墙即将倒塌，守军才惊觉。随后，吴景立刻指挥人手在城内构筑新城墙，成弯月形。叛军们好不容易将外围城墙挖倒后，却看到一道新立起的城墙，顿时目瞪口呆，迎头又遭到新城墙上守军的火攻，攻具悉数被焚。叛军只得嗷嗷乱叫，撤兵而去。

可惜，此时城内的人心已经散了，逃兵络绎不绝。最开始只是些下层人士在偷偷外逃，随后，士族阶层的达官贵人们也开始忍受不了城内非人的生活，成批往外逃。梁军的战斗力之低下，军队无斗志之状，尽显无疑。但侯景在后方无补充兵力的情况下，士兵数量也越来越多。

在此过程中，侯景还玩过讲和等缓兵之计。被打得无还手之力，对城外勤王军已近乎绝望的台城指挥官萧纲，只好接受暂时讲和，希望侯景能早点离开此地。侯景讲和的条件是，要求梁朝先遣散数量众多的勤王军，各归各地。结果，萧纲竟然接受了，他以梁武帝的名义发出了遣散令。因此，以柳仲礼、萧纶为首的城外诸将纷纷照办，一走了之。少数见不得如此窝囊的热血男儿也很快被人用劝说、威胁等方式赶走。

待部分勤王军一散，尤其是势力最强的荆州军退走后，侯景立刻撕毁合约，继续围攻台城。这一次，台城守军再无作战之心，有人打开城门将侯景大军迎进了城。

坚守一百三十六天后，作为南朝都城建康内城的台城，陷落了。梁武帝被侯景劫持，梁朝江山也被侯景劫持了，梁朝的命运，也从此不由自己做主了。梁武帝打下江山，坐了四十八年皇帝后，又拱手将江山送出。虽然，梁朝还有大片疆土未被侯景据有，但其心脏，已被侯景刺穿，这个巨人距离轰然倒地，不过是分分钟的事情。台城陷落后不久，一张退兵诏令从台城发出。聚集在建康城周围的数十万勤王军，纷纷作鸟兽散。

其中就有坐镇荆州、实力最强的梁朝湘东王萧绎的军队。此前，作为上游实力最强大的诸侯之一，萧绎很积极地派兵勤王，前后共派了三拨援军奔赴下游。第一拨由吴晔、樊文皎率领，士兵人数不详，樊文皎同侯景军作战时战死。第二拨由萧绎长子萧方等和将军王僧辩率领，萧方等率步骑一万，王僧辩率水军一万，合计两万。第三拨则由萧绎亲自统领，人数为三万。这支军队是荆州军的真正主力，他们的逼近给侯景军团带去相当大的压力，以至于侯景不得不假意讲和以避其锋芒。

但萧绎统领的这支荆州军主力走到一半却突然停止不前，迟迟不肯动身前往台城与侯景交战。直到台城被侯景攻破，梁武帝萧衍和太子萧纲也没看到这支军队的身影。

萧绎的这种行为，有人当然看不下去，他自己帐下的中记室参军就很有意见。这位参军名为萧贲，虽然都姓萧，但跟萧梁皇族血统关系却比较远。此人是骨鲠之士，他看到萧绎一直悠然不动的样子，十分焦虑，但又不敢直接将这种情绪表达出来，于是便找了个机会讽谏。

有一次，萧贲跟萧绎玩双六（当时的一种游戏），轮到萧绎时，有一个食子一直没下。萧贲趁机道：“殿下都无下意。”一语双关，表面上说萧绎迟迟不肯将棋子落下，其实是说萧绎没有真心实意带兵东下。

饱读诗书的萧绎当然听懂了弦外之音，但除了心里对此人大为不爽外，他依然不动声色，既不表现出对此人的愤怒，也不派兵南下。等到台城里的梁武帝接受了侯景的和议下令遣散勤王军后，萧绎就恭恭敬敬地表示：“好，我听令，退兵就退兵。”

这时，萧贲终于坐不住了。他公开指责萧绎：“侯景以人臣举兵向阙，这个时候若敢真的放下兵器，用不着等他渡江，童稚小儿都能杀掉他，谁相信他会真的放下兵器撤走？大王坐拥十万之众，还没见到叛军就撤回，不怕被天下人耻笑吗？”

但此话出口，非但没有令萧绎有所惭愧，收回撤兵的命令，反倒令其将怨气撒在萧贲身上。随后不久，萧贲便因一个小小的错误被砍去脑袋！但事情并没有就此完结，日后萧绎回忆起这件事时，心头仍然难以平静，于是在各种文书上对萧贲极尽侮辱之能事。

五 祸起萧墙自残杀

在萧绎所著的《金楼子》一书中，萧贲几乎被描绘成十恶不赦的恶棍。如他曾在父母的忌日接受官职，醉酒中直呼自己父亲的大名（当时，这可是极端不孝之举）。有人讥此事，萧贲反倒大笑道：“不乐而已，何妨拜官；温酒之谈，聊慕言在。”毫无惭愧之色。

《金楼子》还记载了这样一个故事。萧贲虽然书读得多，却无良行，偷了祖母的财物换酒喝后，却诬赖是自己母亲偷的，害母亲被祖母鞭打了一顿。叙述完事情经过后，萧绎还不忘加上点睛的一句感慨：“此人非不学，然复安用此学乎？”

这还没完，萧绎后来将已经死去的萧贲尸首挖出来重新杀了一遍（“追戮贲尸”）。此外，他还在自己的另一本书《怀旧传》

◎ 萧绎著作《金楼子》书影

中继续诋毁萧贲，不过这本书如今已经失传。从以上事件可以看出，有高度文化修养的萧绎的内心何其阴毒。

之前，萧绎喜欢研究一些谶纬、方术之类乱七八糟的学问，对一些神神鬼鬼的东西，更是深信不疑。他曾做过一个梦，梦中有人对他讲："天下将乱，王必维之。"又据说他的背上长了很多黑子，被一个巫婆看见："此大贵不可言。"

萧梁国内的另一个臣子曾经做过一个梦，梁武帝在召见诸位皇子时特意将帽子脱下来赠予老七萧绎。对于这个梦，这个臣子的理解是，上天暗示梁武帝将会把皇位传给湘东王萧绎。我们自然也可以相信，这臣子通过一定的渠道让萧绎知道了这件事情。

这么多的事例，好像都表明萧绎最后登上皇位的机会很大。但是，这些事例与其说给了萧绎一种暗示，不如说给了萧绎一种天命所归的虚假自信。因此，他决定耐心等待，等待真正的机会降临。

等待是一种什么心情呢？柏杨在评价《基督山伯爵》一书时曾有过这样一针见血的评述："等待是一个奥秘，卑怯的懦夫用它遮羞，坚强的巨人把它作为跳板。"

萧绎是懦夫还是巨人，当时还很难看清。但可以确知的是，萧绎并不打算将等待当作自己的遮羞布。他所有的等待，只是为了一个机会，一个可鱼跃龙门，君临天下的机会。作为在兄弟中排行第七的庶出皇子，他本没有资格继承皇位。很显然，要实现这个跨越，他需要一个特殊的机会。这个机会来自哪里？首先来自萧梁王朝的立储格局。

历朝历代，新王朝建立后，第二代君主才是最关键的，第二代君主有所作为的王朝往往能够持久，反之则会很快灭亡。比如秦、隋两个大一统王朝都是栽倒在第二代君主手上。西汉第二代君主时也险些栽倒，差点改姓吕。明朝第二代也栽了，不过是栽在朱家人手里。西晋的第二代晋惠帝，也让晋王朝只剩半壁江山，苟延残喘了一百多年。宋朝的第二代则是太祖的弟弟而非儿子来接任皇位，顺利延续两宋几百年江山。唐朝的第二代则是杀死了自己兄长的李世民，还好他是个贤君，也延续了大唐近三百年的江山。

梁武帝当然也重视对接班人的培养，

◎ 萧绎存留至今的绘画作品《职贡图》

早在登基时，他就立才一岁多的长子萧统为太子，是为著名的昭明太子。显然，如果不出意外的话，排行老七的萧绎只能当一辈子普通王爷了。但不幸的是，十多年前（公元531年），萧统这位前途无量的太子却先老皇帝一步死去了。

叔侄相争

萧统死时，其长子即梁武帝的长孙萧欢，已经十五岁了。但梁武帝考虑良久后，担心“少主不可以主大位”，遂决定把太子之位传给萧统的同母弟萧纲，而非萧统的长子。当时，梁武帝已六十八岁了，他没想到自己会活到八十多岁。

萧衍此举，破坏了嫡长子继位的原则，引来一干人的观望。照此类推，如果萧纲也死了，那皇储之位不是还可以依次往下推吗？萧衍的其他儿子心中都打起了小算盘。

这是件关乎萧梁王朝国运的重大事件。事实上，并非梁武帝一人碰到了太子比自己死得早的意外状况，在他之前有南齐的齐武帝，在他之后也有明朝的朱元璋，都是白发人送黑发人的悲剧。但与梁武帝不同的是，齐武帝跟朱元璋都立了太子的儿子为新储君，两人驾崩之后，由皇太孙继位。

但梁武帝萧衍并没有采用齐武帝的做法，此为错招之一[①]。紧接着，梁武帝又打出第二个错招。为了安抚没能接任储君之位的昭明太子的几个儿子，梁武帝给了他们大州郡作为补偿。对其他不满的子孙，他也用这种办法加以安抚。这跟后世的朱元璋做法又完全相反。

朱元璋为了确保孙子朱允炆的皇位稳固，不惜给众多儿子们做了限制，以免孙子的皇位被儿子们夺走。虽然后来的燕王朱棣还是在种种限制下夺位成功，但那已经不是朱元璋的责任了。现在，梁武帝非但没有削弱其他藩王的力量，反而强大了他们的力量，于是造成干弱枝强，各地诸侯尾大不掉之势。因此，在侯景所挑起的萧梁帝国大乱中，几个藩王非但没有利用手头的力量驱逐萧梁帝国共同的敌人，反而相互攻伐，为发展势力大打出手，甚至坐视梁武帝萧衍和太子被外贼所困而无动于衷。

据说，新任太子萧纲在梁武帝晚年时期，非常忌惮几个外藩的兄弟子侄。即便是在建康城的东宫里也没有安全感，不得不增加上万人马护卫东宫的安全。

造成这种情况的原因，主要是萧梁皇族的人丁十分兴旺。萧梁皇族跟曾经爆发过八王之乱的晋朝司马氏皇族一样，都是宗室人口众多的庞大家族。司马氏在取代曹魏之前就是著名的豪族，别的家族出人才都是两三个两三个地出，司马家一出就是“八达”。而梁武帝的萧氏家族也差不多，他有儿子八个，这八个儿子又每人各有三至八个儿子。往上，梁武帝有同胞兄弟十个，另外九人在其称帝前基本上都已在政坛上崭

---

① 认为此决定是错招，主要是从结果的角度来考虑。但以当时同时代的状况论，在梁武帝之前宋、齐两代也曾出现过几个少帝继位的状况。这些少帝要么被废杀，要么治国实在有问题，瞎闹的很多。这些人的教训萧衍也都看在眼里，所以很难一口咬定当时他的这个决定就一定是错的。

露头角了。因此，不去理会更旁支的宗室人口，光是萧衍的这九个兄弟所繁衍的皇族人口，有实力加入皇位争夺战的就有不少。

根据详细统计，梁武帝一共有八个儿子，依次如下：长子萧统、次子萧综[2]、老三为如今在位的太子萧纲、南康王萧绩和庐陵王萧续分别排行第四和第五——已经跟昭明太子一样死了，剩下三个就是如今拥兵在外的藩王：坐镇郢州的老六邵陵王萧纶、坐镇荆州的老七湘东王萧绎以及坐镇蜀中的老八武陵王萧纪。

另外，昭明太子留下的儿子有五个，其中三个也已经死了，只剩下老二河东王萧誉和老三岳阳王萧察。这两人也积极参与了后来的萧梁王朝诸侯内乱，其中坐镇襄阳的岳阳王萧察笑到了最后。他建立了一个被称作“后梁”的政权，在萧梁帝国灭亡后还延续了三十几年的生命，直到隋文帝统一天下前才被灭掉。可惜的是，“后梁”领土只有原萧梁帝国的百分之一左右。

除这几个血缘较近的萧姓王爷外，还有不少血缘稍远一点的萧家子弟也卷入了这场内争。比如与侯景勾结的萧正德、在东魏当俘虏的萧渊明、后来一度割据岭南的萧勃，等等。这些萧姓王爷合力导演的大戏，堪比西晋的八王之乱。最终，萧梁帝国国力被蛀空，国土近乎全部沦丧，萧梁帝国灰飞烟灭。

仅以侯景之乱前的分布进行分析，长江中上游萧氏王爷们的势力范围大致可分为三大块：以郢州为核心的萧纶势力区、以荆州为核心的萧绎势力区和以益州为核心的萧纪势力区。

其中，郢州的萧纶势力区差不多已经解体。因为萧纶担任征讨侯景的主帅任务后，带着军队离开了自己的根据地，后来被侯景打垮，势力基本被瓦解，现在只能到处流窜。

而萧纪占据的益州，即传统上的蜀中之地，拥有经济上的大优势。其赋税水平在日后形成“扬一益二”的说法，可见其富。加上蜀中盆地特殊的山川地形，非常适合割据自立。加上萧纪的确野心不小，日后是梁朝藩王中第一个称帝者，因此是萧绎的眼中钉、肉中刺。

三块地盘中，荆州的局势最为复杂，因为另外两块地所辖的州郡虽然也分别由很多萧姓王爷镇守着，但多数或无野心，或虽有野心但限于血缘太远难成气候，基本上能保持步调一致对付外敌。唯独荆州一带集中了数位野心家王爷，大家各自野心勃勃，谁也不服谁的号令。因为荆州是重地，需要有能力的人来镇守，而能力往往又和野心是双生子。

至于荆州位置的重要性，三国时就有“得荆州者得天下”的说法，曹操得到荆

① 萧综的母亲吴令嬴曾为南齐末代皇帝萧宝卷后宫妃子，萧衍废掉萧宝卷帝位后，后宫也被他接管。吴令嬴被萧衍临幸七个月后产下萧综。虽然萧衍一直坚持认为萧综是他的亲生儿子，但他也无法阻止闲话蔓延。加上萧综长大后经常做噩梦梦到一个断头人，同生母吴令嬴讲述梦中人的模样后，萧综认为自己是萧宝卷的儿子。因此，他找机会投奔了北魏。

州后差点顺流直下灭掉江东政权统一天下，一直没有地盘容身的刘备得到荆州后又得到益州，从而实现当年诸葛亮在隆重提出的“跨有荆、益”战略构想，蜀汉势力达到巅峰。后来，随着荆州被孙吴偷袭夺得，蜀汉的国力自此走下坡路。

晋室南渡以来，荆州继续占据着重要地位。著名的“荆扬之争”几乎贯穿了东晋百余年的历史。因为分处长江中上游与下游的荆州、扬州，是支撑南方政权的两块基石。扬州是都城所在、皇权的核心地带，荆州因远在千里之外，往往是野心家的天堂。

荆州因其实力过于强大，往往与下游朝廷形成分庭抗礼之势。东晋时代的王敦、桓温、桓玄，刘宋时代的沈攸之等就是占据了上游的优势才能对下游的建康城形成威胁，其中还不乏改朝换代者。如梁武帝当年便是从荆州北面的襄阳起兵，联合荆州的势力夺位成功。不过，他成功后又踢开荆州势力，自己独享胜利果实。

南北对峙局面，荆州对南方政权的重要性，从《南史》等书便可知晓：“荆州居上流之重，资实兵甲居朝廷之半，故武帝诸子遍居之。”“武帝以荆州上流形胜，地广兵强，遗诏诸子次第居之。”

◎ 今日的荆州古城墙

后来，建康的中央政府为了防止荆州再对下游形成威胁，采取了很多措施。最重要的举措就是，将原来面积庞大的荆州分割肢解，由一个州变成几个州。比如，萧察盘踞的雍州、萧誉盘踞的湘州都是由荆州分割出去的。

至于荆州刺史湘东王萧绎头上的“都督荆、雍等九州诸军事”头衔，意思为萧绎拥有向这九个州发布军事调集令的权力。将这九州合起来，影响力差不多能与没被分割前的荆州相比。建康的中央政府分割了荆州的行政区域后，又令这九个州的军事统一听令于荆州刺史，是为了方便防务。如果发生外族入侵，这九州的军事力量又可以联合起来一致对外。如果这九个州任何一个州想造反，其他州又可以对其进行制约。

理论上，荆州刺史萧绎有都督荆、雍等九州诸军事的头衔，也就是拥有向雍州的岳阳王萧察、湘州的河东王萧誉等发布军队征集令的权力。但这权力是由梁朝中央政权赋予的，如果萧绎有异心，荆州以外的各州是否愿意听从调遣就是另外一回事了。再加上太子之位没有传到作为昭明太子儿子辈的萧察、萧誉兄弟一系，他俩早憋了一肚子怨气，要掣肘萧绎。可以说，梁朝的中央政权形成了一个动态的平衡。但侯景之乱却打破了这种平衡!

现如今，太子跟梁武帝都被困在建康，生死未明。如果他们都死于侯景之手，那么皇位继承者自然只能从几个血缘最近的外藩王中产生。老六萧纶已经率先出局，剩下的也就只有萧绎、萧纪以及萧察、萧誉这两个侄子辈的王爷了。

不过，萧氏皇族都饱读诗书，整体文化水平之高，实属罕见，以至于有“一门能文，人人有集”的说法。这些披着文人雅士外衣的亲王们，碍于世人耳目，对公然造反之事多有顾虑。那么，他们就只好等机会。不乱不得篡，萧绎等亲王盼望的正是侯景之乱这种机会。

既然侯景早晚都会动手杀掉梁武帝和太子萧纲，萧绎就更有理由等下去。因此，当萧绎的手下人主动上书，请求他以太尉、都督中外诸军事等身份主盟，与天下藩王结成反对侯景的联盟时，萧绎坚决拒绝。手下人再请求他换一种身份，即以司空的身份出任盟主，萧绎仍予以拒绝。因为不管以“太尉”还是以“司空”的身份做天下藩王的盟主，都等于是自命的，没有得到梁武帝确认，是难以服众的。萧绎他需要一道合法的手续。

公元549年的农历六月，江陵突然出现了一个令萧绎十分高兴的人。这个人就是萧梁的上甲侯萧韶（萧绎堂侄），他从被围得水泄不通的建康城逃了出来。他历经千辛万苦到了江陵，带来一份据说是梁武帝生前写下的密诏。前不久的五月，梁武帝萧衍已经被侯景活活饿死在台城，享年八十六岁。根据这份密诏的内容，萧绎被加以“侍中、假黄钺、司徒，大都督中外诸军事”等一堆新职务，并且可以“承制”（代替皇帝执行帝国的权力），至于原来拥有的其他职务仍然一切照旧。这就是说，萧绎可以拥有除萧梁都城外一切军事力量的调集权，且可以对其他藩王发号施令，这是通往最后权力巅峰的绿色通道。

这就是萧绎一直等待的合法手续。接到密诏后，他要做的第一件事就是，借张缵的手，开启屠杀亲人之旅。张缵这个人，可以说狂妄至极。不过，他却被萧绎当作人生三大知己之一，《南史》上记载他与萧绎是“布衣之交”。

张缵向来瞧不起小字辈的河东王萧誉。之前，萧誉上任湘州刺史时，张缵迎接礼仪很是不恭，引起了萧誉不满。萧誉于是决定将他扣押在身边做事，找机会整他。于是，“颇陵蹙缵”，张缵被搞得一肚子火没地方发泄。

不久，侯景之乱就发生了。张缵趁机在某天夜里乘小船逃出了萧誉的大营。走投无路之际，张缵想起从前为“布衣之交”的萧绎，于是打算借萧绎之手，除掉萧誉。

萧梁皇族成员自相残杀的序幕，准确说是由张缵一封信开始的。他在信中对萧绎说道：“河东王的水军舰队挂帆直航，乃是准备袭击江陵。岳阳王经常与他窃窃私语，乃是在密谋，将对江陵不利。”

另外，萧绎还接到一条秘密情报：“桂阳王把军队留在江陵，乃是准备响应河东王！”桂阳王名为萧慥，是萧绎的堂兄弟，辖区在信州，按理也属于萧绎那个“都督荆、雍等九州诸军事”头衔的管辖范围内。

收到这两条信息时，萧绎的大军尚停留在半路上。读完信后，他大惊失色，立即发布命令，凿沉水军全部船只。荆州大军从陆地穿过蛮人密布的小路飞奔回江陵。

为荆州军负责押运粮草的王琳也接到命令，将他押运的三十万石大米全部沉入江中。而此时建康城中的饥民是多么需要这些粮食来救命。

萧绎回到江陵的第一件事就是处死桂阳王萧慥。其实，萧慥的本意是想以下属的身份拜见一下萧绎再走。从史料上无法分辨出，他是否不利于萧绎，但外人能够仅凭一封信就让萧绎大开杀戒，足见各位萧梁王爷相互猜忌已严重到何种程度。

加上之前因直谏而被处死的萧贲，荆州刺史、湘东王萧绎的手上已经沾上两位亲人的鲜血了。

很快，他又将屠刀对准了盘踞湘州（今长沙）的侄子河东王萧誉。湘州，最初就是从偌大的荆州分割出来的，拥有十个郡，当时的荆州共有三十一个郡，因此，湘州占据了荆州差不多三分之一的地盘，再加上其他州的设立，荆州的地盘还不到原来的四分之一。设立后，湘州的面积略有变化，到侯景之乱时还剩下七个郡。没从荆州分割出来前，湘州丰富的物产一直是荆州重要的财力来源，是荆州与下游的建康政府分庭抗礼的重要经济支撑。而且萧绎的封地就在湘州，此前其王府的经济收入一直仰仗湘州。因此，争夺湘州的控制权对萧绎十分重要。

像兄弟阋墙这样的悲剧，显然没有人能够总是胜利者。萧绎杀掉了萧贲和萧慥，但要杀掉已经有所准备的侄子萧誉，就没那么容易了。萧绎的嫡长子就死于此役。

萧绎的嫡长子，名为萧方等。同此时混乱的天下局势一样，萧绎的家庭内部情况也是一团乱局。不过，这个乱局倒诞生了“徐娘虽老，犹尚多情”的典故。

徐娘本名徐昭佩，是萧绎的正房夫人。萧绎十岁的时候就娶了她，但据说徐昭佩长得不够美丽，萧大才子非常失望，所以夫妻俩关系一直不睦。萧绎很少进徐昭佩的门，徐昭佩也索性不再理这个独眼丈夫。萧绎由于十三四岁那年瞎了一只眼，对这个生理缺陷非常在意，跟前秦苻生差不多，谁要是不小心在他面前说到“独、瞎、缺、少”之类的字眼，都会惹来他的大怒。有个老师教他论语，不小心读到“瞽”（眼瞎的意思）这个字，居然被他暗中毒死了。

而徐娘偏偏喜欢用这个来刺激萧绎，每次萧绎来她房间，她就故意只化半脸的妆，以此讽刺他的独眼，萧绎每次都非常生气。

作为皇子，萧绎自然是不缺女人的，他后来得到了一对既漂亮又合他心意的王氏姐妹花（即名将王琳的两个姐姐），两姐妹还接连为他生下了好几个儿子。于是，萧绎对徐娘自然越发不在意了。到后来，他两三年才去见一次徐娘。徐娘耐不住寂寞，就索性找了小白脸偷情。其中有个人在事后发出感慨：“柏直狗虽老犹能猎，萧溧阳马虽老犹骏，徐娘虽老犹尚多情。”

◎ *化半面妆讥讽萧绎的徐娘*

这便是“徐娘虽老，犹尚多情”的原始来源。

徐娘虽然不受宠，但依然为萧绎生下了长子萧方等，再加上徐娘原本士族出身（徐娘的爷爷曾官至宰相），地位尊贵，所以萧方等很早就被立为湘东王世子。但此时，萧方等却成了最尴尬的人，夹在根本就不恩爱的父亲和母亲中间，世子的身份随时可能被废。

家事如此，愁闷的萧方等早就厌烦了，整日用庄子的思想填补自己的脑袋：“人生处世，如白驹过隙耳。一壶之酒，足以养性，一箪之食，足以怡形。”他的处事方式与竹林七贤那帮人倒有几分形似，还做梦梦见自己变成鱼，在梦里做一条鱼畅游天地，觉得十分快乐，可是一旦醒来，忧愁马上又填满脑子。

现在，萧绎正为河东王的事大发雷霆。作为这一带军区的总负责人，他很早就以集结军队讨伐侯景为名，向河东王发出过征召令。然而，河东王却回答：“大家各有统领，为何我要听命于你？”

河东王的辖区是湘州，他弟弟萧察的辖区则是靠近西魏的雍州，一下一上正好对萧绎的荆州形成合围之势。名义上，这两个州的军事行动都要听令于萧绎，但兄弟俩根本不买七叔萧绎的帐。特别是河东王，萧绎的征召令前后发了三回，他理都不理。

于是萧方等主动请战，要率军讨伐堂兄萧誉。萧绎答应了，不过，他的做法却令萧方等非常难堪、不安——萧绎任命萧方等的弟弟，不过十岁出头的方矩为湘州刺史，也就是说，年幼尚无独断事务能力的弟弟是萧方等的顶头上司。萧绎就是要他顶着这样一种尴尬的身份出战。

萧方等不是不会打仗，而是根本不想认真打仗。他的大军简直是以自杀式的进攻在作战，而他的对手——他的堂兄萧誉，也并没有打算跟自家人客气一点。萧方等年轻的生命就这样消失在内战。

据《梁后略》记载，萧方等与手下被萧誉的骑兵驱赶下水，恰好水中有一条船，萧方等及其手下两百多人，都想攀上船舷逃生。但人实在太多，如果所有人都攀上来，船肯定会沉。所以，船上的人只好抽刀砍手，以至于被砍下来的手指落满船舱。

萧方等虽然是皇亲贵胄，但混乱中也没人顾及他，就淹死了，连尸首都没有找到。他的父亲萧绎听到这个消息，不但没有一点戚容，反倒暗自欢喜。他开心地对萧方等的二弟——王琳姐姐生的方诸说道：“不有所废，其何以兴。”你大哥不死，怎能轮到你出头？末了还叮嘱：“勿以汝兄为念。”无怪乎后世的大儒王夫之读到这里，忍不住大骂：“父子兄弟之恩，到了萧绎这里，可谓绝矣！”

萧方等死时二十二岁，年纪尚轻，但他却留下了不少文化财产，他继承了萧氏皇族的文化基因，很早就编纂了一部史书，名为《三十国春秋》，记录了东晋以来大大小小三十个政权的史料，包括桓玄的楚国、慕容永的西燕、谯纵的蜀国等通常不被列入十六国的政权，据说有一百多万字，应该是研究东晋十六国历史非常珍贵的第一手资料。但很可惜的是，如今这部书大部分也失传了，清代的学者汤球从各种典籍中搜罗整理，重新辑录了一番，但内容也不过原文的百分之一二而已。司马光编撰的《资治通鉴》讲到宋武帝刘裕的某经历时，曾引述过萧方等对此事的评价，留下一句“萧方等曰”，虽然只有一句话，但一句能令万古传，《资治通鉴》作为不朽之作流传千古，萧方等的名字也随之不朽。

湘州之战，萧方等是死了，但战事仍然一团糟，河东王打了胜仗，越发对七叔萧绎不敬起来。于是，王僧辩、鲍泉两人接到了萧绎下的讨伐逆贼萧誉的军令。王僧辩找鲍泉商议：“计将安出？”

这个鲍泉，久在萧绎身边，高八尺，长有一副令人羡慕的美须髯。但他好夸夸其谈，典型的“金玉其外，败絮其中”。他回答王僧辩：“这件事太简单了，还用得着多虑吗？”

王僧辩一听这话就急了，忍不住训斥：“你们这帮吃闲饭的文人，就是会耍嘴皮子功夫。那河东王少有武干，没有一万精兵我们怎么打得下来？现在我部下的竟陵锐卒还未开拔至此，还是先跟殿下报告缓一缓再出军吧！”

两人商议好了要入见湘东王，将这个情况说明一下，请求等王僧辩的本部人马到齐后再行出兵。鲍泉也答应了要好好汇报一下。孰料，待入见后，王僧辩巴望鲍泉发言的时候，此人竟哑口不言。萧绎不悦地问起缘故，王僧辩只得如实回答。

这件小事情，令萧绎顿生猜疑。他大怒：“王竟陵畏敌如虎，养兵千日，用兵一时，孤养你何用？”说完抽出宝剑就刺了过去，一剑刺到王僧辩的大腿上，王僧辩顿时血流满地。这一剑真厉害，王僧辩这位战场上很少负伤的武将竟然当场因流血过多昏死，过了许久才苏醒。

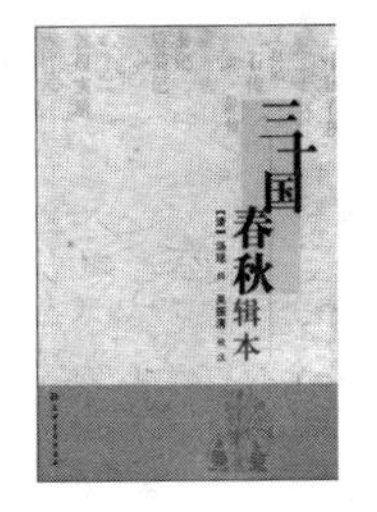

◎ 萧方等的《三十国春秋》

王僧辩就这样莫明其妙遭到了暗算，他还连累家族中所有在军中的男丁都被锁起来，收押在江陵大牢里。王僧辩的家人给吓坏了。据颜之推的《家训》记载，他有一个家教极好的母亲，这位母亲管教孩子极严，无论孩子是四十多岁的中年人，还是统领三军的将军，犯了错照样当众被脱光臂膀打板子，一点情面都不留。她听到孩子触怒了湘东王的消息后，立刻摘掉头上所有的饰物，披头散发，赤脚跑到湘东王府谢罪。她一步三磕头，哭着对这位外表仁慈的王爷求饶：“妾对孩子缺乏管教，万望仁慈的殿下网开一面，饶其不死啊！”一直跪了很久，萧绎的怒气才渐渐消解，命人赐予良药，敷在伤口上，王僧辩赖以不死。

鲍泉率军虽然接连打河东王萧誉，但萧誉退保大本营长沙后，鲍泉就拿他没办法了。长沙久攻不下，急得萧绎连连下书责其罪状，列举鲍泉二十条大罪，并骂道：“人人都说你面如冠玉，其实跟木偶人一般；你号称美须，其实就是一团毛扎扎的刺猬毛！”

河东王因被围得窘急，连忙四处求援。他可以指望的对象有两人：一个是他的亲弟弟岳阳王萧察，另一个是他的六叔萧纶。但萧纶此刻自身都难保，他写信给萧绎痛哭流涕地劝解："如今大敌当前，大仇未报，一切都指望我们在外藩的三个兄弟，如果我们自己都没办法救自己，怎么能指望臣子效死力呢？侯景之所以还不敢窥视上游土地，就是还忌惮我们诸藩互为屏护。"

萧纶此话，在情在理，无论如何，萧梁宗室之间，首先应该团结一致共同对付外敌侯景才是。他还指出，如果萧誉被攻下，其弟萧察惊惧之下，肯定会结交外援，引西魏军进来，那时局势将更无法控制。萧绎收到信后，怒气难消，这样回复了萧纶："河东王萧誉罪大恶极，不可解围。"

萧纶指望不上，河东王只好指望亲弟弟岳阳王能施一点援手了。好在岳阳王深深明白唇亡齿寒的道理，并且兄弟一条心，接到求援之后，他就亲自率了两万人马自襄阳攻打萧绎的大本营江陵。江陵此时兵力空虚，萧绎震恐，连忙派人到牢中请教王僧辩该如何应对。王僧辩临危不乱，贡献了应对方略。萧绎于是起用他为城防主帅。

萧察，昭明太子第三子，为岳阳王，镇守襄阳。襄阳是梁朝的"龙兴之地"，当年梁武帝就是在此起兵，举义旗，天下风从，于是沿着长江以摧枯拉朽之势杀进建康城，坐定江山。襄阳地理位置十分重要，《读史方舆纪要》称其为"天下之腰"。七百多年后的南宋，让纵横天下的蒙古人整整花了三十七年才攻下襄阳。襄阳"时平足以树根本，世乱可以图霸功"，距离江陵直线距离只有五百里。南北朝乱世时还经常有"江陵本畏襄阳人"的说法。因此，在日后的纷争中，襄阳一直是萧绎的心腹大患。

萧察心怀不轨，知道爷爷统治下的梁朝早晚生乱，于是暗自"蓄聚货财，交通宾客，招募轻侠"，并"克己励节，树恩于百姓，务修刑政，志存绥养"，跟他的七叔萧绎一样，早就在为将来做准备。

萧察此番乘虚来袭，本是难得的好机会，奈何运气不好，赶上了大雨。平地水深达四尺，营地一片泥泞，而城中地势较高，没有这种苦恼，因而，萧察军士士气低落。借此机会，萧绎又成功策反了萧察大后方的一门豪族，彻底解决了这次危机。

这门豪族是著名的襄阳杜氏。襄阳杜氏曾与萧绎有过一段"交情"。当时，杜氏准备迁祖坟图个好风水，知道萧绎书读得多，懂得也多，于是来请教。但萧绎听过一句谶语："独梁之下有瞎天子。"恰巧杜氏宗族的族长早年打仗时中箭瞎了一只眼睛，瞎得比萧绎更厉害。萧绎因此担心此人会与自己争夺那个名额，于是便生出一个恶毒的念头。他嘴里答应下来，暗中却叫人破坏杜氏祖坟的风水。杜氏一门不明就里，反而非常感激萧绎。他们后来为萧绎所用，且始终对萧绎忠心耿耿。结果，一家人在战乱中几乎死绝。

抛开感激萧绎这点不论，杜氏一族跟王僧辩一族还有姻亲关系。如今，王僧辩是萧绎的城防主帅，杜氏家族的勇将杜龛是王僧辩的亲女婿。凭这一点，萧绎也能说动这家人倒戈转向。

于是，萧绎成功策反了杜氏一族。杜氏人丁兴旺、个个强悍。杜氏的杜岸还自告奋勇，率五百骑兵去偷袭萧察的老巢襄阳。顿时，襄阳告急，连萧察的亲生母亲都爬到城墙上协助防守。萧察一听大本营出事了，连夜撤兵，丢弃在水中的粮食、金银、绢帛、铠甲、兵器，数不胜数。

险情解除，萧绎又派王僧辩代替鲍泉，继续攻打河东王萧誉。王僧辩一到任上立刻改变荆州军此前的攻城方式，改而在城外筑起高过城墙的土山，居高临下放箭攻击，日夜不停，箭如雨下，城内很快死伤过半。萧誉急得想扔下将士偷偷溜出城去，但城内出了内奸开门投降了王僧辩，萧誉遂被生擒。

之前鲍泉打萧誉的时候，他十分顽劣，鲍泉想跟他讲大道理，萧誉只是大叫："要来就来，废什么话啊？"但此刻成了阶下囚，他便认倒霉，大声疾呼："不要杀我，不要杀我，让我见七官（萧绎）一面，我是遭了谗言不得已的，让我见一见七官，只消把冤屈说出来，我死亦无恨啊！"

旁边有人冷冷地回应："奉命不许！你叫也没用！"

萧誉到底还是到江陵与七叔见了一面，不过只有一个头颅过去，身躯还留在长沙。萧绎亲眼见到侄儿的人头后，很满意，于是将头颅遣送回长沙，让侄儿的脑袋和躯体合在一起，草草埋在长沙一处荒野。

换了三任主帅，并付出亲生儿子战死沙场的代价后，萧绎终于攻下了湘州，将地盘扩充到今天的湖南全境。

兄弟相残

就在萧绎攻杀侄子萧誉的同时，整个萧梁天下差不多也是最为混乱的时候，从《资治通鉴》上你可以看到许多这类的记载：某地的萧某某将他的地盘献出送给北齐（此时高欢长子高澄已死，次子高洋袭位，废掉东魏，建立北齐），请求北齐帮助攻打侯景；某地的萧某某因为某些人的挑拨，跟另一位萧某某大打出手；某位萧姓王爷单独组织力量跟侯景叛军打成一片；某位萧姓皇族又联合西魏来打另一位萧姓皇族；某位萧姓皇族联合北齐来对付侯景叛军；几位势力较弱的萧姓皇族联合起来对付一位势力较强的萧姓皇族。总之，一切都乱透了，你根本弄不清楚到底谁在跟谁打，也分不清谁是敌人，谁是盟友。

但是若以快刀斩乱麻的方式看待这场战争，此时的态势大致可以看成是侯景集团与萧绎集团为扩张自己的势力，而进行的一系列战争。这两个集团之间因为各自忙着在扩张势力，一个在下游，一个在中上游，地理上的差距使得双方暂时相安无事。而北方的高氏和宇文氏政权则趁火打劫，他们利用这两大集团的各种矛盾，从边境蚕食萧梁的国土。

杀死侄子萧誉并吞并他的地盘后，萧纶成了萧绎的下一个打击目标。对皇子而言，外藩的三位兄弟，最可怜的当属萧纶。自从做了征讨大都督带兵去寿阳围剿侯景之后，他就彻底没了地盘。

他先是作为第一支赶到建康城的勤王军主帅率兵与侯景作战，大败后扔下遍地尸首狼狈向东逃窜。然后，他躲到一座叫"天宝寺"的庙里，但转眼侯景的追兵赶到，庙被烧了。他只得继续东逃，躲到一个叫"朱方"的小城。随后他收集残兵，在几位宗室后辈的支持下回军再战。后来，他与柳仲礼等人的大军合兵一处，屯聚在建康城

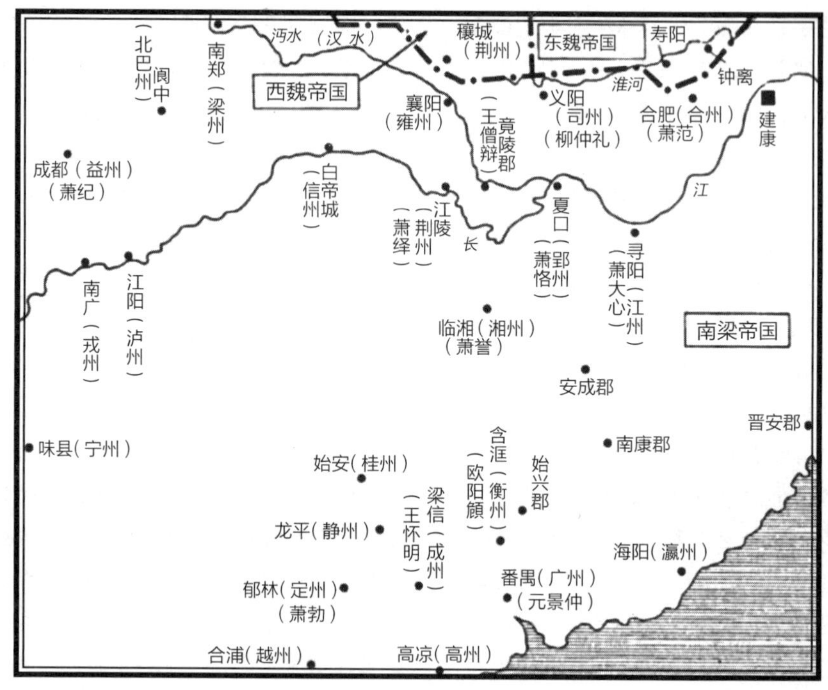

◎ 侯景夺取建康后南梁各势力分布

外继续跟侯景叛军抗衡，但他们光说不打，只相互观望等台城沦陷。

侯景假借梁武帝萧衍的命令解散各路援军后，萧纶逃到建康以东“三吴”之一的会稽郡。没多久侯景的部将宋子仙杀到，萧纶不得已往回跑，沿长江上溯逃到鄱阳郡。但原先的主人不允许他入住，萧纶只好来个鸠占鹊巢，夺下鄱阳作为暂时的栖身场所。

可能感觉鄱阳离建康太近了，萧纶没有安全感，于是继续往上游方向逃跑。到达九江，他的侄子萧大心主动想把地盘让出来给他，可他没有接受，还是马不停蹄一路向西，好似有人在追赶一样。

到了郢州（今武汉）这个地方，另一位堂侄又主动要将刺史之位让给他。萧纶虽然没有答应，但暂时在郢州落脚了。此外，萧纶还做了一件很触动萧绎神经的事，宣布自己为“承制”，差不多等于向天下诏告，我萧纶暂时替代皇帝行使命令了。

此前不久，将统一南北朝的杨坚的父亲杨忠，刚被宇文泰任命为西魏在东南一带的军事总负责人，任务是趁着萧梁动乱尽可能掠取其国土。他的存在，不但对江汉一带的局势产生了重要影响，也将决定萧纶人生最后的归宿。

杨忠凭借一流的军事才华，很快令萧梁帝国汉水以东的国土全部落入西魏手中。他还衔枚夜袭，用两千精骑生擒了之前跟萧纶合作很不愉快的柳仲礼。柳仲礼在台

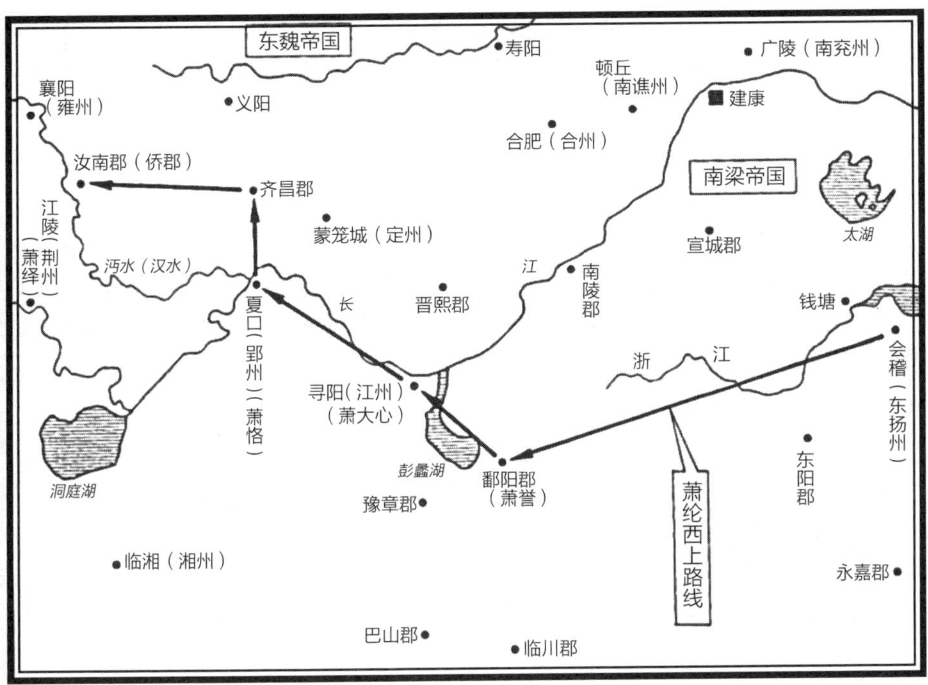

◎ 萧纶西逃路线

城陷落后投降了侯景，被侯景以梁武帝的名义派回汉东一带。王僧辩也是类似情况。侯景本打算以此方式控制梁朝各地，可惜打错了算盘，王僧辩后来却成为萧绎帐下先锋。

◎ 西魏武士俑

杨忠虽然在战场上战胜了柳仲礼，但颇赏识柳仲礼的才能，对他以礼相待，可谓推心置腹，并将他送到长安宇文泰帐下想给他求个官做做。没想到，这柳仲礼到了宇文泰面前，居然反咬一口，说杨忠在军中贪污受贿，还将战利品据为己有。西魏经济不好，将领们时常利用战争发点小财，宇文泰念在杨忠战功卓著，没有给予追究。不过，这事并没有到此结束——柳仲礼的人品，最终殃及了萧纶。

550年农历七月，侯景大将任约向上游进攻，攻城略地，逼近郢州。萧纶派出的军队再度先胜后败，萧纶于是大修兵甲器仗，准备迎战，但此举令萧绎极为震怒。萧绎派王僧辩、鲍泉等统兵对萧纶穷追猛打。但萧纶不想让骨肉相残的悲剧延续下去，他流着泪对请战的部下道："我本无他，志在灭贼，湘东王遂尔见伐。今日欲守则交绝粮储，欲战则取笑千载，不容无事受缚，当于下流避之。”于是选择主动让出郢州。但离开了郢州，又逃到哪里安身呢？天下之大，却没有立锥之地供他暂时容身。

无路可逃的萧纶退不能退，进不能进，只好北上流浪，路上还常遭人抢掠，狼狈不堪。托一位老僧的福，萧纶被藏在一个岩洞里，才没都被人杀掉。

后来，萧纶落到一伙难民手中，大家看他是皇孙贵胄，干脆一致推举他为领导，向北齐求援。北齐高洋也乐得培植自己的傀儡势力，封他做了梁王。可后来发现他跟丧家犬一般没有任何实力，就懒得搭理他了。

但北齐封萧纶做了梁王，大大触动了萧绎的神经。“老六居然如此不顾大义，妄想靠结交外援来夺位，真是罪不可赎！”萧绎愤愤骂道。但其实萧绎之前早就结交西魏作为外援了，他还将宠爱的小王姬所生的儿子萧方略送给西魏做人质。

不久，西魏的宇文泰就接到了盟友萧绎的秘密军情。随后，他就给在外征战的杨忠下了一道命令，要其务必攻下萧纶栖身的汝南城。杨忠不愧是西魏良将，接到命令后，立刻发兵围城，“诘旦陵城，日昃而克”。因为有萧绎提供的情报，接到命令的第二天就实现了围城、破城。萧纶被杨忠生擒。鉴于柳仲礼的事情，杨忠抓到萧纶后，第一时间就将他杀了。

终于去掉一块心头大患后，萧绎长长舒了一口气——在通向皇位的道路上，对自己威胁最大的对手没有了。

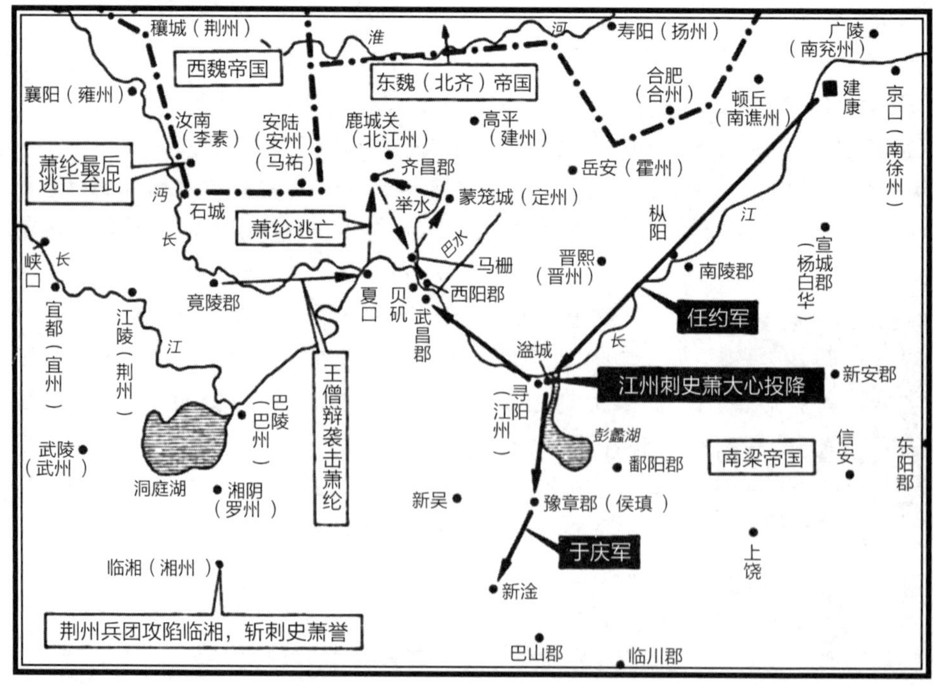

◎ 侯景西征

后来，萧绎授意文臣们给六哥萧纶定了一个“携”的谥号，理由是：“邵陵王内不能匡扶，手握百万之兵而坐等溃败；外乃交结齐国窥觎我大梁神器，不忠不义，可谥为‘携’！”

在谥法上，“怠政交外曰‘携’”，算是一个恶谥。从此，史书上的邵陵王萧纶的称呼就变成了“邵陵携王”，真是一字褒贬。可见，萧绎不但间接杀死了萧纶，还想其遗臭万年。萧绎对萧纶之所以如仇敌一般，对方死了还不罢休，应该还有公报私仇的意味。因为萧纶曾刺激过萧绎那个不能被触及的心头之痛。前文已提过，萧绎是个半瞎子，他对这个生理缺陷是极其敏感的，普通臣子不小心触及这个“逆鳞”被处死的就有不少，萧纶也曾犯过这个毛病，写过一首诗讽刺：

湘东有一病，非哑复非聋。

相思下只泪，望直有全功。

“相思下只泪”很好理解，就是讽刺萧绎即便是犯了相思病流泪，也只有一只眼睛能流出眼泪。后面那句也是讽刺萧绎独眼的，“望直”就是木匠眯起一只眼睛查看木料是否平直，意在讽刺萧绎不用眯起一只眼睛也能查看水平线是否平直。

以萧绎的阴毒，触及他这个生理缺陷的人，很少能逃脱厄运。他发妻徐娘画半面妆讽刺他的独眼后被逼自杀。他老师教他论语不小心念到“瞽”字被他毒死。侯景的军师王伟曾在檄文中讽刺过萧绎这个毛病，日后遭到拔舌头的残忍处罚。另有一个文友刘谅，曾经无心在一次宴游中说了这么一句话：“今日可谓帝子降于北渚。”这句话出自《楚辞》，原文是：“帝子降于北渚，目渺渺而愁予。”问题出在后面那句，因为“渺”字跟表示瞎眼的“眇”字同音。萧绎已经敏感到人家说了前一句他就联想到下一句，认为别人是故意提及的。于是，他当即大声地对刘谅怒喝道：“你是想说‘目渺渺而愁予’吧？”一场宴会就此不欢而散，刘谅被吓出一头冷汗，回去后就一病不起。

故此，借着这次天下大乱，讽刺过萧绎一只眼的萧纶就遭到七弟萧绎的穷追猛打，直到死了还被弄了一个恶谥伴随千载。而以萧纶的死为标志，位于长江上游的萧梁宗室内乱也暂告一段落，一方面是因为那些对萧绎威胁大的人已被他除去得差不多了，另一方面也是因为所有萧姓王爷的共同敌人侯景已经杀上来了，萧绎再也不可能有足够的时间内斗了。

六 萧绎称帝侯景败

短短数个月时间，侯景的大军便如滚雪球般越滚越大——当初被慕容绍宗击败时只有八百人，渡江时八千人，到建康城下围城打援，虽然与源源不绝的梁朝援军有过不计其数的攻防战，城破时反而却有十万人，如今已掌控整个长江下游的他，宣称有二十万人了。

试问侯景如何能在如此短时间聚集起这么多军队？原因很简单，他的军队成员大多是萧梁那些被压迫被剥削的下层人士，如奴隶、家仆、兵户，侯景只要向这些人登高一喊，自然就从者如流了。

但这恰恰也是侯景的致命弱点。这些人加入叛军，大多只是为了一时的蝇头小利，或者发泄对世家贵族的不满，他们只是一群乌合之众，他们“似乎热爱自由，其实只是痛恨主子”（法国历史学家、政治家托克维尔语）。这样的军队在训练有素对手的冲击下非常容易溃散逃跑，而且，侯景也等不及将他们训练成精锐之师，因为再等下去，他最大的潜在对手萧绎的势力就要膨大到难以撼动的地步了。

这就需要分析下此时的天下局势：

抛开北方两个趁火打劫蚕食萧梁北境国土的邻居不谈，萧梁内部仍以长江下游的侯景集团和中上游的萧绎集团为主，左右着历史大势的走向。这两大集团之所以迟迟未交手，乃是因为很多错综复杂的原因。比如，萧绎一边忙着对付对侄儿萧察，处理与西魏势力之间的关系，一边还日夜担心居在荆州的八弟可能顺流直下袭击他。寝食难安之下，他哪里还抽得出手来对付真正的国贼侯景？

而侯景则一边忙着将势力范围覆盖到下游的每一寸土地，一边忙着镇压各地反抗者，自然也不急着跑大老远去跟萧绎较量。

除这些外，其他一些事情也影响着这种局势。比如，公元 550 年农历十一月，一直在边境一带骚扰的北齐政权大将辛术，将侯景在江北辛苦征集到的数百万石粮食一把火全给烧光了。没有足够的粮草，一定程度上也延缓了侯景向上游进军的步伐。

不过，终究还是要有一方先来打破这种局面！侯景集团率先动手，先锋大将任约沿长江水路上溯。之前，任约曾一路攻城略地，将萧绎的六哥萧纶逼得到处乱窜，随后，他又顺势而上，连下江州（今江西九江）、豫章（今江西南昌），逐渐逼近萧绎的地盘。

但这时，萧绎集团突然冒出一个悍将，跟任约交上了手，并将其打得大败。这个悍将名叫徐文盛，跟王僧辩等人一样，也是从北方来投奔萧梁帝国的。侯景作乱之前，他正镇守在边远蛮荒之地，听闻国难发生，立刻就地拉起一支几万人的队伍赶来勤王。在众多的萧姓王爷中，他宣布只接受湘东王萧绎的号令，这正是密诏给萧绎带来的政治优势。

徐文盛、任约率领的部队分别作为两大集团的先头部队，在贝矶（今湖北黄冈西）率先交上了手。徐文盛一出手就不凡，将任约军打得落花流水，并斩其两员大将叱罗子通、赵威方。大胜后，徐文盛军继续前压，双方的较量开始升级。

◎ 北朝武士俑

任约窘迫，连连向侯景告急。侯景立派宋子仙率两万人马增援，萧绎这边也趁热打铁，调拨三员大将率两万人增援徐文盛。徐文盛本来就打得不错，得到援兵后更是将任约逼得只能连续向后方告急求兵。最后终于逼得侯景亲自出马了！

是时正在下游坐镇的侯景也没闲着。他虽然控制着萧梁帝国名义上的皇帝萧纲（梁武帝死后即位），握有“挟天子以令诸侯”的优势，但是萧梁内部依然有此起彼伏的反对力量，令其难以集中力量消灭荆州军集团。若非任约失利，侯景并未想这么早与荆州军决战，萧绎也没想要这么早与侯景交锋。

因建康城的战略地位重要，侯景只好留下首席谋士王伟来镇守。从此后的局势发展来看，没有这个重要的谋士随军，很可能是侯景集团走向末路的起点。

徐文盛仍然锐不可当。两军于西阳（今湖北黄冈东）初次交锋，他就不但大败侯景军，而且一箭将侯景的右丞相库狄式和射落水中毙命。侯景狼狈败回。不过，参照之前的多次战斗，我们知道这似乎是侯景向来的作战特点：跟不熟悉的对手交战，初战必败，然而下一次交手就未必了。

侯景稍加侦察就摸清了荆州军的虚实，突破点就在徐文盛大军的基地郢州城——守城的乃是萧绎15岁的儿子萧方诸和拥有一把漂亮胡须的鲍泉。两人仗着有徐文盛在前方苦战，丝毫没战争的紧迫感，平日根本不防备，成天只管饮酒作乐。摸清这一情况后，侯景再施奇袭，命宋子仙、任约两员悍将率四百骑兵绕过徐文盛防线直杀郢州城。

当日，天下大雨，天色晦暗，郢州城头有人看到有支军队正在逼近，便急报主将鲍泉。鲍泉不以为然，道：“徐文盛大军就在城下，贼兵哪能飞到这里？当是我军回城来了。”

但大家很快就发现不对劲，越来越多的人跑来报告情况异常后，鲍泉才下令关闭城门。但已经来不及了，宋子仙、任约两人已经杀进城中，他们率领的四百骑兵皆是精锐，当即一阵乱砍乱杀后，城内便一片溃乱。他俩一路杀到帐里，萧方诸和鲍泉被擒。中游重镇郢州城就这么陷落了。

郢州城陷落，徐文盛军立刻成了夹在中间的肉馅。侯景乘着顺风，于长江中流扬帆急驶，越过徐文盛军，将其击溃。转眼间，荆州军的优势立刻化作流水，包括江夏在内的郢州大部分城池被侯景军攻下。主将徐文盛只得率少数核心成员从小路逃回荆州。而萧绎派来增援的尹悦、杜幼安以及王琳的哥哥王珣等人因为一家老小都落到叛军手中，只好选择向侯景投降。此战的胜利，标志着放眼天下，似乎已经无人能匹敌这头瘸腿的恶狼了。郢州一败，江陵震动，特别是萧绎宠爱的次子萧方诸被俘，大大震憾了萧绎。萧绎不得不将荆州军主力调来与侯景作战。双方的冲突继续升级。

鉴于王僧辩之前的表现，萧绎宣布以其为大都督，下辖四位刺史联手出击侯景叛军。四位刺史分别是：巴州刺史淳于量、定州刺史杜龛、宜州刺史王琳、郴州刺史裴之横。这四人之中，尤以杜龛和王琳堪称悍将。

王僧辩等人到巴陵（今湖南岳阳），听闻前方郢州已经失陷，徐文盛弃军投奔至此，郢州刺史、萧绎之子萧方诸被擒后，只得命众军暂时停下来,驻防巴陵以备叛军。

萧绎送来克敌方略：叛军既然乘胜，必将西下；我军不劳远击，但固守巴丘（巴陵），以逸待劳，无虑不克王僧辩叛军。

萧绎又站在侯景叛军的角度分析：侯景分水路两道直杀江陵为上策；据守夏首广积兵员粮草，再图进取为中策；集中力气硬攻巴陵，则是下下策。为何呢？巴陵城虽小但却坚固，以王僧辩之才必能守得住，侯景想攻城而攻不下，想得到补养，野外又没有东西供他掠劫，加上暑天酷热，疫病时起，待到他食尽兵疲之时，“破之必矣”！

巴陵，就是今天的岳阳，历史上，它多次起到决定战争胜负的作用：元军灭宋、太平天国起义、康熙平三藩，都曾在这里发生过据有决定意义的大战。同后世的大战一样，这一次，巴陵城的攻防战也将成为侯景大乱的转折点。

好似心有灵犀一般，侯景也将这一切都考虑到了，萧绎所列的上中下三策他都有想过。一，由任约率五千精锐直取江陵；二，丁和率五千守夏口，为续进的大军收集粮草和兵马；三，侯景本人集中兵力，亲自攻打巴陵。

不得不说，与侯景相比，萧绎还是太书生气了。他所说的上策虽然有可取之处，但对侯景的风险极大——侯景军如果不顾一切打江陵，留在巴陵的王僧辨军就可能尾随而来，对侯景军形成前后夹击之势，侯景定不会以此为上策。而侯景采取的办法是，将萧绎认为的上中下三策都实施了。依照此前跟梁军作战的经验，这应是最合理的安排，唯一的问题是，荆州军的作战能力和王僧辨作为一军统帅的能力，都大大超出了侯景的预估。

侯景命大将宋子仙率兵一万为前锋，直取巴陵。王僧辩等人假装示弱，躲在城中“偃旗息鼓，安若无人”。侯景于是肆无忌惮，率众渡江，遣轻骑兵到城下，向城内喊话：“城内守城之将是谁？”城内回答：“是王僧辩王领军。”轻骑兵又问：“何不早降？”王僧辩耍了个滑头，回答说：“你大军只管直接打到荆州，巴陵区区小城自然不会碍你大事。”

侯景岂会善罢甘休，为了以最小的代价取得最大的胜利，他再度打起心理战，他派之前兵败投降的王琳哥哥王询到城下劝降。王琳却对哥哥慷慨陈词：“兄受王命讨贼，不能为国死节，内心都不曾感到惭愧，反而为贼来劝降弟弟！”说完，取过弓箭搭弓便射。王询惭愧而退。

劝降不成，侯景便下令攻城。他本以为此城跟其他地方一样，很快可下。但他错了——他这次面对的不再是没有斗志和士气的梁军。

原本静悄悄的城内突然鼓噪而起，顷刻间便下箭雨，侯景军死伤惨重，只得先行退下，打算修整后再来作战。但他们又错了，他们根本就没有修整的机会——巴陵小城不断派轻兵出战，前后十余次，每次都打得他们防不胜防。

侯景命令再攻，并亲自披甲在城下督战。就在巴陵城下，他第一次感受到了守军主帅王僧辩的风度。王僧辩，一派儒将作风，身系绶带、坐着轿子、奏着鼓乐，吹吹打打地巡视守城将士，在矢石之中，他甚至还边巡城边啃甘蔗。侯景远远望之，不由得被其胆勇所折服。

就在荆州军主力被困巴陵城时，荆州军后方的江陵城也遭到另一支军队的偷袭。派这支军队来的正是萧绎的侄儿岳阳王萧察。

萧察听闻郢州被侯景攻克，眼下七叔萧绎主力又困在巴陵与侯景军相持不下，便趁机派人夺下萧绎的一个郡，并派使者来江陵假称相助。其实就是示威：我的大军快到江陵了，欲来协助七叔破敌！

一边是侯景部将任约的五千精锐正在路上，一边是恨不得将萧绎吃肉饮血的萧察兵临城下，城中又因荆州军主力都随王僧辩征战在外，空虚得很，只要一个处理不当，江陵肯定危矣！于是，萧绎紧急召开军事会议商议。会上，众位手下都认为应该诈称荆州军已击败侯景，令萧察退兵。

萧绎对众位谋士道："此刻如果叫他退兵，反是在催促他进兵也！"为什么呢？答案是显然的，叫他退兵，即等于示弱，显示出江陵的虚空，害怕其派兵前来。

于是，萧绎派人回复萧察的先锋将军："萧察一直来说要两家和好，不相侵犯，为何还平白占去武宁郡？想进军是吗？那好啊，我手下猛将胡僧佑还有精甲两万、铁马五千静候，你想进军就来吧！"这一番虚张声势果然奏效，萧察一听，顿时撤军而去。

萧察撤兵后，萧绎便加紧整训后方军队，与侯景做进一步较量，并取得了不少胜利。侯景将大军集中在巴陵城下，不敢直取江陵，因为担心被人尾随两相夹攻。他只得寄希望于直取江陵的任约五千精兵能取得意想不到的战绩。不幸的是，惊喜非但没有到来，任约的遭遇反倒开启了侯景覆亡的序幕。

任约这五千精兵虽然绝对数量不多，但对江陵实在是一个不小的威胁。因为萧绎手头几乎已无可用之兵，如果抵挡不住任约，大本营被人摘掉，就完了。幸亏，萧绎在一个"世外奇人"的帮助下，击败了任约，并顺势击败了侯景军。

这位"世外高人"名为陆法和，他自称跟萧绎很有缘分，知道萧绎面临诸多困境，欲来相助。他跟那个时代的一些风气暗合，行事神秘，举止乖张。

陆法和随萧绎手下胡僧佑出征，尽管他能拿出手的人手不多，只有八百多名蛮人子弟，但他满怀信心。据记载，出征前，他登上一艘大船，站在船头对着空气喊了一句"无量兵马"，随后再大手一挥："出征！"众人被搞得一头雾水。江陵本为春秋战国时楚国的故都，巫风盛行，境内遍布的大小庙宇供奉各路神明。据说，老百姓平日去拜神祷告都很灵验。但自从陆法和喊了那声"无量兵马"后，百姓再去拜神就不再灵验了，传说是因为这些神明都被陆法和招去出征了。

胡僧佑军到湘浦，路上遭遇任约的五千精兵。胡僧佑遵从出发前萧绎授予的方略：叛军不善水战，他们若不自量力与你水战，你只需用大舰居高临下冲撞，便能克之；叛军若打算跟你陆地决战，就不要纠缠，直接赶赴巴陵与王僧辩会合。因此，胡僧佑绕道而行，任由任约在后面挑衅。

最终，两军相持于赤沙湖。陆法和大显神威。尽管陆法和破敌的这一段记载很荒谬，但也被正史收录了。

据说，陆法和先亲自去敌营侦察了一番。他不着介胄，穿着青袍，手舞白羽扇，独乘单人小船顺流而下，飘飘然如仙人一般。他在距离任约军大约一里的地方巡察一番回来后，很有把握地跟己方将士说："对方之龙沉睡不动，我军之龙甚为踊跃。马上出击，当可不损一人而破贼。"

陆法和当即教荆州军用火攻：点燃几只装满芦苇、硫磺等易燃物的小船去烧任约军的船队，仿佛要来一场小规模的火烧赤壁。待船点燃后，荆州军很快发现，他们面临着与周郎一样的问题——风正向着己方部队！但这个问题很快就被陆法和解决了：他挥着白羽扇往空中一挥，风向立刻倒转，火船呼呼烧向任约军营船队。

任约军面对突然转向的风力，一时不知所措，更骇人的是，他们还发现跟随火船而来的荆州军士兵居然都是踩在水面上杀过来的，其势有如天兵降临。大惊之下，任约军纷纷掉入水中被淹死。

任约军就此溃散大败，这支被侯景寄予厚望的五千精兵，一朝耗尽。

战后荆州军清点战场，发现怎么都找不到叛军大将任约。正当大伙儿特惋惜的

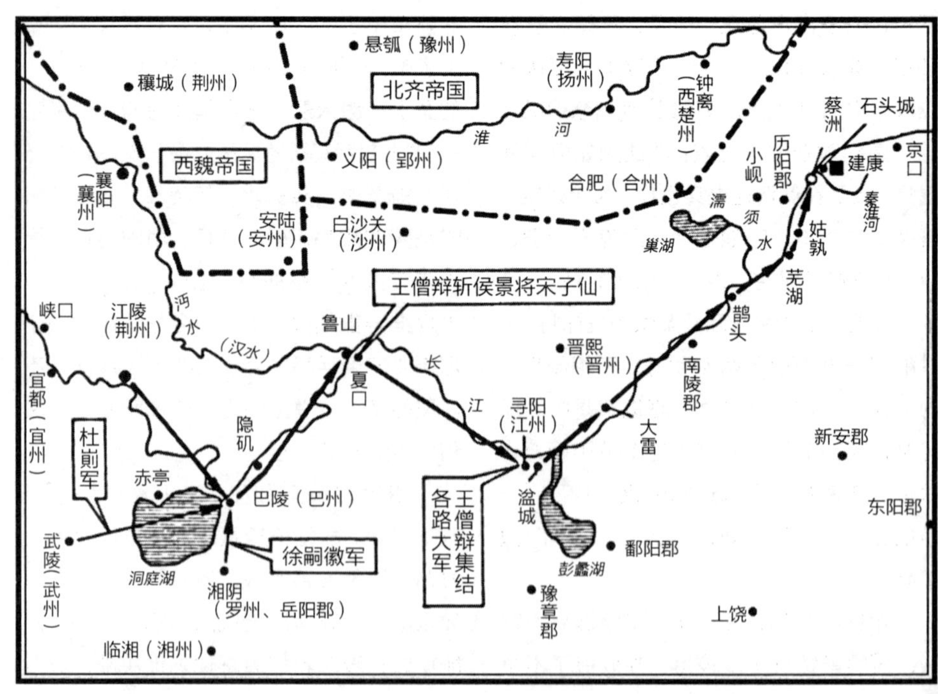

◎ 王僧辩东征侯景

时候，陆法和又胸有成竹地说："无妨，明日午时当得任约。"

第二天午时，依然不见任约踪影，有人来问："任约在哪？"陆法和闭目摇扇，眼睛微张道："我曾在此洲水干的时候建了一座小庙，对人讲过，这里虽然是庙，但实际是捉贼用的标记，诸人现在何不向此标记寻贼呢？"

陆法和说的那座小庙当时大部分已被水淹没，只剩下庙顶的一根旗杆露在水上。众人划船找到旗杆，果然看见任约抱着旗杆躲在水下，露出两个鼻孔在水面上呼吸呢。

以上就是陆法和破任约军充满奇幻色彩的记述。或许罗贯中就是从这种记述中获得了《三国演义》赤壁之战的创作灵感。可以肯定的是，萧绎在陆法和这种蛮人的支持下，通过水文、地理的优势，击败了任约。

任约的失败，果然让围攻王僧辩于小小巴陵城下的侯景大为窘迫。由于军师王伟留在后方没能随军，侯景无计可施。想了半天，他决定打道回府，让几员悍将留守攻占下来的几座城池，自己则烧掉营帐与几千兵马顺流而下，连夜撤回建康。

临走前，侯景嫌带着俘虏麻烦，就地解决：鲍泉、虞预等人都被残忍地用大石头活活砸死，尸体沉到黄鹤矶。

侯景一撤，陆法和便前去拜见荆州军主帅王僧辩，对王僧辩道："贫道已断侯景一臂，他还能有何作为呢，施主宜麾兵逐取之。"此后，王僧辩的大军捷报连连，坐镇江陵大后方的萧绎不断收到前方荆州军收复失地的好消息。

551年农历六月十八日，大军抵达汉口，攻下鲁山，生擒敌将支化仁（就是那位之前一刀砍中柳仲礼肩膀的人）。

十九日，荆州军一鼓作气，攻破郢州外城，斩敌一千名。

二十二日，中游重镇郢州光复，守城的贼将宋子仙、丁和被活捉。

光复郢州的作战，是王僧辩智慧用兵的一次体现，他大行"兵不厌诈"之道，假意跟宋子仙等人讲和，许诺只要他们献出城池便送船给他们逃回下游。显然，从侯景决定逃跑开始，他的将领们就没有什么信心继续战斗了，所以，荆州军才稍稍施展了一点压力，他们就决定追随侯景的脚步溜之大吉。

依照约定，一百条空船果真被排列在江口，远近处亦不见一个荆州兵的身影。宋子仙等人将信将疑，一直到登船完毕都没发现问题，但船刚刚开到江上，就迎面碰上了荆州水军。瞬间，四方云集的战船就让宽阔的长江水面天空变得昏暗无光。叛军大惊失色，一些人直接在船上被杀死，一些则落水被淹死，还有一些则以最快的速度退上岸，准备返回郢州城内。

哪知，刚跑回城下，就发现城门紧闭。原来，郢州城已被王僧辩派人悄悄拿下了。襄阳杜氏的杜龛领衔一千猛士，悄悄攀上城墙，拿下了郢州

◎ 陆法和（图片来自网络）

城。那些本欲逃回城内的叛军，一逃到城门，立马遭到一顿弓箭侍候。不久前还打遍梁军无敌手的宋子仙、丁和，就这样做了王僧辩的俘虏。

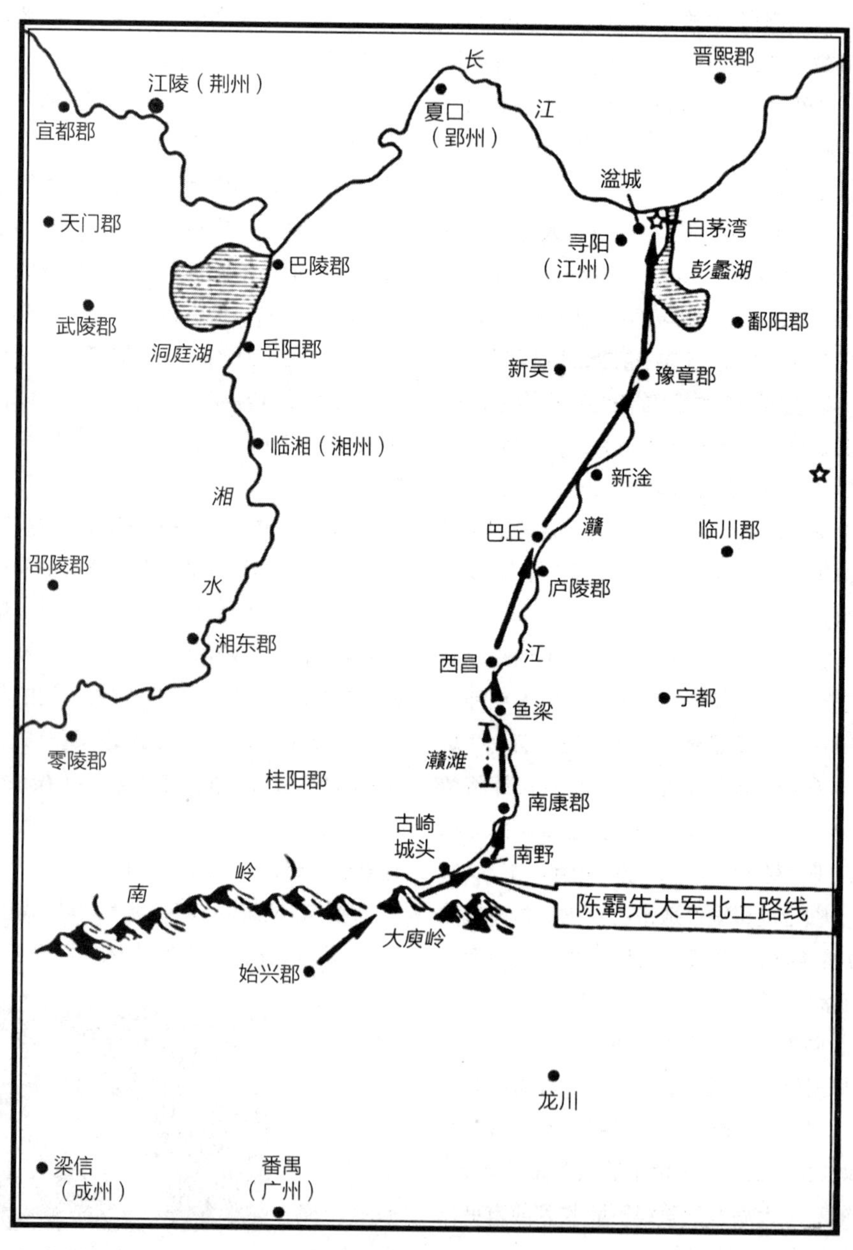

◎ 陈霸先北上勤王

更多的好消息接二连三传来，从岭南一路北上勤王的陈霸先军与荆州军在湓城会师。这支拥有三万锐卒、粮草充足的军队，令本来就连战连胜的荆州军上下军威大振，士气高涨。

自平定李贲后就在岭南悄悄积攒势力的陈霸先，一路克服了种种困难从岭南杀到长江流域，并在路上先后收编了周文育、杜僧明、侯安都等几员日后陈朝的顶梁柱大将。而且他还审时度势，宣布接受萧绎的号令。因为据上甲侯萧韶带出来的那份密诏，萧绎拥有“承制”的权力。陈霸先此举也为其军队谋得了合法的地位。

于是，王僧辩与陈霸先，南朝时代最耀眼的两颗将星就这样从侯景之乱的血腥之中脱颖而出。

相比梁军的连番胜利，侯景军则是节节败退。自郢州败退后，侯景军便开始受到南朝本土豪强的袭击，处境变得狼狈不堪。他们自巴陵退回，沿江而下的时候，萧梁豫州刺史荀朗出其不意从巢湖出兵一阵截杀，打得他们船队四处失散。

侯景将领于庆从鄱阳湖逃到豫章，之前还是侯景部将的豫章守将侯瑱，他看到叛军大势已去，连忙改头换脸回梁朝的忠臣，闭门不让于庆入城，于庆只好逃往江州。但侯瑱这次也付出了代价——作为人质的妻儿全部被侯景活剐。

与荆州军一番交手下来，侯景终于尝到了厉害，丧师折将，士气大衰。任约、支化仁、宋子仙、丁和等数员猛将或被杀，或遭擒，实力大损。他突然感到惊慌失措，不知命休几时。就在人生最为失意的时刻，他想了想：自己这一生还未了的心愿，便是坐上皇帝之位！

好像是为了配合他，荆州军的统帅萧绎适时颁布了一条军令：命令一帆风顺的荆州大军暂停一切行动，就地休整以等待时机。这一休整，就是整整七个月。

其实，萧绎也是在等待时机，他希望侯景不要再犹豫下去，早点将萧梁帝国此刻名义上的皇帝杀掉。侯景果然没让他失望——侯景用“压杀”的方式将萧纲杀害，萧纲长子萧大器随后也遇害。继而，侯景又找了一个宗室来充当傀儡皇帝——昭明太子萧统的嫡长孙萧栋。这下，皇位终于又回到昭明太子一系来了。不过，以这样的方式回归，萧统的子孙们没人会感到开心。

侯景紧接着又将萧栋废掉，逼这个不久前还以种菜糊口的傀儡皇帝履行最后一道手续——将皇位“禅让”给他。侯景，这位乱世的搅局者终于自己坐上了皇位，建立了一个不被任何正统史书承认的“汉帝国”！

没有什么比侯景称帝更使萧梁士民愤慨了，荆州军的统帅萧绎终于决定发布总攻令。他甚至还写了篇文采飞扬、气势如虹的檄文昭告天下，讨伐逆臣侯景。这篇檄文彰显了萧绎的才子本色。不过，檄文是以骈文写成的，通篇四六字互对，诸如“朱旗夕建，如赤城之霞起；戈船夜动，若沧海之奔流”一类文字充斥其间，看起来十分累人，观其旨要，主要是以下几点：

1. 声讨贼臣侯景与逆臣萧正德，人人可得而诛之，令天下人怒其行、责其罪。

2. 拆穿叛军的本质：侯景军乃乌合之

众，绝非不可战胜。侯景率军与我湘东王萧绎的大军交手，一战即溃，其大将任约、支化仁、宋子仙、丁和等人就擒，只要我大梁士民同心同德，叛军指日可平。

3. 为荆州军造势：如今我遣王僧辩为主帅，率众十万（可能是号称）沿江而下

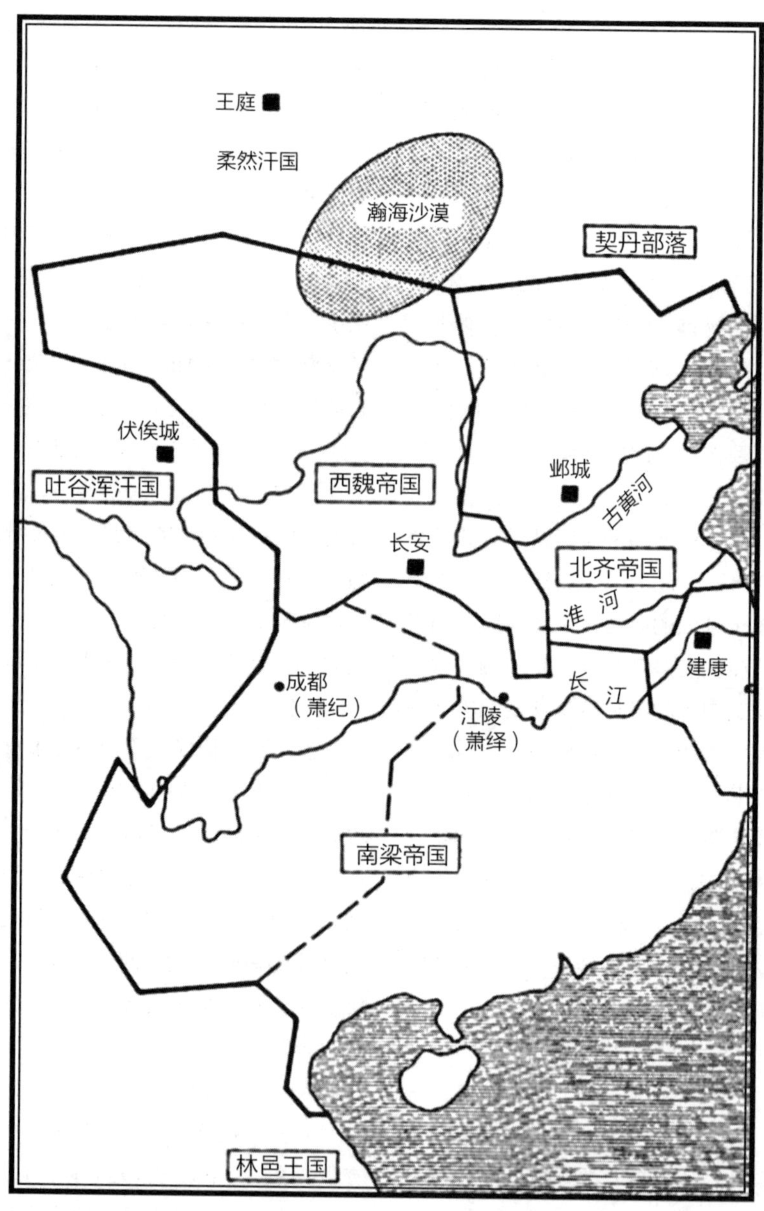

◎ 侯景称帝后的局势

直奔金陵进讨叛军，军容鼎盛，气势如虹。

4.从政治上化解叛军阵营，檄文明确表示，不念旧恶，所诛“止侯景而已”，萧梁士民与侯景同流合污者若能早日改邪归正，罪行一概不问；能献侯景之头来降者，大大有赏；能对叛军紧闭城池，令城不为叛军所用，以响应义军者，也有大赏。

侯景看到这份檄文，感到惊惧之余，大概还得意了一下，当初他的人头在梁武帝那里只值三千户爵位的封赏，如今行情变了，在萧绎这里已值一万户了，另外还有五万匹绢的现钱。

552年农历二月，气势如虹的荆州军自寻阳出发东下。江面上的舟船连绵数里，他们与从岭南一路北上赶来的陈霸先军在湓口会合，筑起神坛。两军主帅王僧辩、陈霸先登坛宣誓，歃血结盟。陈霸先很有风度地将主帅之位让给王僧辩，并且从自己储存的五十万石存粮中慷慨拿出三十万石送给缺粮的荆州军，团结的气氛令梁军上下士气空前高涨。王、陈二人，也开始了蜜月期。

大军一发，势如破竹，连战连克。三月九日，在一场据有决定性意义的大战中，王僧辩大破侯景大将侯子鉴的军队。

侯景军并不擅长水战，因此侯景一直告诫士兵不要与荆州军在水上交手。但王僧辩故意示弱，静守多日不战，令侯子鉴认为其畏惧不敢出战。侯子鉴按捺不住，最终率水军欲与王僧辩在水上一较长短。于是，一千多艘小巧灵活的快艇上下穿梭，欲攻王僧辩部。

跟荆州军比拼水战，纯粹就是自取灭亡。荆州军主帅王僧辩等的就是这种机会。他当即下令己方水军中的小船全部后撤，只留几艘巨舰断后。侯子鉴一看，以为荆州水师惧怕才退缩，于是更加大胆出击，其手下诸将为了立功，争相追逐。待侯子鉴的船全部越过巨舰后，王僧辩令旗一挥，己方那些后撤的小船掉头回来迎击，后头几艘巨舰又好似一扇门完全断掉了侯子鉴的水师后路，于是，这场战役便如瓮中捉鳖一般了。侯景最后可依赖的水师转眼就这样灰飞烟灭。据说，侯景听到这次惨败的消息后，一个人扑到床上掩面而泣。

趁此机会，荆州大军纷纷借涨潮顺着秦淮河涌进建康城，逐渐形成合围之势。惶急之下，侯景命令将秦淮河的大小船只集中起来凿沉，阻止荆州水师进入秦淮河，并在秦淮河北岸兴筑堡垒，准备决一死战。结果，陈霸先抢渡北岸，夺取了侯景的堡垒。

已经失掉所有堡垒的侯景无奈亲自率军来战。此时，他手中的精兵一万、铁骑八百，摆开阵势欲与荆州军来个大决战。

陈霸先分析局势后认为：叛军人少，我军人多，应该分散他们的兵力，不可令其集中兵力对我们各个击破，于是加强了戒备。果不其然，侯景又玩老花样，集中兵力猛攻荆州军某一营，逼得其几乎乱了阵脚。幸好陈霸先早有准备。他早就派了两千弓弩手伺候，一阵乱箭之后，大量叛军被弩箭杀伤，突击失败，只得后撤。

荆州军杜龛、王琳的铁甲骑兵抓住机会，

◎ 今人制作的甲骑具装俑

如风暴般掠来，王僧辩的主力部队也至，大伙一齐乱杀，将侯景军打回了阵地。

一计不成，侯景又生一计，使出当初战胜慕容绍宗的战法：选出一百多名骑兵手持大刀欲做突击，这支突击分队如饿狼一般杀向陈霸先部。然而，已经摸清侯景

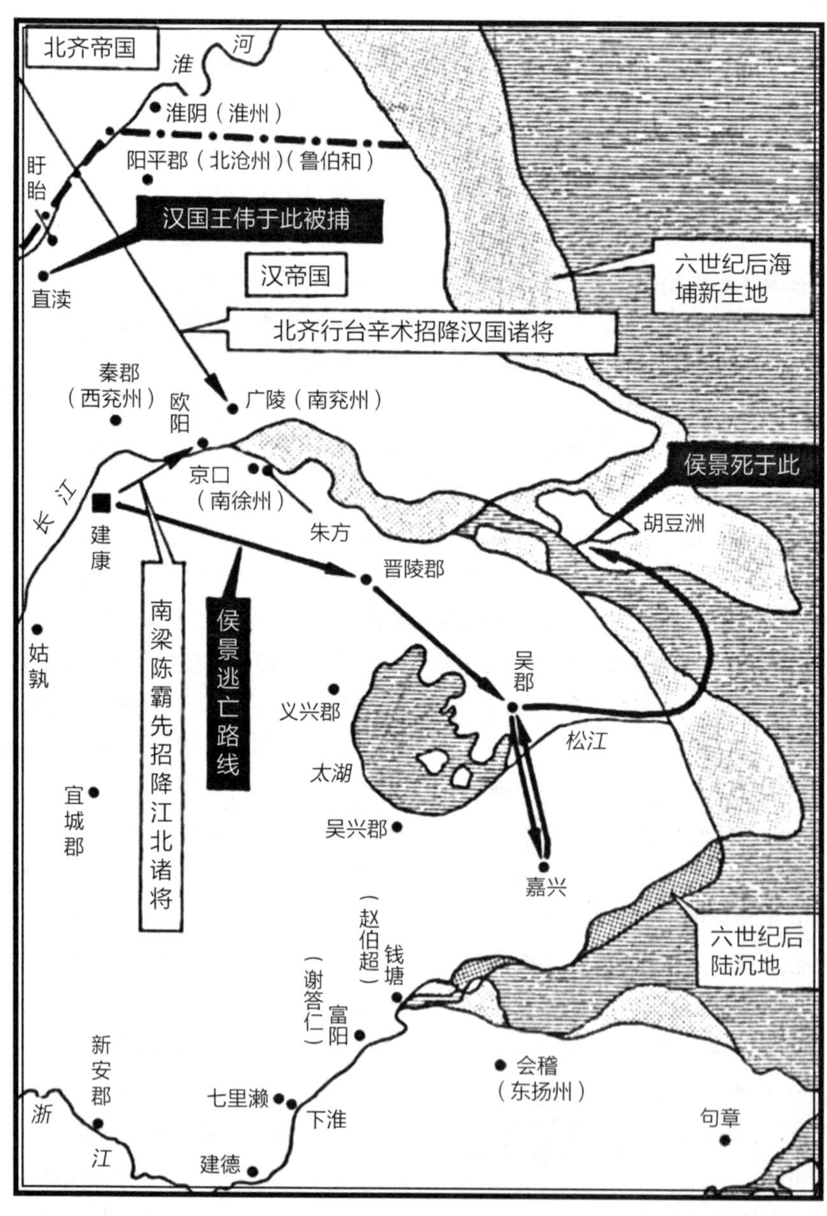

◎ 侯景败亡路线

套路的陈霸先部阵脚岿然不动，稳住局面后才发动反击。

这下终于是彻底击溃叛军了。

天下的事就是这般，当初侯景在建康城下占据优势时，城内的人顶不住就开门投降，今天侯景不行了，城内的人再度打开城门投降——不过，这次是向荆州军投降。荆州军趁着大胜，一鼓作气冲入城内。

侯景退到内城后没脸入宫，绝望感突然涌上心头，他决定再次发挥自己在北方早就练成的本事：跑。但这时，军师王伟冒了出来，他冲上前去抓住侯景坐骑的缆绳，大声劝道："自古岂有叛天子邪！宫中卫士，犹足一战，弃此，将欲安之。"

是啊，放弃这些后，能逃到哪里去？可侯景已顾不了这些了。他留下王伟守城，自己落荒而逃。但是，丧家之犬又能去哪？当初，他被慕容绍宗击败时尚有梁武帝收留他，如今除了远遁海外，已无处可去。还别说，侯景可能还真有这想法。逃离建康城后，侯景依附他的部下还继续周旋了一段时间。但气势这东西，一旦走了下坡路，想东山再起似乎就难了。荆州军主帅王僧辨早安排了人手对他穷追猛打，不赶尽杀绝绝不善罢甘休的。侯景身边人逃光后，据说他的船是朝着海外的方向行进的。

最终，砍下侯景人头的，是曾经投降于他的羊侃之子羊鹍。侯景的尸首被分成了几块，有的直接被愤怒的建康城居民分食，有的被送给萧绎。就此，历时四年的侯景之乱，终于结束。

虽然光复了建康城，但城内的情况萧绎并不清楚。他担心，如果曾做过皇帝的萧纲或萧栋等人还活着，那他辛辛苦苦平定的侯景之乱岂不是为他人做了嫁衣裳？但萧绎是个聪明人，早就预料了事情的发展趋势，因此在荆州大军从浔阳出发前，他就授意他的部下光复建康城后"六门之内，自极兵威"。六门，是指有六个城门的建康城，自极兵威，意思是可以纵兵自由处理。这句话的弦外之意是：该处理干净就处理干净。

最后，没有死在外贼侯景手中的萧栋及其两个弟弟，被自己人活活淹死在了长江中。萧绎的这句"六门之内，自极兵威"，也从此成为骨肉相残的典故，影响了日后的历史。

时光流转，还是在建康这个地方——应天，大明王朝的首都。住在这里的明朝第二任皇帝朱允文，面对起兵跟他争夺皇位的叔叔燕王朱棣，在大军出征前叮嘱军中主帅："从前，梁朝的湘东王萧绎说了句'六门之内，自极兵威'，骨肉相残，在历史上引起很不好的影响，我们不要学他，要对亲人好一点，千万不可伤了我叔叔的性命，不要使朕有杀叔父的坏名声留于后世。"

就是萧绎这句话，害了朱允文，他的将领们牢记这句叮咛，几次在战场上打垮了燕王的军队，却对燕王下不了手，于是，燕王朱棣能多次化险为夷，并最终取得胜利攻下都城自己做了皇帝。朱允文则从此下落不明。

历史，有时就是这样充满了黑色幽默。

蜀中的萧纪势力也被灭亡后，除了投靠西魏的襄阳萧察势力，盘踞荆州的萧绎算是从形式上统一梁朝了。放眼南部天下，已经没人有实力再跟他争夺帝位了，因此，他名正言顺地接管了梁朝政权。

552 年，萧绎正式称帝，史称梁元帝。

但萧绎在皇帝宝座上前后坐了不过区区两周年就身死国灭。赢得了帝位，却输掉了南梁江山，这就是他的下场。萧绎的最终失败，并不似南唐后主李煜和北宋的钦、徽二宗，是纯粹的文人的失败。至少在平定侯景之乱中，他还是显出了一定的军事能力，但也许正是这种胜利使他变得骄傲起来，这种骄傲，最终又给江陵带来了覆顶之灾。

据《梁书 · 武帝纪》记载，梁武帝时代，梁朝的疆域曾达到“征赋所及之乡，文轨傍通之地，南超万里，西拓五千”的程度。萧绎二十七岁，也就是公元 534 年时，梁朝中期的《法宝联璧序》一文里面，称南梁的疆域“车书之所会同，南暨交趾；风云之所沾被，西渐流砂”。南梁虽然只守着中国的半壁江山，但南北纵横仍然超过万里，向南辖区一直到达交趾；向西，以武陵王萧纪在西蜀的扩张为代表，则拓地五千里。鼎盛时期，南梁的疆域也曾昌盛一时。

但梁元帝登基后，梁朝的疆域却变了，《南史 · 梁元帝本纪》是这样记载的：

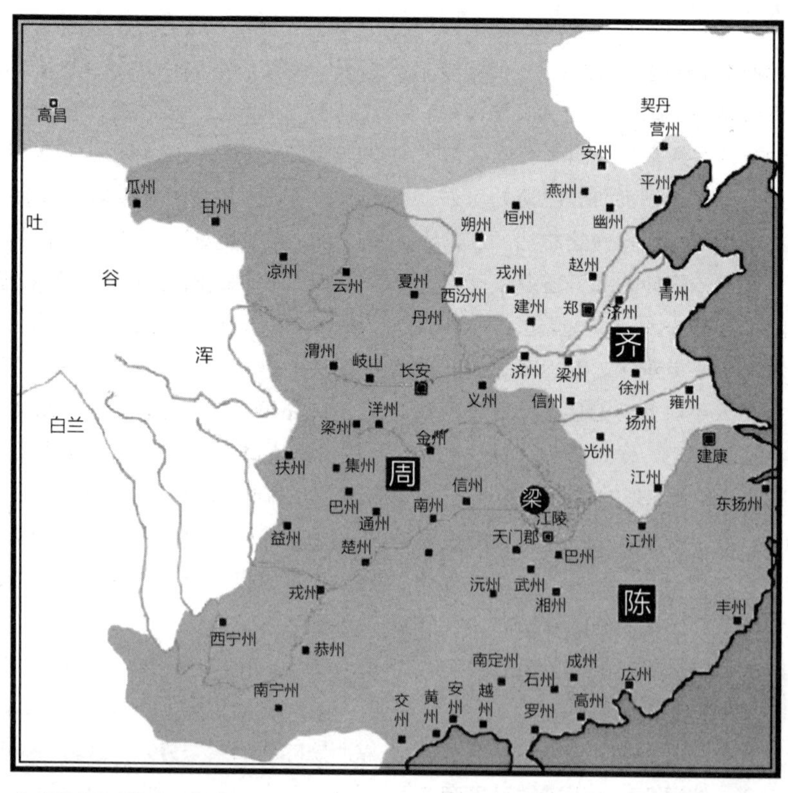

◎ 侯景之乱后的后三国局势

"自侯景之难，州郡太半入魏，自巴陵以下至建康，缘以长江为限。荆州界北尽武宁，西拒峡口；自岭以南，复为萧勃所据。文轨所同，千里而近，人户着籍，不盈三万。"淮南一带，长江以北的土地，梁初与北魏争夺得那么辛苦，却全落入了北齐手中；而萧绎请西魏出兵帮忙平定萧纪的结果，就是使汉中、蜀中大片膏腴土地、战略要地落入了宇文泰手中；自岭南以南的梁境，被萧绎远房亲戚萧勃所割据，号令不从。各地酋帅纷纷拥兵自重，持观望态度，谁强就准备投靠谁。而百姓则在兵祸中流离失所，记录在书上的户数仅三万。萧绎坐视国祸不理，为了能自己登上皇位，得到的就是这样一种结果。

而挑起这场大动乱的侯景虽然身死了，但他引起的大动乱却远未结束，后三国的天下格局，仍在剧烈变化。不久，萧绎又同自己的八弟萧纪爆发皇位争夺战，萧绎通过勾结宇文泰，从萧纪背后捅了他一刀，付出蜀地被宇文泰趁机夺得的代价成功逼死了八弟。

而后，萧绎又利令智昏，写了一封言辞悖慢的信给宇文泰，要求两国重新划国界（即要求宇文泰将吞下的地盘吐出来）。宇文泰接信大怒，发兵五万，由那个对萧绎恨之入骨的萧詧带路，南下灭了萧绎的江陵政权。萧绎在江陵城陷时被杀。尔后，宇文泰扶持萧詧在江陵重建梁朝——这个便是面积只有原萧梁帝国百分之一的后梁政权。

见到西边的宇文氏政权又是吞并地盘又是扶持傀儡政权，东边的高氏政权也坐不住了。第三任掌门人高洋虽然主要精力都用在对北方用兵，但仍然找各种机会抢夺南朝的地盘。他前前后后共发起九次干预行动，将高氏政权的疆域扩充到了长江北岸。

萧绎身后，萧梁帝国的各路人马仍在为其奋战。最后，在侯景之乱中崛起的两大名将王僧辨、陈霸先发生火拼。陈霸先袭杀了王僧辨，独揽大权，并抵挡住北齐高洋的历次大兵压境，最后成功将梁朝取而代之，建立了南朝最后一个小王朝陈氏王朝。

一直到公元 560 年，陈氏王朝的第二任皇帝陈倩战胜最后一股尊奉萧梁正统旗号的王琳势力，独霸长江以南的地域后，后三国的天下格局才真正被确立下来。而这时，侯景死去，已过去快十年了。这场动乱未发生前，北方两个政权与南方政权大体沿着传统的南北地理分割线秦岭—淮河线对峙，三足鼎立的格局十分稳固。而自侯景起兵叛东魏之后，这种稳固的格局被彻底打乱，南朝疆域缩减至六朝以来最小，北方两个政权都将疆域拓展到长江沿岸，而三方中原本最弱的宇文氏政权趁机大大拓展地盘，实力一举膨胀至堪与嬴政登基前的秦国相提并论的地步，由北而南统一天下的趋势遂不可逆转。侯景之乱，不啻为一次天崩地裂的大动乱。

骏河侵攻

武田家谋攻的顶点

作者：陈凌

永禄七年（公元1564年），成为关东管领的上杉谦信武功似乎达到了极盛。其自永禄四年（公元1561年）南下关东后，连年向关东出兵，将后北条氏扩张的势头压得死死的。在信浓方向，上杉谦信与武田信玄在川中岛地区大战了四次，遏制住了武田信玄北上的步伐。在越中，上杉谦信追随着父亲长尾为景的脚步，稳步扩张自己的势力。在羽奥方面，上杉谦信击退了与武田、北条结盟的芦名盛广对越后的侵攻。一时间，上杉谦信同自己周围所有的势力开战，并丝毫不落下风。建立了这样的赫赫武功后，他自然也不会介意再拉长战线，于是很痛快地答应了来自飞驒领主姊小路良赖的求援信。

义信事件与上杉谦信势力在关东的总崩

姊小路良赖出自飞驒国的土豪三木氏。在两年前的永禄五年（公元 1562 年），他通过对京都朝廷的工作，终于获得了其子姊小路赖纲入嗣飞驒国国司姊小路家的许可，并正式将自家的家名从三木氏改成了姊小路氏。永禄七年，飞驒国的另一家土豪江马氏当主江马时盛联络了甲斐武田氏。武田信玄派出了武田四天王之一的饭富三郎兵卫（山县昌景）和自己的女婿木曾义昌，会同江马氏一同进攻姊小路氏。姊小路良赖不得不割地赔款，向武田氏降服。为了一雪前耻，良赖向武田信玄的宿敌上杉谦信发出了求援信。

从江马时盛处得知姊小路氏与上杉氏

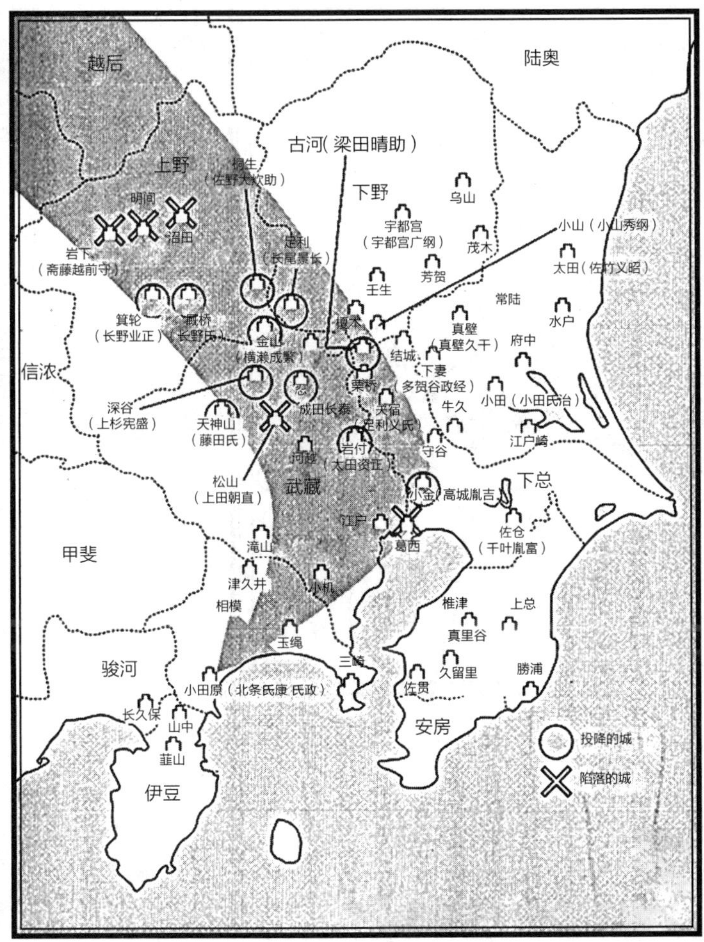

◎ 上杉谦信关东出阵

联手后，武田信玄立即做出反应，再度向飞驒发起进攻。作为反制，上杉谦信第五次出兵川中岛地区，迫使武田信玄将兵力转移到信浓，减轻了姊小路良赖的压力。信玄在移兵信浓的时候，向东美浓的岩附城城主远山景任和苗木城城主远山直廉发出了参阵的邀请。

对于信玄的邀请，正在攻略美浓的织田信长感到了不安。武田信玄向西扩张是他最不愿意看到的事情。如今，信玄向他将要获取的领地美浓伸出了手，更是信长所不能容忍的。为此，信长一边积极向上杉谦信示好，一边试图与信玄就瓜分美浓的问题达成妥协。

次年的永禄八年（公元1565年）三月，信长麾下大将森可成部与武田信玄二十四将之一的秋山虎繁（信友）部在美浓的神蓖口发生了冲突。对信长来说，去年发生

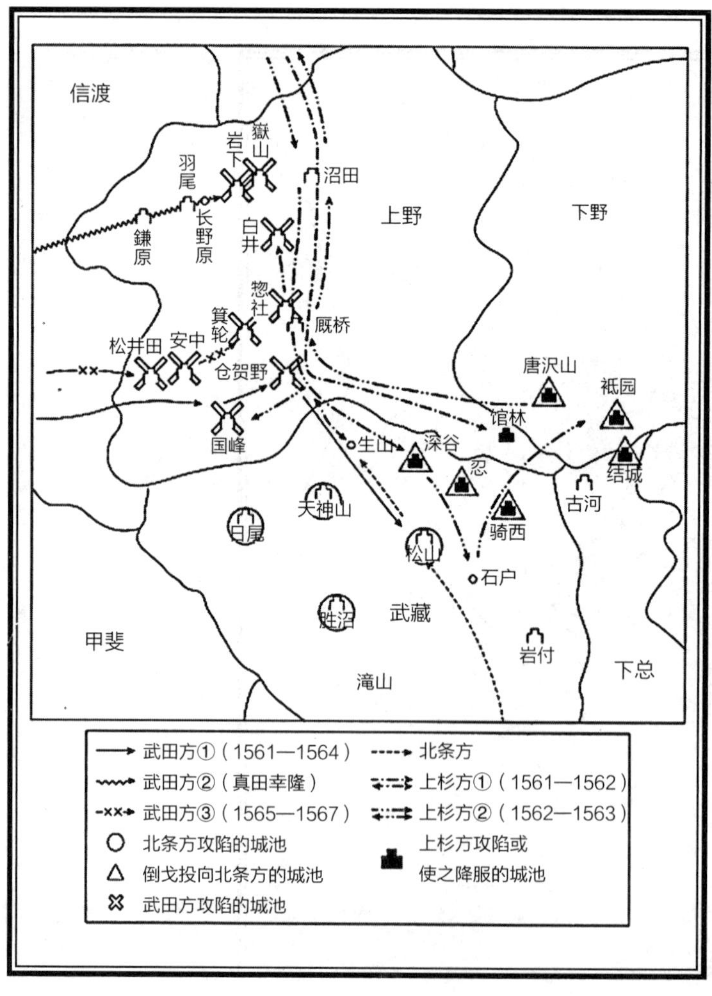

◎ 永禄四年末至永禄五年的武藏、上野、下野攻防图

的竹中半兵卫攻克稻叶山城事件，已经吹响了斋藤家灭亡的号角，他本人此时正出兵中美浓。此刻的信长并不希望在这个关键时候与武田信玄在东美浓开战。因此，信长派出了同族的织田扫部助忠宽前往武田信玄处，希望与信玄达成同盟。而信玄也决定将注意力转向关东，与北条氏康联手打击上杉谦信。经过三个月断断续续的交涉，九月九日，双方终于达成了同盟协议，并决定将信长的外甥女，苗木城城主远山直廉的女儿（远山夫人），以信长养女的身份嫁给信玄的四子诹访胜赖。就在同盟协议达成不久，造成武田家内部轰动的义信事件就爆发了。

十月初，饭富三郎兵卫向信玄告发其兄饭富虎昌与长坂源五郎、曾根周防守等密谋暗杀信玄，并交出了他们秘密计划的书信。饭富虎昌是信玄继承人武田义信的师傅，长坂源五郎和曾根周防守则是武田义信的侧近。也就是说，这次谋反事件的幕后主使人就是武田义信。

武田信玄迅速逮捕了参与此次事件的诸人。十月十五日，饭富虎昌等被勒令切腹，家臣八十余人被流放，武田义信被送入甲府东光寺禁闭，与义信同样属亲今川方的穴山彦八郎信嘉被送入身延山久远寺幽闭。

武田义信采取暗杀父亲这种激烈的行动，主要是在两个方面对武田信玄不满。一是武田信玄对诹访胜赖的特别提携，二是武田信玄对今川家问题的对立。

诹访胜赖是武田信玄的四子，母亲是诹访御料人。永禄五年，胜赖奉信玄之命，进入信浓高远城，担任了信浓伊奈郡的郡代。此次入城，信玄派出了重臣饭富虎昌、跡部胜资和长井钓闲斋光坚陪同，又有跡部右卫门尉、向山出云、小田切孙右卫门、安部五郎左卫门、竹之内与五左卫门、小原下总、小原丹后和秋山纪伊守八人作为付家老。之后，信玄和义信出兵关东，又是胜赖担任留守的职务。就家格而言，胜赖已经越过了信玄弟弟典厩（武田信繁）家和逍遥轩（武田信廉）家以及武田分家穴山家，取得了仅次于继承人武田义信的地位。在信玄诸子中，次子海野信亲因为眼疾出家，三子武田信之早逝，五子仁科盛信以下都还未成年。对武田义信来说，诹访胜赖的崛起是重大威胁。

而同时，武田义信的妻子家，今川家

◎ *武田信玄*

◎ 穴山伊豆守信良，其亲弟信邦原本是隶属义信的家臣，因为受义信事件牵连被迫切腹自刃。（日本19世纪著名浮世绘画家歌川国芳画）

则在庸主今川氏真的带领下，日渐没落。其原有的三河、远江和骏河三国的领地中，三河国在永禄八年六月被德川家康打下了最后的据点吉田城。永禄五年十二月十四日，远江井伊氏当主井伊直亲以内通德川的罪名被攻杀。之后，远江国的豪族接连叛乱，整个今川家在远江的统治岌岌可危。永禄六年（公元1563年）闰十二月，出兵上野的武田信玄得知远江国叛乱的消息后，写信给负责今川家情报工作的穴山信君家臣佐野主税助泰光，要求其严密监视今川家的动向。武田信玄还表示如果今川家的乱象蔓延到骏河国，一定要及时通知他。（《战国遗文·武田氏篇》八五三号）信玄在这封信中更明确地说，一旦今川氏真对其领国的统治失去控制，他就立即从上野撤军，开始攻略骏河。只不过随后今川氏真在其祖母寿桂尼的辅佐下，依靠忠于自己的家臣，逐渐稳定住了局势。而西三河的德川家康也因为三河一向一揆而无暇东顾。感到时机未到的信玄才留在上野，暂且放下了攻打骏河的野心。

永禄七年，曳马城城主饭尾连龙勾结德川家康被发觉，今川氏真经过一年左右的攻防战才迫使饭尾连龙投降。冷眼旁观的信玄据此认为氏真并没有统治今川家的能力。而勾结饭尾连龙的德川家康方，在其记录的《武德编年集成》和《浜松御在城记》两书中更是认为，指使饭尾连龙反叛今川氏真的元凶就是武田信玄本人。日后，武田信玄写给北条纲成的信中，是这样评价今川氏真的："此氏真传闻行迹，不恐天道、不专仁义、无文无武。只专酒宴游兴，不知士民悲、不耻世人嘲。恣任我意之条，何以可保国家人候载？"（《战国遗文·武田氏篇》一六三九号引《历代古案》）。所以，武田信玄在永禄八年和杀死了今川家上一任当主今川义元的织田信长联手。这也意味着，信玄将废除与今川家、后北条家达成的三国同盟。

对武田义信来说，妻族就是自己的后援。因此，义信当仁不让地成了武田家中亲今川派的核心。在第二次川中岛合战的时候，信玄就曾经在一封密信中表达了自己的困惑，他认为义信和今川家的关系好得似乎忘记了他与自己还是父子关系（《战国遗文·武田家文书补遗》第15号）。为此，信玄曾一度中断过今川家主持的和解。因此，当信玄抛弃三国同盟，与信长结盟时，义信自然会站出来反对信玄的决定。而随着自己弟弟胜赖地位的提高，义信对自己地位的不安感也在不断增加，这使得他最终决定铤而走险。

义信事件的发生，并没有减缓甲尾同盟的进度，就在事件发生后的下一月，也就是永禄八年十一月，诹访胜赖与远山夫人成婚，标志着甲尾同盟正式成立。

不过，武田信玄明白，武田义信是天文十年（公元1541年）——自己成为武田家新当主后就确立的继承人，自天文二十三年（公元1554年）初次上阵以来，与自己一起征战了十多年，在家中的地位稳固。而且义信和今川义元女儿的婚姻，本来也是构筑骏甲相三国同盟的基础。这次义信突然发难，武田信玄却没有做好废嫡的准备。如果现在就废除义信嫡子的地

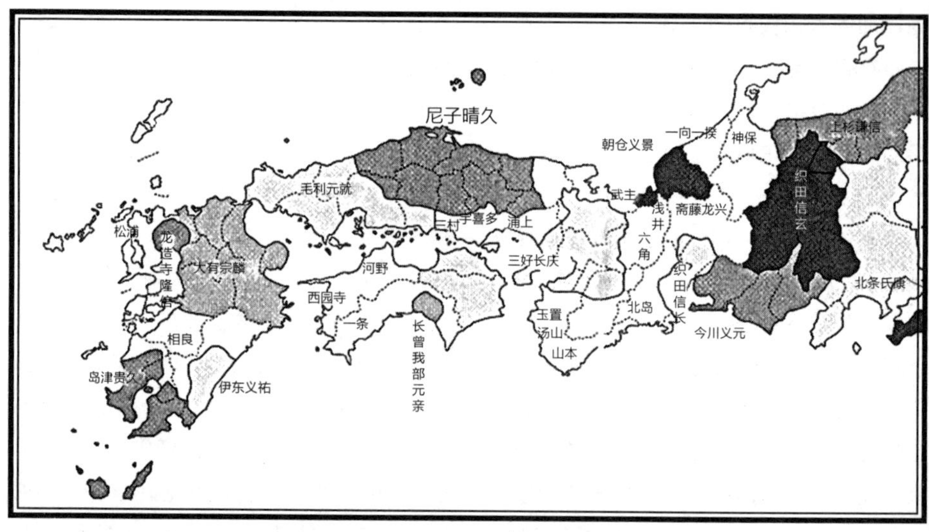

◎ 北条氏康时代的全国势力图（1550年）

位，他将面临武田氏内部的政治动荡，骏、相两国施加的外交压力。这种内外交困的境况是信玄所不愿意看到的。因此，信玄把已经死去的饭富虎昌推为义信事件的主要责任人。处死虎昌八天后，信玄给小幡源五郎的书信中称："饭富兵部少辅（虎昌）离间信玄与义信之间的父子感情，阴谋将信玄流放。在阴谋败露后自杀。整个谋反事件是饭富虎昌一人所为。信玄和义信父子间本来没有任何问题。"（《战国遗文·武田氏篇》第九五九号）。作为追加处罚，武田信玄将饭富家的家名断绝（其子昌时被送到信玄正妻三条之方的娘家清华家的三条家并被改姓为古屋氏，其弟饭富三郎兵卫则继承了家名断绝已久的山县氏并改名为山县景昌），对武田义信则没有废除其嫡子的地位。次年，永禄九年（公元1566年），武田信玄继续出兵西上野，表明自己愿意继续维持三国同盟的意向。然而就在此时，老对手上杉谦信又找上门来了。上杉谦信这次的目标是下总的臼井城。

臼井城位于今千叶县佐仓市臼井田附近，建造于12世纪中叶。城旁的印旛沼，连接着下总北部水运和交通重要据点——上杉谦信盟友梁田晴助所控制的关宿城。对上杉谦信来说，只要攻克了臼井城，就

◎ 臼井城遗址

能打通同上总里见氏的联系。正因为臼井城的位置如此重要，后北条旗下的势力，下总千叶氏已经在此地与上杉方的里见氏多次交手。永禄四年，臼井城被里见氏麾下大将正木信茂攻克，时任城主的臼井久胤自此从历史舞台消失。永禄七年，以第二次国府台合战后里见氏实力大损为契机，臼井久胤的外公，与臼井氏同为房总千叶氏分支的原胤贞收复了臼井城。

对臼井城的得而复失，上杉谦信自然不肯善罢甘休，而且这一次，上杉谦信要亲自出手了。

自永禄四年出兵小田原以来，上杉谦信每年都会到关东来越冬。这样既可以寄食关东、减轻越后的负担，又可以避免因大雪与越后和关东之间山脉的阻隔而不能即时出兵。永禄九年正月，上杉谦信便出兵常陆，用一个月的时间慑服了再次加入北条方的小田氏治。三月，他又为了救援里见义尧而南下，兵指下总臼井城。

◎ 上杉谦信

面对上杉军一万五千人的军势，原胤贞手上的兵力只有两千余人。因此，胤贞向自己的主君千叶胤富和后北条氏发出了求援信。然而，千叶氏当主千叶胤富采取了主城优先的战略，将主力集结在了自己的主城佐仓城。而正同里见军鏖战的后北条军也没有多余的兵力，只派了松田康乡率领的一百五十骑作为支援。

到达臼井城下的上杉军于三月二十日开始攻击。上杉谦信祭出了自己得意的车悬之阵，各路分队轮番向臼井城发起攻击。经过一天的攻击，臼井城外围阵地只剩下了一道壕沟。足利长尾氏出身的馆林城城主长尾景长在给下野足利千手院的书信中就认为，破城只是时间问题了。上杉家上上下下也认为，这样的小城，不用考虑什么，直接打下来就是了。

三月二十六日，上杉军发动了总攻击。在此绝境之下，负责军事的白井胤治（白井入道净三）向士卒说道：“对方虽是大军，但不必害怕。我看敌军之气，杀气消失，化为囚老（典出《占事略决》中五行王相死囚老法，王主官位、相主财源，死主生死，囚主羁牢，老主疾病）之气。我军阵中之气则为正直王相之气。由此可见，我军此战必胜无疑。”在胤治的鼓舞下，臼井城守军士气大振。胤治见此，打开城门，向上杉军发起了决死突击。白井胤治将部队分成三部，以原大藏丞和高城胤辰为第一阵。待两军厮杀疲敝之际，他投入以平山和酒井指挥的第二阵，杀出了一条通往上杉军阵脚的道路。随后，由松田康乡和佐久间某指挥的第三阵突入。其中，松田康乡努力奋战，使他战后获得了“赤鬼”的绰号。在守军的奋战下，上杉军没有能够攻下臼井城。当日，上杉谦信滞留在本阵，没有亲临前线督战。传说，当日他对海野隼人正说道：本日进攻因为对方有白井入道净三这样的名军师指挥，行动失败，真是后悔一千次都没有用。次日，上杉谦信整军再战，先锋长尾显长率部破坏了鹿砦，强行渡过壕沟，进攻到了大手门。此时，早有准备的胤治命人推倒大手门处的城墙，压死了几百人。上杉军的士气因此受到了重创。看见此状的谦信只能收兵。而胤治则趁机出城掩杀，造成了上杉军军势的雪崩。

此战上杉方的伤亡有数千人（《诸州古文书》北条氏康给武田信玄信中提到）、五千人（《丰前氏古文书抄》足利义氏给丰前山城守信中提到）和死亡三百人（《海上年代记》）诸说。即使是《谦信公御年谱》这样的御用传记也承认此战是上杉军惨败。而同时，上杉谦信命令北条高广攻打上野和田城的战斗，也遭到了失败。

◎ 是用皮或薄铁制成的军配团扇，原是军师用来推算吉凶方位的工具，后来演变为大名或总大将的指挥道具。

同年二月，逃出京都的一乘院觉庆在近江野州郡矢岛村建立御所，并改名为足利义昭，正式宣布自己是已故将军足利义辉的继承人。

得知此事的上杉谦信，立即派人前往矢岛御所和足利义昭联络。他很清楚，由于自己四面开战，战线铺得太长，他的攻势其实已经是强弩之末。支持他的关东诸侯也因此疲于奔命，不少诸侯为了自己的利益，都开始和后北条氏接近。早在两年前的永禄七年，谦信就通过前将军足利义辉，派出大馆藤安作为使者，同北条氏康签订了和平协定，好给自己喘息的机会。然而，北条氏康却趁他在信浓与武田信玄对峙之际，流放了武藏岩付城城主太田资氏，拔掉了上杉军在武藏的一颗钉子。谦信不得不再次出兵关东，以减轻自己盟友房总里见氏的压力。而再次通过将军家，与北条氏议和的可能，也因为永禄八年足利义辉被杀而无法实现了。因此，即使义信事件没让骏甲相三国同盟出现了裂痕，谦信也找不到合适人选出面调解与北条的关系。所以，当足利义昭以下任将军继承人的身份出现在世人面前时，谦信再次看到了与北条氏议和的希望。为此，他在关东留下北条高广和由良成繁，负责同北条氏康议和。自己则于五月回到越后，开始准备引足利义昭进入关东的和谈。归国后，他在给寺社的祈祷文（《上越市史》第五一一条引《上杉家文书》）中提到自己希望能够保障上野的佐野、沼田、厩桥等地长久无事，击退武田信玄以及早日与北条氏康议和成功。这与两年前，他在越后一之宫弥彦神社的祈祷文中希望平定关东、收复奥信浓四郡、安定越中等要求相比，已经大大后退了。

上杉谦信在永禄九年上半年所做的一切，都被武田信玄和北条氏康两人看在眼里。他们都得出了上杉谦信在关东的攻势已经达到顶点的结论。两家自然无视上杉谦信求和的要求。看见上杉方露出了败象，关东原先支持上杉方的诸侯如宇都宫氏、小田氏、结城氏、小山氏等纷纷向北条提交了人质，表示希望加入北条方。知道这个消息的上杉谦信斥责北条高广和由良成繁两人议和不力。结果导致由良成繁于当年九月倒向了北条氏康。上杉谦信政治手腕的缺乏，使得滞留在上杉方的豪族们更加离心离德。由良成繁倒戈的当月，武田信玄出兵西上野。镇守西上野的长野业盛终于顶不住武田军怒涛般的攻势，于九月二十九日在箕轮城自尽。之后，如同多米诺骨牌一样，小泉城的富冈氏（十一月）、参加了攻打臼井城的长尾景长（十二月）、成田氏、新田氏和皆川氏等诸将也先后倒向了北条。到永禄十年（公元1567年），厩桥城城主北条高广也倒向了北条。尽管上杉谦信再次出兵关东，收复了厩桥城，但也不能挽回上杉军的颓势。同年三月到五月，武田信玄继续出兵西上野，将上杉方最后的据点白井城和惣社城攻下，完成了对西上野的全面控制。

◎ 僧兵的装备

而且，此时的上杉谦信也顾不得关东了。永禄九年，能登守护畠山义纲在永禄九年之变中被家臣驱逐。同情义纲的谦信命令越中的豪族神保长职和椎名康胤协助义纲夺回政权，但失败了。害怕被上杉谦信移怒的椎名康胤通过越中一向一揆为纽带，和武田信玄联手，在永禄十一年（公元1568年）三月起兵。另一名豪族神保长职家也因此分裂，世子神保长住和反上杉派家老寺岛职定联手，向父亲以及亲上杉派的小岛职政开战。同年三月，越后豪族本庄繁长趁上杉谦信出兵越中，攻打椎名康胤居城松仓城之际，向对谦信不满的越后国人众发出密信，召集他们起兵反抗谦信。而会津的芦名盛广和米泽的伊达辉宗也在信玄的收买下蠢蠢欲动。收到本庄繁长密信的中条景资将密信交给了谦信。知道本庄谋反后，谦信迅速从越中收兵，转而平定本庄繁长之乱。

至此，上杉谦信在永禄九年祈祷文中提到的诸项希望已经完全破灭。西上野已经丢失，厩桥城也险些易手。无论是击退武田军还是同北条军议和，都遥遥无期了。对他来说，此时可谓是四面楚歌。就在这时，上杉谦信突然收到了从在织田信长的拥护下于九月成功上洛的足利义昭处寄来的书信。书信带来了上杉谦信期待已久的消息——武田信玄希望通过将军出面调解，与上杉家议和。

二 三国同盟的破裂与今川家的灭亡

如上文所述，武田信玄在永禄八年让诹访胜赖迎娶远山夫人，并建立了甲尾同盟。这本身就是对原先骏甲相三国同盟政策的一次重大调整。信玄一改之前不断北上的战略，转而南下，预备向之前的盟友今川家开战。信玄对义信事件的冷处理，只是因为他南下的准备没有做好，猝然行动有害无利。

与信玄相同，相模的北条家和骏河的今川家也没有向武田家一战的决心。北条家是依靠与武田的同盟和在信浓与西上野两个方向的牵制，才能北拒上杉，南压里见。如果此时同武田闹翻，那么北条好不容易在第二次国府台合战中确立对里见家的优势也会丧失殆尽。当时，北条家已经占领了原属于里见家的上总北部和西部。上总东部的正木时忠、土岐为赖和酒井敏房等有力豪族也先后投到了北条的旗下。里见义尧和里见义弘父子不得不放弃了原来的居城久留米城，转移到佐贯城以避开北条军的兵锋。既然里见家已经像一座破房子，对大门踢上一脚就会倒塌，武田信玄也没有撕破三国同盟，继续在信浓和西上野牵制着上杉谦信，那么，北条家自然不会接受上杉谦信递来的橄榄枝。北条家觉得利用武田信玄还在三国同盟的时间，先把里见家灭了才是上策。

而骏河的今川家则正在持续衰弱中。自永禄三年（公元1560年）今川义元在桶狭间合战中丧命，由比正信和一宫宗是等重臣，以及松井宗信、井伊直盛等地方豪族战死，原本被今川家的强势而压下的许多矛盾，都因为这场大败而暴露了出来。许多对今川家不满的人借着家督突然死亡而产生的权力真空，突然发难。

首先起事的是西三河有力豪族松平氏当主松平元康。他在永禄四年借助将军足利义辉的力量，与今川家达成了和解，然后改名为德川家康，并开始通过织田信长方的舅舅水野信元，谋求与织田信长同盟。同年，德川家康先后取得善名堤之战和藤波畷之战的胜利，将亲今川的吉良义昭排挤出了西三河，从而实现了从今川方中独立的地位。受到西三河独立的影响，东三河的豪族也开始动摇，出现了倾向德川家康的意向。对此，今川氏真命令自己在东三河的名代、吉田城城主小原镇实向东三河的豪族要求新的人质。这一要求在德川家康的挑拨下，引起了东三河豪族们的不满。其中，野田城城主菅沼定盈率先加入了德川家康的阵营。作为报复，小原镇实将菅沼定盈留在吉田城的人质十一人全部斩首（也有说是用穿刺之刑），然后发兵攻打野田城。永禄四年七月二十九日，菅沼定盈开城降伏。小原镇实留下部将稻垣氏俊镇守野田城，自己回到了吉田城。

永禄五年正月，经过多次交涉，织田信长和德川家康在清州城达成了同盟协定。二月，德川家康攻击隶属于今川方的牛久保城。今川氏真率领一万多人马，进入牛久保城，向德川军为攻略牛久保城而建筑的一宫砦发动攻击。德川家康率军来援，是役，在历史上以“一宫之退口”留下了家康的武名。正相持间，氏真得到骏府来的报告，被家臣联手流放、寄居在今川家多年的武田信虎有不稳的动向。氏真只得匆匆撤兵，回到骏府。

眼见今川氏真从三河匆匆离去，从牛久保城撤退的德川家康又开始了行动。在他的鼓动下，今川氏在东三河后方的远江领也动荡起来。首先举旗向今川家发难的是见付城城主堀越氏延。堀越氏是今川家的一门众，长期以远江半国守护的身份替宗家看守着远江一国。可惜当主堀越氏延在花仓之乱（公元1536年）中站在了今川义元的对立面而家道中落。这次起事，堀越氏明显是为了一吐多年以来的怨气。为平定堀越氏的叛乱，小原镇实也出兵协助。但直到六月，叛乱仍未平定。看见今川家在三河的兵力被削弱，菅沼定盈在德川家康的支持下，于永禄五年六月二日对野田城发动了突袭。今川方城代稻垣氏俊战死。

不过，今川方显然已经没有精力来顾及野田城了。就在见付城久攻不下

◎ 德川家康铜像

之际，今川家派到井伊家的与力小野道好向今川氏真告密，说其家主井伊直亲内通德川家康。井伊氏是远江的土著，早在南北朝时期就站在了今川方的对立面。井伊直亲的爷爷井伊直平，在永正十年（公元1513年）加入了斯波义达军，与今川军交战。其父井伊直满，在天文十三年（1545年）因小野道好之父道高的谗言而被今川义元下令自尽。基于井伊家的历史，今川氏真还是相信了小野道好的告发。他派遣掛川城城主朝比奈泰朝攻打直亲的居城井伊谷。当年十二月十四日，泰朝攻克了井伊谷，井伊直亲战死，其两岁的幼子虎松在上代当主井伊直盛之女井伊直虎和直虎的舅父新野亲矩的保护下才保得一命。

井伊直亲的死，导致了远江豪族对今川氏真不满的总爆发。永禄六年，曳马城城主饭尾连龙、二俣城城主松井宗恒、犬居城城主天野景泰、天野元景父子先后举起了反旗。到当年十二月，又有宇刈城的村松氏、蒲御厨的高桥氏、幡鎌城的幡鎌氏、於保城的三和氏和引间城的江马氏参与其中。史称远洲错乱。

不过幸好，此时德川家康正面临着他人生三大危机之一的三河一向一揆，无力顾及今川方。是以今川氏真可以在永禄六年十二月将天野景泰父子驱逐出犬居城。今川方还在大将三浦正俊、新野亲矩和中野直由先后战死的情况下，在永禄八年逼迫曳马城城主饭尾连龙出降。而东三河的小原镇实也能在永禄七年十一月攻下二连木城，杀死在当年五月从自己手中夺回人质的户田重贞。

永禄七年，德川家康终于平定了三河一向一揆。腾出手来的他，再度开始了统一三河的行动。首当其冲的就是小原镇实所在的吉田城。然则，今川军的主力正在曳马城下与饭尾连龙作战，无暇东顾。到了永禄八年六月，吉田城北的丰川、东面的二连木城和南面的喜见寺砦全部被德川军压制。即将破城之际，小原镇实以保全城中将士生命为条件，向德川家康投降，退入远江浜名湖西岸的宇津山城。自此，今川氏真虽在这年年底占领了曳马城，并在永禄九年十月平定了远洲错乱，但却付出了丢失三河的代价。因此，昔日虎步东国的今川氏如今自顾尚且不暇，又怎敢对武田信玄采取强硬的立场呢？

正因三家各有各的顾忌，骏甲相同盟才能继续维持下去。武田信玄和北条氏康也因此得以在永禄九年联手铲除了上杉谦信在关东的大部分力量。永禄十年，北条氏政出兵房总半岛，准备一鼓作气，将里见家这个绊脚石彻底消灭。而武田信玄在彻底征服西上野后，却没有继续采取进一步的军事行动，只是通过谋略，在越中和越后煽风点火，让已经服从上杉谦信的豪族再度谋叛。

在信玄看来，尽管上杉谦信这两年的军事灾难仍在继续，但他本人尚健在；而且，以谦信为核心的越后诸路豪族虽因各自的小算盘未必会与谦信同心，但如果战火烧到了越后，这些人定然会为了自己的领土，团结到谦信的旗下与自己作战。因此，武田的向北扩张之路并不平坦。与此相反，南方的今川氏真统治已不稳，在他的秘密工作下，骏河、远江两国中向自己示好的豪族越来越多，南下的时机已经成熟。

为此，信玄首先致力于统一武田家的内部思想。他一边派惠林寺的快川绍喜、长禅寺的春国光新和东光寺的蓝田惠青等人调停他和武田义信的关系，使他和义信之间的关系一度好转（《山梨县文书》五九三号《绍喜录》）；一边又命令被幽闭在久远寺的今川派干将穴山彦八郎在永禄九年十二月五日自尽。

永禄十年，上杉谦信在信浓饭山城修筑工事。武田信玄趁机命令自己麾下除驻守骏河边境的穴山信君、信浓边境的木曾义昌和下条信氏外的家臣全体出动。八月七日，武田家甲斐众、信浓众和上野众家臣共二百三十七人，在信浓小县郡生岛足岛神社（供奉下之乡大明神）被要求写下宣誓对武田信玄效忠的起请文（《战国遗文武田氏篇》1099—1186 号）。此事也被认为是武田义信被废嫡的信号。

知道此事后，今川家和北条家自然不能不做出反应。不过，今川家内部虚弱，北条家的房总攻略正进入最后的攻坚阶段。所以，两家暂时都无法采取强硬的军事行动，只能先断绝对甲斐的食盐供给来迫使武田信玄改变战略。八月十七日，今川氏真向北条一门的葛山氏贞发布文书，要求其停止向武田领供给食盐（《战国遗文·今川家》2141 号），并且关闭了骏河通往甲斐的食盐关所。同时，北条氏政也给相模秦野城城主大藤式部少辅发文，要求其切断从八王子、津久井通往甲斐的商路，并将敢往甲斐输送食盐的人斩首。钵形城城主北条氏邦也切断了沿神流川向信浓输送食盐的通道。一时间，武田信玄所领有的甲信两国只能通过飞驒从越中的一向一揆处获得食盐。

但很可惜，今川家和北条家对武田家的“食盐封锁战”很快就失败了。

永禄十年八月，北条氏政得到了驻守在上总三船山的部将藤泽播磨守和田中美作守的报告，说里见义尧父子正在居城佐贯城集结兵马。知道此事后，北条氏政立即率领三万人马，度过江户湾，来到了三船山，意图和只有一万五千人的里见军决战。八月二十三日，战斗开始。位于虚空藏山的里见义尧命令部将向北条军发起攻击。北条军反击，并凭借优势兵力压制住了里见军。此后双方一进一退，北条军逐渐占了上风。不知不觉间，他们被里见军引进了一片水田中也没有察觉。

这一切都是按照里见义尧的部署进行

◎ *近代前，因为日本马种没有得到改良，能骑着高大战马冲锋的都是猛将或高级武士。*

的。将北条军成功的诱入水田后，里见义尧燃起了狼烟。早在前一晚，里见军的大将，正木宪时已经率领一支别动队，利用自己对地形的熟悉和北条军的疏漏，悄悄地越过了北条军的防线，潜伏在了三船山以北的八幡山。看到狼烟升起，正木宪时一马当先，朝着北条氏政的本阵三船山攻去。而在前线的北条军因为深陷水田，无法及时后撤。最后，北条氏政的本阵和在水田的北条军挤成一团。一片混乱中，北条军总崩，殿后的大将太田氏资战死，北条氏政仅以身免。

三船山合战失败后，原本投向北条氏的正木时忠、土岐为赖和酒井敏房等有力豪族又再次回到了里见方的阵营中。北条氏通过第二次国府台合战建立起来的优势一夜间荡然无存。为了能集中兵力对抗武田信玄，北条氏康只能向宿敌上杉谦信和

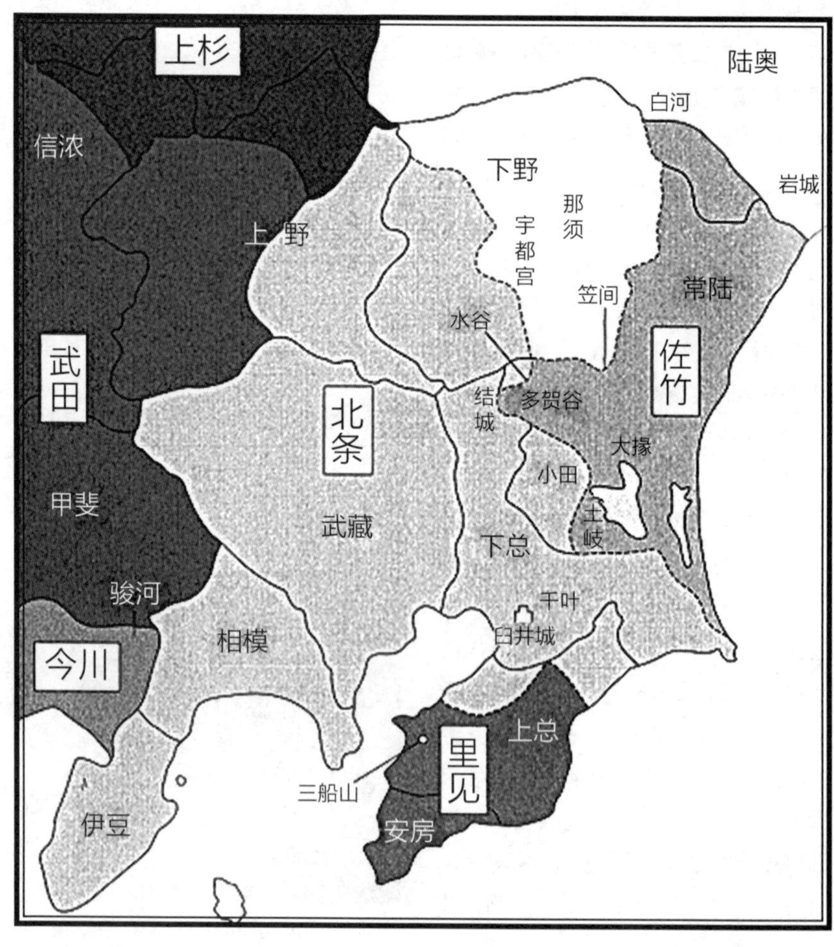

◎ 三船山合战后的关东势力分布图

里见义尧求和。今川氏真也写信给上杉谦信，希望同上杉谦信结成反武田同盟，至少希望上杉谦信也参与到对甲信的食盐封锁。

上杉谦信并没有答应今川义元的要求。虽然他采取了同北条氏妥协的路线，但很显然，只有当武田和今川、北条开战时，他才有更多的筹码来同北条氏康交易。因此，他开放了从越后向信浓输送食盐的通道，并潇洒地在给武田信玄的书信中写道："我与君战，用刀剑不用食盐。"

永禄十年十月十九日，武田义信在东光寺切腹，结束了自己三十岁的生命。十一月一日，诹访胜赖的长子武王丸诞生，远山夫人难产而死。十一月十九日，武田义信的妻子、今川氏真之妹被送回骏河。年底，武田信玄和织田信长为了继续巩固甲尾同盟，决定将信玄的六女嫁给信长的嫡子织田信忠。时间就这样进入到了永禄十一年（公元 1568 年），而武田与今川之战也已不可避免。

永禄十一年二月，穴山信君作为武田信玄的使者来到了三河的吉田城，在这里等着他的是德川家康方负责东三河事务的酒井忠次。经过谈判，双方达成了联手攻打今川领的协定，并规定双方以大井川为分界线，展开军事行动。三月，足利义昭在织田信长的要求下，以将军候补的名义向上杉谦信、武田信玄和北条氏康发出信件，要他们立即停止相互间的争斗，出兵支持他上洛。

同年三月十日，今川氏亲之妻、今川义元之母，辅佐了今川氏亲、今川氏辉、今川义元和今川氏真三代四任今川家当主的寿桂尼死去。今川氏真的压力愈发巨大。而此时的武田信玄却在八月，为了支援越后村上城城主本庄繁长，再一次出兵北向，进驻在信浓长沼城。对此，上杉谦信早有防备。他在四月就命令安田能元和岩井信能前往饭山城警备，直江政纲和柿崎景家带领先遣队前往村上城。听说信玄北上后，谦信又派出了上杉景信、山本寺定长和黑泷众前往关山加强对信浓的防御，新发田忠敦、五十公野重家和吉江忠景前往越中弥知城和不动山城警备，自己则待在春日山城。

也在八月，因为信玄和家康同盟而没有后顾之忧的织田信长开始了自己的上洛之路。九月，他在德川家康等人的辅佐下占据了京都，并将足利义昭接了过来。再次回到京都的足利义昭立即以未来将军的名义写信给武田信玄和上杉谦信，重申自己上洛前的要求，停止内斗。

十月二十日，上杉谦信留下近臣河田长亲、山吉丰守以及枥尾众镇守春日山城，自己踏上了征讨村上城的征程。十一月七日，上杉军将村上城包围。十二月五日，根据三国同盟，北条军从沼田城出发，支

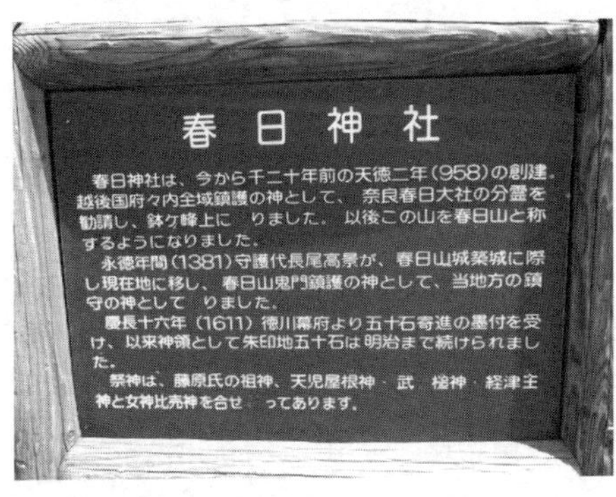

◎ 春日神社

援村上城。本庄繁长则出兵上田口，试图向北条军靠拢。

就在同一天，武田信玄回到了甲府。次日，他写了一封信送给小田原城的北条氏康父子，表示今川氏真违背三国同盟，秘密联络上杉谦信，欲与谦信联手打倒自己的阴谋被发现。因此，他将率领大军，膺惩今川氏真。为此，希望得到北条氏康父子的谅解（《战国遗文·后北条氏篇》第1127号）。将此信送出后，信玄便指挥武田家大军一万三千人沿着骏河川，朝骏河杀去。与此同时，从京都回到三河的德川家康也已休整完毕，集结兵马，出兵远江。

武田军行动迅速，很快就攻克了通往骏府必经之路的大宫城，进驻庵原郡。而今川氏真则派出了大将庵原安房守忠胤指挥大军一万五千人，在萨埵山清见寺布阵，同时派信使向小田原城的北条氏康求援。十二日，武田军发起进攻。因为今川军中濑明信辉、朝比奈政贞、三浦义镜、葛山氏元等二十一名家臣已被策反，今川军一触即溃。十三日，武田军兵锋直指骏府。今川氏真仓皇出逃至远江掛川城，其妻早川殿带着侍女，连乘舆都来不及准备，步行出逃。同日，武田军先锋马场美浓守信房占领了骏府城的支城爱宕山城和八幡城，然后进入了空无一人的骏府城。原本，武田信玄命令马场将今川家的财物收集起来，但马场以“要是我们现在把今川家的财宝运出去，人家就会说我们是为了财宝来打这场仗的”为由，拒绝了信玄的命令。一把火把财物连同今川氏真的居所一并烧了。此时，北条氏政率领的援军已经到了伊豆半岛，信玄只能表示同意马场的意见，回师萨埵山。二十三日，武田信玄写信给德川家康，希望他能按照之前的约定，攻打远江的掛川城。

德川家康是在十二月十三日开始进攻远江的。之前在远洲错乱中压制的反今川势力也重新抬头，策应德川家康的进攻。井伊氏家臣菅沼忠久、铃木重时和近藤康用三人在女当主井伊直虎的号召下，和三河军配合，起兵杀死了家中权臣——今川氏派来的与力小野道好。因此，德川家康轻而易举地打破了今川军在浜名湖西岸的防线，镇守宇津山城的小原镇实也只能放弃了城池。撤退前，小原镇实在城中埋下了炸药。等德川军蜂拥入城时将炸药点燃。入城的德川军猝不及防，死伤惨重。小原镇实本人则回到了骏河，担任花泽城城主，与武田军作战。

对于德川家康来说，宇津山城的小小损失并不能改变他在军事上的优势。大将酒井忠次和石川数正很快就根据家康的命令，包围了曳马城。镇守曳马城的是前城主饭尾连龙的遗孀田鹤之方和饭尾家的遗臣。在之前的远江错乱中，饭尾家就已经分成了亲武田和亲德川两派。当德川军攻到曳马城时，亲德川派立即开城。田鹤之方以下五百六十人没有出降，英勇战死。十二月二十七日，德川军包围了掛川城，以朝比奈泰朝为首的今川家臣笼城，等待北条军的救援。次年正月十二日，德川军一度攻占了位于天王山上的掛川古城。二十三日，掛川城守军出击，夺回了古城。包围战陷入了长期战。

原本武田信玄并没有遵守同德川家康盟约的意思。在自己出阵骏河之际，他又命令大将秋山虎繁（信友）出伊奈口，与德川家康抢夺远江。只是德川军进展迅速，秋山虎繁在远江见付城被德川军奥平贞胜部堵住。德川家康据此，在永禄十二年（公元1569年）正月五日写信给武田信玄，表示严正抗议。此时的信玄正忙于在萨埵山与北条军交战，无力西顾，只能在正月八日的回信中推脱此事乃秋山虎繁的独走，自己并不知情。然后他又保证将命令秋山虎繁撤回信浓。

经过此事，德川家康对于武田信玄的贪得无厌和反复无常有了深刻的认识。他一边根据与武田信玄的盟约和要请，继续攻打掛川城，一边试图和今川家谈判。四月二十四日，武田信玄粮尽，不得已退回甲斐。镇守骏府的大将山县昌景将骏府城让与了德川家康。德川家康进驻骏府城后，重新修建了今川氏真那座被马场信房烧毁的居馆。这个示好的信号被北条氏政抓住。五月十七日，在北条氏政的调解下，德川家康终于和今川氏真达成了协议，掛川城无血开城。由大泽基胤镇守的堀江城也在今川氏真的劝说下开城。作为回报，德川家康将骏府城让给了今川家臣向井正纲。

根据德川、北条和今川家的协定，今川氏真被送到了小田原城，并将北条氏政长子国王丸（北条氏直）收为养子，同时氏真将自己在骏河、远江的领土所有权全部交予了国王丸。至此，尽管今川氏真的家臣冈部正纲在德川军的帮助下，一度收复了骏府，以今川氏真名义发布的文书也还在使用中，但作为战国大名的今川家事实上已经灭亡了。

三 越相同盟与三增峠之战

之前，在得知武田出兵南下后，北条氏康立即就派出了以北条氏政为大将的援军，同时命令北条氏政同信玄之女黄梅院离婚。就在萨埵山之战的当日，北条氏政军已经到达了伊豆的三岛。次日，得知今川军总崩，武田军已经进入骏府城的消息后，北条氏政加快了行军步伐。十四日，北条军先锋越过了富士川，进驻蒲原城。月中，北条军加固了蒲原城的城防，并任命北条氏信（即北条纲重，北条幻庵次子）为守将。

在出兵救援今川氏真的同时，北条氏康继续向上杉谦信和里见义尧提出求和的提案。永禄十二年正月七日，北条氏照奉北条氏康命令，以前上杉家臣由良成繁和北条高广为媒介，派遣使者石卷天用院，开始同上杉谦信议和。同时，上杉谦信也派出了得力亲信松本景繁、河田重亲和上野家成前往沼田城，负责与北条的谈判。双方使者你来我往，终于在当年六月九日达成同盟。这次同盟，解决了上杉家和北条家之间的大量矛盾。

首先是上杉和北条之间的名分问题。众所周知，上杉谦信永禄五年第一次关东出阵时，在鹤岗八幡宫，根据当时的将军足利义辉的任命，从上代关东管领上杉政宪处继承了关东管领之职。而在另一方面，后北条家在天文七年通过拥立古河公方足利晴氏，成为古河公方承认的关东管领(《伊佐早文书》，战一二一一）。因此，为了与对方相抗衡，两家分别拥立了各自的关东公方。自然，双方同时也拒绝承认对方为关东管领。北条方称上杉谦信为越后殿、长尾景虎。上杉谦信称北条方为伊势氏。为了拉拢上杉谦信，北条氏康主动放弃了自家关东管领的头衔，正式承认上杉谦信为关东管领。在日后的文书中，对于上杉谦信的称呼变成了上杉弹正少辅（《上越市史》战一三八八）和山内殿（即关东管领山内上上杉家的简称）（《上越市史》战一二零零）。上杉谦信原本还要求恢复自己拥立的关东公方足利藤氏的地位，北条方则表示，足利藤氏已经在幽闭处死去。最终，上杉谦信承认了北条方拥立的足利义氏为关东公方，并同意了由北条氏照担任足利义氏的监督人。六月二十八日，在上杉谦信的调停下，关宿城城主，古河公方宿老梁田晴助再一次将足利义氏从葛西城接回到了古河城。就这样，上杉和北条双方各自让了一步，理顺了两家的关系。

其次是双方之间的领土划分问题。在永禄九年的军事灾难后，上杉谦信在关东的地盘只有东上野的沼田数城。为了使上杉谦信能够出兵攻打武田信玄，北条氏康不得不将已经吞下的领土再送出去。谈判中，北条氏康决定将自己占领的上野领土全部还给上杉谦信，原本投入北条方的北条高广和由良成繁回归上杉家。但是谦信坚持认为，北武藏的藤田、秩父、成田、松山、羽生、深谷和岩付都是上杉家的领地，要求北条氏康一并归还。北条氏康表示，藤田领和秩父领已经是其子北条氏邦的领地，而岩付城则是自己的直辖领，不能割让。对此，上杉谦信表示，岩付城前城主太田资正是上杉家在的武藏的重要盟友，资正被北条氏康勾结资正之子太田氏资驱逐到常陆后，依然担任了常陆之雄佐竹氏和自己的桥梁。而北条氏康利用太田氏资在三船山合战战死后无嗣为理由，将岩付城收为自己直辖领的行为是不能接受的。经过讨价还价，北条氏以太田资正让出其在常陆的领地片野城和柿冈城为条件，将岩付城返还给资正。最终，岩付城因为太田资正坚持不予北条方妥协的立场而没有归还。上杉谦信只得到了北武藏的羽生和深谷两处领地。之后因为对武田战事不利，北条方才决定将岩付城的领地交予上杉谦信。与此同时，北条方又计划原定送到春日山城当人质的国增丸改名为太田源五郎，入嗣太田家，以达到实际控制的目的。至此，两家的领土划分工作也终于完成。

作为合约的保证，上杉谦信以收养子的名义，要求北条氏康提供人质。一开始，北条决定让北条氏政的次子国增丸担任人质。永禄十二年十月，北条氏政以国增丸年纪太小为理由，没有将国增丸派到越后。到了永禄十三年（公元1570年）三月五日，才改由北条氏康的七子北条三郎氏秀前往越后，履行人质的义务。上杉谦信将北条三郎氏秀收为养子，并改名为上杉景虎，并将外甥长尾显景（即日后的上杉景胜，此时还未成为上杉谦信的养子）的妹妹嫁给他。同时，上杉家中大将柿崎景家的次子柿崎晴家也作为上杉方的人质，前往小田原城。

北条氏康之所以做出了如此多的让步，是因为上杉谦信在与北条谈判的同时，也在和武田信玄谈判。永禄十二年二月，上杉谦信发出了与武田信玄和谈的御内书（《上越市史》第六五五号和第六五六号）。三月份，武田信玄答书（《战国遗文，武田氏篇》三七六号）。五月，上杉和武田两家基本谈妥了和谈的条件。为了能与上杉谦信联手，打倒武田信玄，北条氏康做出了重大让步，终于换来了上杉谦信在放生会（农历八月十五日）后出兵信浓和西

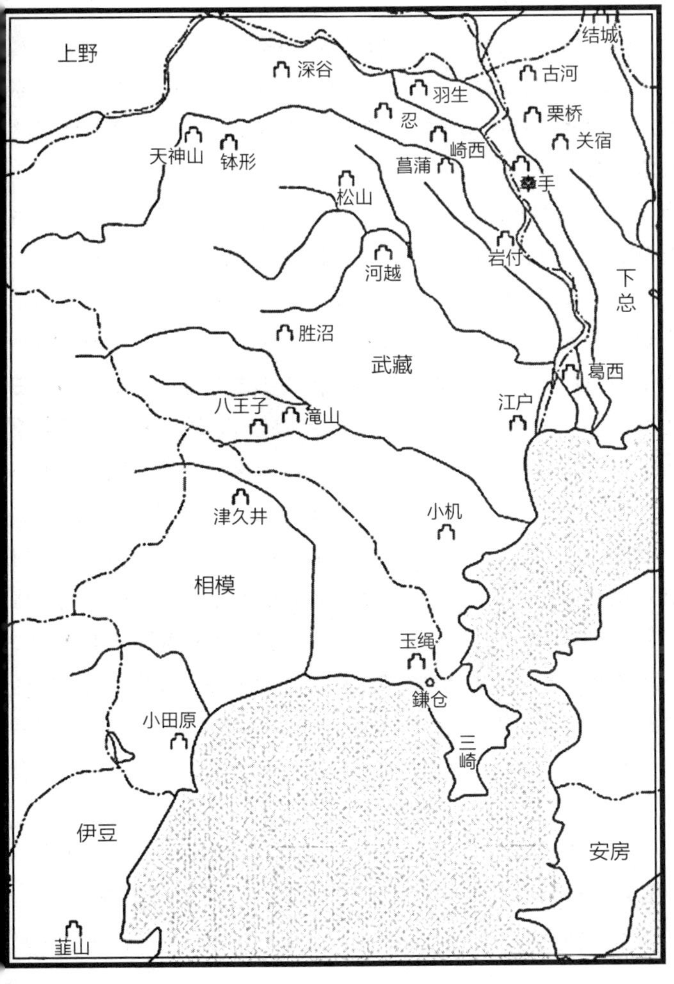

◎ 北条支城支配图

上野的承诺。

在谈判期间，暂时没有后顾之忧的北条军，在北条氏政的率领下，向骏府进军。二月，北条军进驻吉原城，并收复大宫城，切断了武田军的补给线，逼迫武田信玄从骏府城撤退。武田信玄在久能城布阵，又命令其侄，武田信繁之子武田典厩信丰在兴津请见寺布阵。两军多次在萨埵山上和海上交手，互有胜负。二月，武田军再攻大宫城，守军在北条军的援助下击退了武田军的进攻。进入到四月，武田军的军粮耗尽。又因为德川家康与上杉谦信频频接触，武田信玄开始担心德川家康参与到上杉与北条的盟约，切断自己回甲斐的道路。四月二十八日，武田信玄留下穴山信君镇守兴津横山城，山县昌景镇守骏河江尻城，自己率领武田军主力从兴津撤军。撤军时，北条氏政乘胜追击，斩杀武田军殿后部队数百人，武田方部将米仓晴继战死。击退武田军后，北条氏政同德川家康结盟。闰五月，北条氏政让有“地黄八幡”之称的宿将北条纲成和家中宿老松田宪秀进驻深泽城，重臣垪和氏续进驻北条家起家之地兴国寺城。一时间，北条军占据了上风。

撤回甲斐的武田信玄并没有气馁。他通过织田信长，以将军足利义昭的名义联络关东各路反北条势力。除了继续要求上杉谦信和自己议和外，武田信玄还要求常陆的佐竹义重和房总的里见义尧出兵，从背后攻打北条。

对佐竹义重和里见义尧两人来说，北条与武田两家开战，是削弱北条势力的大好时机。永禄十一年信玄刚南下骏河，佐竹义重就向上杉谦信建议，趁小田原城与武田开战乱作一团之际，越过越后和上野之间的群山，南下攻打北条。只是当时上杉谦信已决定利用武田和北条之间的矛盾，坐收渔翁之利，而没有同意。里见义尧更是直接回绝了北条家的提议。当上杉谦信同北条氏康开始和平谈判的时候，两家与上杉的同盟自然出现了裂痕。早在永禄九年，里见义尧就拥立了前古河公方足利藤氏之弟足利藤政为新的公方，更不能承认藤政之弟足利义氏的公方身份。因此，当武田信玄以足利将军的名义来联络这两家时，两家很痛快就答应了武田信玄的同盟要求，并同意在武田信玄与北条方作战的同时进攻，配合武田信玄攻打小田原城。

完成了外交工作后，武田信玄于六月再次出动。他先派遣部队佯攻北条氏照的居城和武藏多摩郡的泷川城，自己则率领主力部队，包围了伊豆国的韮山城。韮山城在守将北条氏规的坚守下，没有被武田军攻克。之后，武田军佯装要从伊豆进攻小田原城，实际上虚晃一枪，回师骏河。在攻击古泽城和深泽城未果后，武田信玄于六月二十五日第三次攻打大宫城。七月二日，武田信玄在伊豆国府三岛击破了北条氏规和北条氏忠率领的部队。七月三日，大宫城守将富士信忠开城投降，自己退至蒲原城。攻克大宫城后，武田信玄留下谱代家老原昌胤和市川昌房留守大宫城，自己回师甲斐。

八月二十四日，武田信玄再次出阵。这次他率军两万北上，经过信浓的碓冰峠，从上野攻入武藏。九月十日，将北条氏邦压制在他的居城钵形城后，武田军转移到了泷川城外多摩川边的拜岛。而大将小山田信茂率领的一千人别动队，也从甲斐都留郡出兵，越过了小佛峠，欲和在泷川城外的武田军主力汇合。得到了这个情报的北条氏照派遣家臣横地监物、中山勘解由左卫门家范和布施出羽守带着两千人在小山田军行军路上布阵阻击。九月二十六日，小山田信茂在廿里山附近布下乌云之阵，将北条军引入伏击圈。北条军大败，光被武田军斩首的就有二百五十一级。此战后，小山田别动队顺利与武田信玄主力会师。二十七日武田胜赖奉武田信玄之命，开始攻打泷川城。胜赖利用了泷川城南部的加住丘陵，一口气攻下了泷川城的三之丸。北条氏照带着中山家范、狩野一庵和师冈山城守等老将的拼死抵抗，才在二之丸挡住了武田军的进攻。九月二十八日，就在北条氏照等认为破城在即之时，武田军从容地撤出了泷川城，朝着小田原城进军。

武田信玄自己带着本队，沿着横山—御殿峠—相原—桥本—上沟—当麻—胜坂—新户进军，于二十九日到达相模川边。同时，小山田信茂带着别动队，沿着府中—高井户—世谷田—目黑—藤泽—平塚进军。

二十九日，武田军在山县昌景、内藤昌丰、真田信纲、真田昌辉和小幡重贞等人的掩护下，渡过相模川，通过冈田、厚木、金田、三田和妻田。三十日，武田军到达国府津、前川和酒匂。十月一日，武田军包围了小田原城。并放火焚烧民宅，向北条氏康示威。而在武田军包围小田原城之前，北条氏康已经将小田原城外的民众尽数撤入城中。武田信玄在包围小田原城三天后，考虑军粮匮乏，于十月四日撤围。

撤围后的武田军先朝着镰仓的方向行动，在平塚渡过了相模川。得知武田信玄欲模仿上杉谦信前往镰仓，北条氏康和北条氏政父子立即率兵一万，从小田原出阵，尾随武田军行动。钵形城城主北条氏邦和泷川城城主北条氏照兄弟也指挥忍城众、深谷众、河越众、臼井众、佐仓众、小金众和岩付众，准备同北条氏康军汇合。武田军在金田和妻田两地住宿了一晚，沿着甲斐街道，转向甲斐行军。北条氏邦和北条氏照两兄弟得知此事后，立即赶到了武田军的必经之路三增峠。此后，北条方得到了骏河回到相模的北条纲成指挥的玉绳众和小机众的增援，使得军队人数达到一万五千至两万人。北条氏邦和北条氏照兄弟在三增峠的中里、上宿和下宿三个制高点布阵，准备迎击武田军。同时，尾随武田军的北条氏康、北条氏政父子也朝着荻野进军，预备配合三增峠的部队，对武田军形成前后夹击的态势。

十月六日，武田军到达田村、大神、金田一线，并通过俘虏知道了北条军在三增峠布阵的情报。当听说北条氏邦和北条氏照兄弟跃跃欲试，准备和自己野战时，信玄不禁笑道：“即使是北条氏康也不敢如此简单地向我信玄挑战，这些小子又能做到什么呢？此战必然是我军胜利。”

当晚，信玄开始布置部队。为了确保后退回甲斐的道路畅通，武田信玄命令大将小幡重贞带领上野原城城主加藤景忠和他手下所谓上野原七骑（富田、安藤、野崎、中岛、上条、石井、市川）为核心的一千两百人的别动队，趁夜绕道志田峠（三增峠边一公里处），在津久井城西的金原点燃枯草，让津久井城里的守军看到被燃起的熊熊烈火。之前，津久井城守将内藤景丰部在之前的作战中，被武田军连续攻下他们镇守的田代城和细野城。因此，当内藤所部看到火光中武田军设置的六十个假人，他们不禁大呼："信玄来了！信玄来了！"以至于第二天，不管三增峠上的战斗如何激烈，已经落胆的内藤部始终不敢出城门一步。

送走小幡重贞队后，武田信玄继续排兵布阵。由山县昌景、真田信纲和真田昌辉兄弟等八员大将指挥的五千人别动队，也从志田峠绕道。他们的任务是绕到北条军背后，像第四次川中岛合战那样，与主队形成夹击之势。北条军虽然发现了他们，但却认为不过是逃兵而没有引起重视。

为了将占领制高点的北条军引诱下山，武田信玄特意命令先锋大将内藤昌丰率领小荷駄队（辎重队）走在队伍最前面。内藤昌丰对自己指挥小荷駄队感到不满，向信玄表示担任小荷駄队奉行有损他的名誉。信玄驳斥道："昔日上杉谦信攻略小田原城时，就是因为小荷駄队被击败而不得不撤退。小荷駄队如此重要，本来应该由我亲自指挥才是。"这样才使内藤昌丰接受了担任小荷駄队奉行的任务。

安抚完了内藤昌丰后，武田信玄将负责与北条军正面作战的本队分成了三队。第一队由马场美浓守信房指挥，真田昌幸

◎ 1600年，奋战于关原战场的井伊赤备，就是当年在骏河大显身手武田赤备的余脉。

为副指挥。第二队由武田胜赖指挥，三枝守友为副指挥。第三队由浅利信种指挥，曾根昌世为副指挥。武田信玄自己率领旗本队五千人布置在全军右翼，作为总预备队。

十月七日，占据制高点的北条军发现了武田军的小荷驮队。素有“地黄八幡”之称的北条纲成一马当先，开始向武田军攻击。在他的激励下，大道寺政繁、北条氏忠、北条氏邦、原氏、上田氏和远山氏各部也纷纷下山，攻击武田军。武田军中最先与北条军战斗的是马场信房指挥的第一队，他的部下真田喜兵卫和其弟根来法师获得了一番枪和二番枪的荣誉。

战斗开始后，北条军依仗着兵力上的优势，占据了上风。由于武田信玄将部队分成了三队，所以北条军采取集中突破的战术，将主攻方向对准了实力相对较弱的浅利信种队。浅利队在北条纲成为核心的北条军主力的攻击下损失惨重，指挥浅利信种和侍大将浦野重秀战死。副指挥曾根昌世接过指挥位置，继续与北条军作战。在曾根的坚持下，北条军没有能够突破武田军的防线。而被北条军认为是逃兵的山县昌景别动队，已经绕到了北条军的后方。看到山县队发出的信号后，第一队的指挥马场信房挥舞采配，命令部队反攻。其中第二队指挥武田胜赖率先冲入北条军阵中。在武田军本队和山县别动队的夹击下，北条军陷入大混乱，许多部队被逼下山崖。战斗一直进行到日落，以北条军残部渡过中津川原，逃入半原山结束。尾随武田军的北条氏康父子到达厚木荻野，得知三增峠之战的结果后，也停止了追击，撤回了小田原城。

战后，武田军从长竹地方走出三增峠，渡过串川后转向青山，走到三之木。在这里，为了尽快渡过道志川，武田军兵分两路。一路从三之木经落合坂，在沼木渡河。另一路从三之木新宿出发，经七曲坂，在道志渡河。两路部队在今相模原市相模湖町附近一处有着深谷和道志川作为天然防线的地方会合，开始首级检。经过记点，北条军战死两千余人（《战国遗文·武田氏篇》第一四六四、一四六五号）。完成首级检后，武田军将首级逐一清洗，埋葬在现浅间神社处，然后沿着甲斐街道，于七日回到了甲斐。

◎ 小田原城

四 甲相一和与武田家"骏河侵攻"

通过六月和九月的两次进攻，武田信玄成功地让北条氏康认为武田军进攻的主要方向是小田原城。在三增峠之战后，北条方开始大规模加强关东的防守。北条氏照放弃差点被武田军攻陷的平城泷山城，修筑了山城八王子城。北条氏政也加强了小田原城的防务，在外城之外又修建了一道长达九公里的土垒。一时间，北条氏将自己的力量全集中到了关东。

看见北条氏的行动，武田信玄在十月十二日再次发出了动员令（《战国遗文·武田氏篇》第一四六一、一四六二号）。十一月五日，武田信玄第三次出兵骏河。当时上杉谦信已经应北条氏康的恳求，出兵上野。武田信玄压制了家中家臣反对出兵骏河、要求加强西上野防御的声音，强行出兵（《战国遗文·武田氏篇》第一四八一号）。十一月九日，武田信玄在诹访神社献上了希望顺利并吞骏河、伊豆的起请文（《战国遗文·武田氏篇》第一四七一号）。二十二日，武田军从富士口进入骏河。二十八日，进入大宫城。三十日，武田信玄向太田资正写信，要求太田资正联络佐竹义重，出兵牵制已经在入住上野厩桥城的上杉谦信。

十二月六日，武田信玄率领武田军来到号称海道第一险难之地（《战国遗文·武田氏篇》第一四八二号）的蒲原城。面对这座一百四十米高的山城，武田信玄与日后的三方原之战一样，没有攻城，而是派出先锋小山田信茂，大摇大摆地绕过蒲原城，沿着东海道，朝骏府走去。守将北条氏信见此，和三方原之战时的德川家康一样被武田信玄的挑衅所激怒。他将手下两千人中的老弱两百人留下守城，带着其余人马，杀出蒲原城。

北条氏信没有想到的是，自己留在城中的两百人中，所谓松野六人众的当地土豪早已被武田方收买。当他出城与武田军作战时，松野六人众打开了蒲原城的城门。早已等候多时的武田胜赖立即杀进城中，很快就肃清了蒲原城内的两百老弱。北条氏信看见蒲原城已经失守，遂向武田信玄的本队发起了决死攻击。北条氏信和弟弟北条长顺以下部将两百余人，杂兵七百十一人战死。

攻克蒲原城后，武田信玄留下大将山县昌景修复城池（《战国遗文·武田氏篇》第一四八零、一四八五号），其余部队开始进攻北条军在萨埵山的其余据点。十二月十二日，失去蒲原城这个支撑点的北条军再也无力坚持阵地，只能撤出萨埵山，退至兴国寺城。十三日，武田军再次包围了骏府城，守将向井正纲在武田信玄的劝诱下投降。二十七日，今川家最后的据点花泽城出降。北条氏在骏河的领地只剩下河东地区了。

面对武田信玄咄咄逼人的攻势，北条氏康父子却不得不把精力放在北面的上杉谦信身上。虽然与北条氏康的同盟条件中规定，上杉谦信必须在永禄十二年八月十五日放生会前出兵信浓或上野，配合北条军作战。但上杉谦信以北条方没有履行交出岩付城和将国增丸送来当人质这两个条件为由，不仅没有出兵攻打武田信玄，反而于当年八月出兵越中，攻打金山城城主椎名康胤。此番出兵耗时八十余日。北条方也因为当时与武田信玄正战得不分上下，没有催促上杉谦信履行承诺。直到三增峠之战后，北条军才对武田军有了充分的认识。因此，当上杉谦信于永禄十二年十一月二十日进入上野沼田城，并通过藤田氏邦和远山康光两人邀请北条氏康父子合兵时（《上越市史》第八三七条，引《谦信公御书集》），北条氏政立即送出了蜜柑和江川酒劳军（《上越市史》第八四二条，

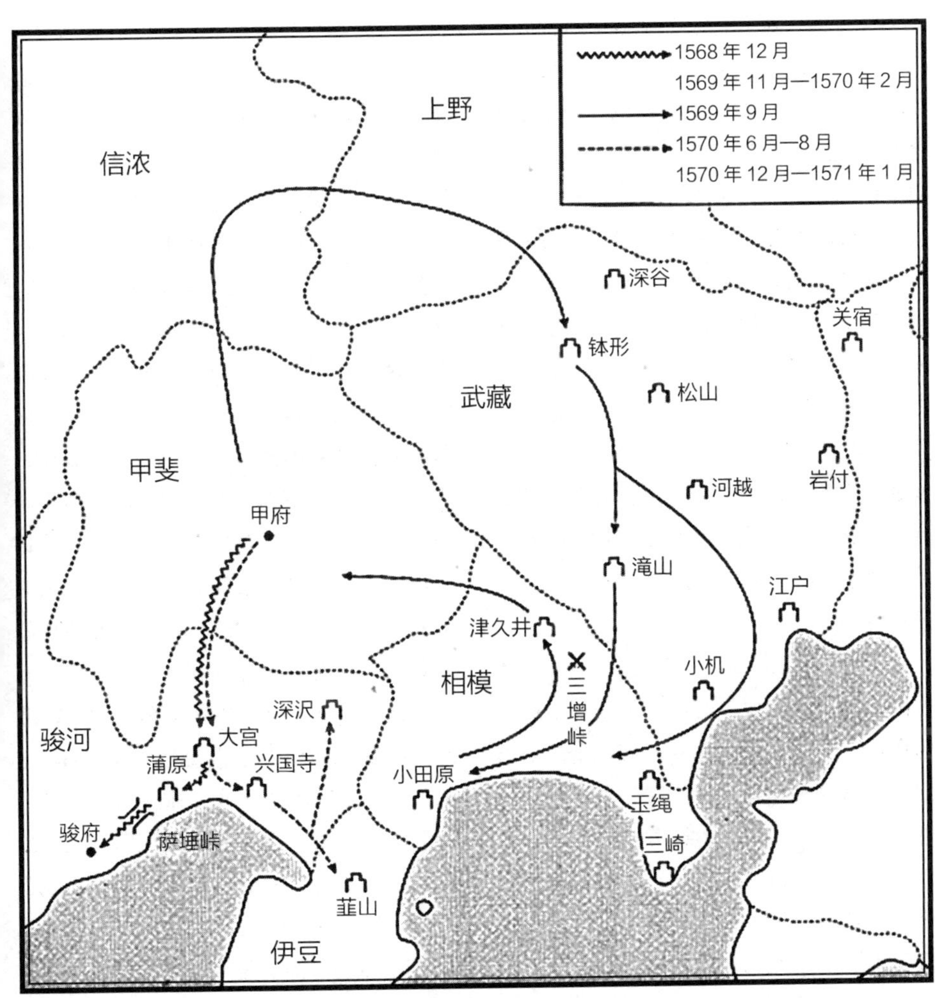

◎ *武田信玄的行动图*

引《上杉家文书》）。

显然，这点礼物并不能打动上杉谦信。在沼田城过完年后，上杉谦信没有去攻打武田信玄，而是转身攻打了背叛自己的佐野昌纲（新潟县史第一零一零引上杉家文书）。三月，完成压制佐野昌纲的目标后，上杉谦信离开沼田城，回到了越后。为了防止越相同盟破裂，北条氏康父子只得交出了岩付城领地和派遣北条三郎氏秀作为人质。

在北条氏康父子为了维持住越相同盟而绞尽脑汁时，武田信玄再次南下骏河，在江尻城收编了骏河的海贼众（《战国遗文 l 武田氏篇》第一五一五号）。完成收编工作后，武田信玄前往上野，准备与北条 - 上杉联军作战。四月十日，武田信玄下令编成西上野军役条目，准备防御上杉谦信的进攻（《战国遗文 · 武田氏篇》第一五三六号）。四月十四日，武田信玄得知上杉谦信回到越后的情报后，又回到了骏河，于四月二十日进入大宫城。二十三日，也就是京都朝廷下旨改元为元龟的同日，武田信玄在富士浅间社献上祈愿文，祈祷消灭北条氏康父子（《战国遗文·武田氏篇》第一五四四号）。

五月十四日，武田军在骏河吉、沼津作战，并攻入伊豆。五月下旬回到甲府短暂休整后，武田军又出兵武藏，于六月五日攻打武藏御狱城，迫使守将平泽政实投降（《战国遗文·武田氏篇》第一五六一号）。六月下旬，武田军的别动队攻击武藏秩父郡的大泷、日尾（《战国遗文 · 后北条氏篇》第一四二八号）。八月上旬，得知北条氏康重病的武田信玄在黄濑川布阵，围攻兴国寺城（静冈县史第八卷二四四条）。同月五日，武田胜赖、山县昌景和小山田信茂围攻了韮山城。守将北条氏规、北条氏忠兄弟经过奋战，才将武田军赶回了黄濑川（《战国遗文 · 后北条氏篇》第一四三四、一四三五条）。

与武田军苦战中的北条氏政接连写信向上杉谦信求援，要求上杉谦信在八月出兵上野（新潟县史第四一四、四七九、四八四和四零七六号）。这些求援都被上杉谦信以不可能在氏政要求的日期出阵而被拒绝。直到九月中旬，武田信玄北上攻打上野厩桥城，上杉谦信才派遣坂屋光胤和本庄清七郎为先锋进驻沼田城，并宣布自己将于十月二十日进入上野（《新潟县史》第三三八九条引《北条文书》）。不过，这并不表示上杉谦信无所作为。十月八日，上杉谦信正式与德川家康结盟（《上越市史》第九四一号）。对上杉谦信这位依靠幕府旧权威来维持自己地位的大名来说，武田信玄与织田信长的同盟，让他的立场十分尴尬。因为武田信玄屡屡让信长以将军足利义昭的名义来要求他与武田信玄保持和平。一方面，上杉谦信需要维持与后北条氏的同盟以保障其在关东的权威；另一方面，他又不得不尊重将军的意见以维持自己在领内的权威。与德川家康结盟后，上杉谦信不但建立了对武田信玄的包围网，还可以通过德川家康来影响织田信长，操纵幕府的决策。事实上，因为家康的影响，织田信长无限期地延迟了武田信玄对武田胜赖的官位与将军赐字的请求（《战国遗文 · 武田氏篇》第一五三五号），也拖延了织田信忠与信玄之女松姬的婚礼。

由于顾忌与上杉、北条联军开战，武田信玄并没有主动挑起战争。十一月，确定武田信玄回到甲斐后，上杉谦信也回到了春日山城。十二月十三日，上杉谦信在起请文中表示自己将于元龟二年（公元1571年）二月到三月平定椎名康胤之，希望关东和越后无事。上杉谦信还发誓如果祈祷成真，他将日日念经（《新潟县史》第八八八号引《上杉家文书》）。

对北条家来说，上杉谦信完全没有履行同盟的义务。而武田信玄更是利用上杉谦信这种三心二意的态度，加紧了对骏河的进攻。元龟元年（公元1570年）十二月上旬，武田信玄再一次出兵骏河。十二日，武田方开始围攻深泽城。元龟二年一月三日，武田信玄在进攻兴国寺城的同时，向深泽城射去了著名的深泽城矢文（《战国遗文·武田氏篇》第一六三九号）。

为了攻克深泽城，武田信玄调来了黑川和中川的掘金众，展开了土攻作业。北条氏政急忙于一月十日出兵援助，同时也向上杉谦信发出了求援信（《新潟县史》第四零九二号引《新田文书》）。上杉谦信收到信后，立即派出养子上杉景胜的家老粟林政赖率领上田众前往上野。二月二十八日，上杉谦信从厩桥城城主北条高广那里听说了武田信玄于一月十六日迫使深泽城守将北条纲成投降后，就收兵回甲斐的消息。于是，他将粟林政赖召回（《新潟县史》第三九七五号引《粟林文书》），自己按预定计划于三月出兵越中，攻克了椎名康胤的居城松仓城。

当上杉谦信在四月志满意得地回到春日山城时，却听到了北条氏欲与武田氏重新结盟的流言。上杉谦信立即写信给北条氏康诘问此事，而北条氏康在回信中否认了此事（《新潟县史》第六八八号引《上杉家文书》）。到了九月，武田信玄再次出兵武藏。在扫荡了深谷、藤田和秩父等北条领后（《战国遗文·武田氏篇》第一七四零号），又转攻上野的厩桥城（《战国遗文·武田氏篇》第一七四三号）。看上去流言已经不攻自破。但实际上，北条氏康当时已经重病卧床近半年，北条家的事务由北条氏政所掌握。在北条氏政看来，维持与上杉谦信盟约的结果，只是火中取栗。既然北条家已经不可能得到骏河了，那么就应该果断地抛弃越相同盟，恢复甲相同盟。

元龟二年十月三日，北条氏康过世，北条氏政开始按照自己的方针来执掌政务。十月下旬，武田信玄又一次出兵关东。十月十九日至十月二十六日间，秩父郡遭到武田信玄“人民断绝”的破坏（《战国遗文·武田氏篇》第一七四四号）。十一月七日，武田信玄在给穴山信君的书信中号称伊豆和武藏两国一半的领土已经服从了武田信玄（《战国遗文·武田氏篇》第一七四六号）。而在这一系列眼花缭乱的作战背后，是武田和北条两家的秘密会谈。十二月十七日，武田家重臣迹部胜资写信给厩桥城城主北条高广，宣布“甲相一和”成立（《战国遗文·武田氏篇》第一七六二号）。十二月二十七日，北条氏政正式宣布与武田的同盟复活，并将自己的妹妹北条夫人嫁与武田信玄的继承人武田胜赖。两家就领土分配问题达成一致，武田家在关东仅保留西上野的领地，在与北条氏作战中占领的御狱城等领地全部交还给北条家，北条家也承认武田家在骏河的领土所有权。双方在骏河以狩野川和黄濑川为边界。北条家撤出边界以西的平山城（破坏）和兴国寺城（移交）（《战国遗文·武田氏篇》第一七六九号、《战国遗文·后北条氏篇》第一五七二号）。而今川氏真则被北条氏政用一艘海船送到了远江德川家康处。

得知北条氏政与自己破盟时，上杉谦信正在上野预备出兵救援常陆的小田氏治。而随着甲相一和的完成，原本因为越相同盟而重建的关东秩序再次倒转。与武田家结盟的里见氏和佐竹氏再次与上杉结盟。而与上杉结盟的小田氏则又回到了后北条氏的庇护之下。一切又回到了武田信玄侵略骏河之前的状态了。

永禄三年闰正月，上杉谦信攻克了武田方控制的上野石仓城（《战国遗文·武田氏篇》第一七六九号）。武田信玄和北条氏政得知后立即出兵上野（《上越市史》第一零八一、一零八二号），双方隔着利根川对峙，直到当年三月才各自收兵。

利根川之战后不久，武田信玄就写信给织田信长，希望织田信长以足利义昭的名义进行调停，以达成武田、北条和上杉三家的和平。当时的信长正在与北面的朝仓、浅井，南边的三好、本愿寺、六角苦战中。所以，尽管信长在盟友德川家康的策动下更亲近上杉谦信，但他还是希望尽量满足武田信玄这种对自己并无明显坏处的要求，使之能够继续维持甲尾同盟。在信长的努力下，上杉谦信接受了以足利义昭名义的调停，再次同意“越甲和与”（《上越市史》第一一二六条、一一三一条引《上杉定胜古案集》）。

元龟三年（公元1572年）九月，武田信玄在甲府召集兵马。九月二十九日，由山县昌景为首的先锋出阵。十月三日，武田信玄率领的本队出阵，作战方向不明。当时，上杉谦信正在越中与越中一向一揆作战。武田信玄又于九月二十六日写信给越中富山城的杉浦壹岐法桥，表示自己将经飞驒支援，希望杉浦等不要大意（《战国遗文·武田氏篇》第一九五七条）。二十九日，他又写信给飞驒的江马辉盛，表示自己将于明面春天雪融后出兵讨伐上杉谦信（《战国遗文·武田氏篇》第一九六二号）。因此，当时都认为武田信玄此次出兵是要与上杉谦信一战。然而，上杉方却没有得到任何武田军出现在边境的报告（《上越市史》第一一二二条、一一二三条引《上杉家文书》）。

十月五日，织田信长将上杉谦信已经同意与武田信玄和解，请武田信玄再次考虑出兵越后的文书送去甲斐。出乎他意料的是，十月十日，武田信玄率军越过信浓的青崩峠，开始攻击德川家康所领有的远江二俣城。十一月十四日，美浓岩付城远山氏加入武田方，并按照武田信玄的要求开始出兵牵制岐阜城的织田信长。至此信长才知道，武田信玄已经联络了朝仓义景和浅井长政（《战国遗文·武田氏篇》第一九六四号、一九六五号、一九六七号、一九六八号和一九八九号），加入了信长包围网。织田信长对武田信玄翻脸如此之快，也发出了“前代未闻之无道”（《上越市史》第一一三一号，引《真田宝物馆所藏文书》）的哀叹。

按照武田信玄自己的说法，这次对织田和德川开战，是为了一扫“三年之郁愤”（《战国遗文·武田氏篇》第一九七六号），尤其是德川家康，自永禄十二年以来屡屡与其作对——德川家康先是在永禄十二年与北条议和，让出了骏府城，造成了北条军一时的优势；之后又在元龟元年撕毁了与武田信玄的盟约，转而与上杉谦信结盟；随后又唆使织田信长拖延了武田信玄有关授予武田胜赖官位和赐字的请求，并搅黄了武田信玄与织田信长的联姻，令武田信玄一时处于四面皆敌的战略状态。元龟二年二月，德川家康出兵骏河，牵制武田信玄，好使上杉谦信能安心攻略越中。武田信玄立即还以颜色。他本人于二月二十六日从甲府出阵，在大宫城逗留三天后出兵远江，攻打高天神城。四月，武田胜赖从伊奈口侵攻东三河的野田城和吉田城。四月二十九日，德川军在吉田城旁的二连木城与武田军交战。德川军大败，被斩首两千余人。武田信玄父子在德川领肆虐到五月份才收兵。

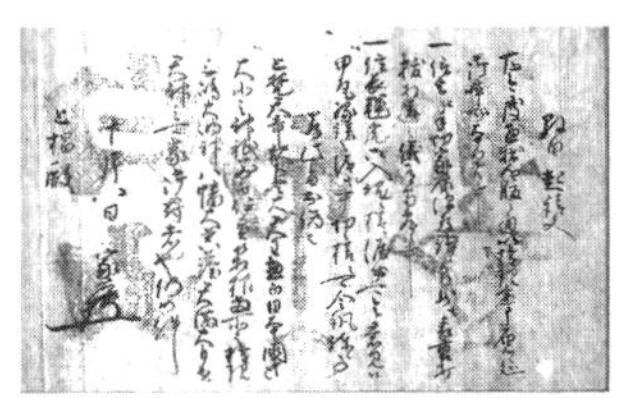

◎ *德川家康起请文*

至此，武田信玄的“骏河侵攻”达到了他所有的预期。武田家的武勋也从未像今天那么高过。因此，“甲相一和”正式成立后，武田军从关东腾出手来，武田信玄又将自己扩张的下一个目标定在德川家康的领地。而要攻打德川家康的领地，则必然要破弃甲尾同盟，与织田信长开战。不过，在武田信玄眼中，此时的织田信长正处于信长包围网中，极度虚弱，比东面的北条和北面的上杉更容易攻打。对他来说，无论从哪个角度来看，向西攻打织田和德川联盟，都比和上杉、北条死磕要合算得多。

于是，武田信玄的西上作战就这样开始了。不过，他绝对没想到的是，在那里，他将迎来军事生涯最后的辉煌，但也是在那里，武田家将迎来灭亡的开始。

孙膑的奇谋决断

全新解析桂陵、马陵之战

作者：大意觉迷

对古代军事爱好者来说，“围魏救赵”、“以逸待劳”、“孙庞斗智”可谓耳熟能详。《史记·孙子吴起列传》以孙膑、庞涓之间的恩怨为线索，讲述了孙膑如何用计打败对手庞涓，使齐国取得桂陵、马陵两场战役胜利的历史故事。孙庞斗智的故事也多次被拍成影视作品。从早年的香港电影《马陵道》，到《东周列国·战国篇》、《孙子兵法与三十六计》以及电影《战国》，这些影视作品都从不同角度展现了战国时期，这两个军事家之间的恩怨情仇。

从战国史的角度来说，桂陵、马陵之战确实改变了历史。原本称雄一时的魏国因此消沉下去，而《孙膑兵法》以及《孙子兵法》由此名扬天下。人们曾经一度怀疑《孙子兵法》就是《孙膑兵法》。直到银雀山汉墓出土的汉简被发现，才初步解决了这个疑惑。不过，《史记》对桂陵、马陵之战的描述过于简单，很难想象作为兵法家的孙膑，两次使用相似的计谋，居然都让庞涓乖乖地落入了圈套，这让人觉得庞涓太过愚蠢，也变相降低了孙膑胜利的“含金量”。因此，笔者尝试根据现有资料，结合战国时期的政治局势，重现桂陵、马陵之战的真实面貌。

秦魏争霸、魏师伐赵

经过春秋时代的拼杀和兼并，原本数以百计的诸侯国，除了秦、燕、赵、韩、楚、魏、齐七雄继续争霸外，还有宋、卫、鲁、邹（郳）、滕、中山、越、东周、西周等国继续顽强地生存着。韩赵魏三家分晋后，借着击败齐国之功，同时晋级称侯。魏国最强，有时自称晋国；赵侯都城邯郸，亦称邯郸侯；韩国灭郑国后迁于郑都，亦称郑侯。而齐国的权臣陈氏（田氏）家族也废除了最后一任姜姓齐侯，号称陈侯。宋国迫于局势压力，不敢称宋公，只能自称宋侯。其他诸侯国，除了楚国、越国早已称王，秦国、邹国、东周、西周称公之外，多数自称为侯，亦可泛称为君。为了能近似地还原历史场景，笔者对战国时期天子诸侯的称呼不使用惯用的谥号，而是采用他们生前的称呼模式，例如周显王称周王扁。第一次提到他们称呼的时候，笔者会在括号中注明他们的谥号或习惯称呼。

三家刚刚分晋时，尚且能做到同心协力。但随着时代的推移，老一代三晋诸侯去世，新一代三晋诸侯之间的矛盾日渐加深。魏侯罃（梁惠成王，即魏惠王）继位之初，其弟弟公仲缓勾结郑侯若（韩懿侯）与邯郸侯种（赵成侯）对魏侯罃进行围攻。由于郑侯与邯郸侯对如何瓜分魏国产生分歧，郑侯提前撤军，使得魏侯罃得到喘息，反败为胜。自此，魏侯罃与邯郸侯种结下仇怨，为后来的魏军兵围邯郸城埋下伏笔。

另一方面，秦国自秦公连（一名师隰，即秦献公）那一代开始得到了周天子的青睐。虽然当时周天子的权威比春秋时期更加衰微，但靠着代理人西周君大搞阴谋诡计和刺客暗杀，倒也还能勉强维持。不过，赵韩两国介入了西周君继承人夺位之争，导

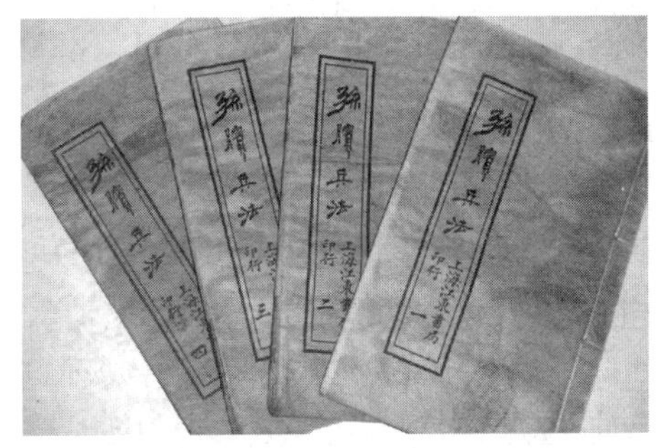

◎ 孙膑兵法

◎ 魏国第一代君主魏文侯

致西周国又分裂出个东周国，使得周天子处境更加艰难。大概是为了摆脱这样的窘境，周天子开始讨好倚仗西周王朝故地崛起的秦国，借以抵挡三晋日益高涨的霸权。

公元前364年，秦将章蟜在石门（今山西省运城市西南）大败三晋，周王扁（周显王）居然赐给秦公连黼黻之服以示嘉奖，秦公连则借此称伯，沿袭春秋时期称霸的思维。秦公连及其继任秦公渠梁（秦孝公）在周天子的鼓励下，不断对三晋用兵。

在秦军的攻势之下，三晋之间的关系进一步破裂。魏侯罃为摆脱被动局面，开始了一系列战略调整。他首先用武力方式逼迫赵、韩与自己进行领土互换。在这一过程中，魏国依然遭受到秦国的攻击。公元前362年，少梁一战，魏将公孙痤被秦军俘虏。公孙痤是何许人也，历来有些争议。有人认为他就是魏国相邦公叔痤，《史记·赵世家》甚至将公孙痤称为太子痤，未知孰是，总而言之是魏国的一位高级将领被俘，魏侯罃不得不面临巨大的军事压力。

魏相公叔痤也恰好于此时病逝，其身边的中庶子公孙鞅（卫鞅、商鞅）逃亡至秦国。公孙鞅成功投靠了新继位的秦公渠梁，将魏国成熟的法度带到秦国展开变法，终成魏国大患。当然，魏侯罃不可能预料到公孙鞅的逃亡，将对魏国乃至整个中国的历史进程产生多么深远的影响。他所考虑的问题，主要是魏国都城安邑距离少梁（今陕西省渭南市韩城市）太近。仅仅与赵韩进行领土互换，魏国仍不足以摆脱秦军的威胁，只有迁都大梁才能缓解压力。魏国迁都大梁的时间也有几种不同的说法。但总的来说，魏国迁都发生在公元前361年前后。因为首先要对大梁周边的水利设施进行修整，还要营造城池，至少要花去几年的时间。待到一切准备就绪，魏侯罃方可正式迁都。此后，魏国亦称为梁国，魏侯罃可称为梁侯罃。

在进行迁都和换地的同时，梁侯罃还

◎ 战国青铜剑

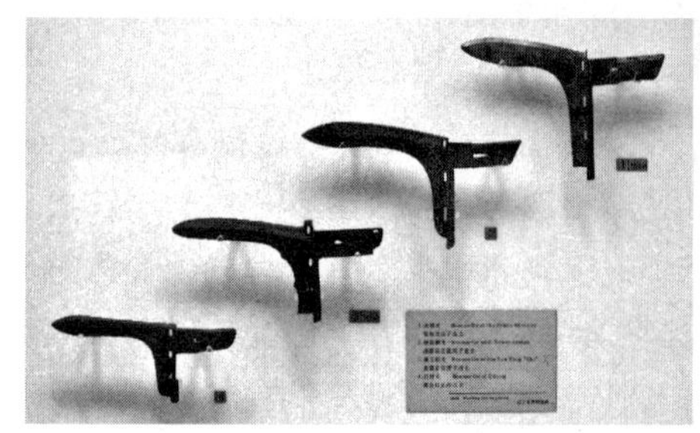

◎ 战国戈

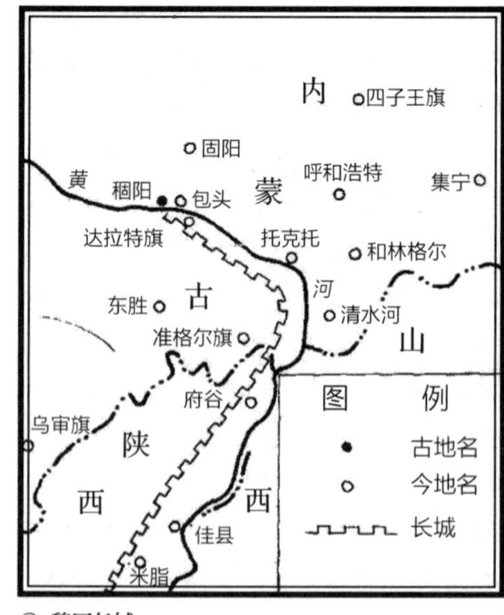

◎ 魏国长城

派遣大将龙贾在秦军容易侵扰之处修建长城，抵御秦军的入侵。秦国也在这期间进行内部社会改革，暂缓了对三晋的攻击。这样就给了梁侯罃几年缓冲的时间。梁侯罃松了一口气之余，个人的政治野心也开始得到舒张。他摆出霸主的姿态，于公元前356年召见韩、鲁、卫、宋四国君主举行酒宴，以彰显自己的权威。

此时，韩国君主郑侯武（郑昭僖侯，即韩昭侯），在申不害的辅佐下改善了韩国的内政，在外交上追随魏国。鲁国君主为鲁侯奋（鲁恭侯，即鲁恭公），他在史料中留下的言论不多，却体现了一种不合时宜的高贵情结。比如，他曾在酒宴时暗讽梁侯罃骄奢淫逸。甚至有一种传说，鲁侯奋的这种高贵情结，是导致魏国围困邯郸城的诱因。这个传说的细节，后面会提到。卫国君主为卫侯遬（卫成侯），宋国君主为宋侯辟兵（又名璧兵，即宋桓侯、宋辟公）。他们都已被下属架空，在大国纷争中左右摇摆，并无主见。

与此同时，梁侯罃的死对头邯郸侯种也开始活跃起来。《史记·赵世家》记载，赵国与齐、宋两国君主会见于平陆（今山东省济宁市汶上县）。宋国倒是两头都不敢得罪，既接受魏国的召见，又参加赵国的会谈。而此时齐国的君主已经是陈侯因齐（齐威王），他站在赵国一边，使得魏国的霸业多了一个强劲的对手。另外，赵国还单独约见了燕国的君主。《史记·赵世家》上说两君会见于“阿”，即赵国境内的西阿城（今山西省临汾市浮山县）。《竹书纪年》是这样记载的：“邯郸成侯会燕成侯于安邑。”燕成侯在《史记》中记其谥号为燕文公，未知孰是。不过，赵、燕两国的君主建立的是反魏国同盟，不可能跑到魏国旧都去会谈，所以“安邑”为“阿邑”之误。

总之，梁侯罃在召见过四国诸侯之后才发现，自己的号召力实在有限。鲁、卫、宋是没有影响力的小国不说，鲁国还要看楚国的脸色行事；宋国首鼠两端，并无忠心可言；而卫国已经被赵国盯上，随时可能发生战事；唯有韩国能够坚定不移地追随自己。在这样的局面下，梁侯罃只能先稳住秦国，再做打算。于是在公元前355年，梁侯罃一面与秦公渠梁在杜平（今陕西省渭南市澄城县）举行会谈，一面令龙贾在阳池（今河南省新乡市原阳县原武镇）继续修建长城防范秦军。

这一时期，宋国又生变乱。司城皇喜（字子罕，宋戴公之子皇父充石之后，亦称戴氏）垄断宋国的军政大权。太宰戴驩对此极为不满，便鼓动宋侯辟兵向皇喜要权，于是皇喜大开杀戒，杀害宋侯辟兵，自立为君。《史记》称其为“剔成肝”，大概是“司城罕”的讹写。为了保持君主称呼格式的统一性，笔者以下拟称其为宋侯喜。而戴驩也是个精明人，有史料显示，他躲避了宋侯喜的毒手，逃亡齐国。宋国这次政变，并没有对宋国社会造成根本性的影响。本来宋国的内政外交就是由宋侯喜一手安排的，以后该是怎样还是怎样。当然，这次政变还是引来了魏国的小规模干涉。宋国之前曾经从韩国手中夺取黄池（今河南省新乡市封丘县），就是当年吴王夫差与晋定公黄池约会之地。魏国意图把黄池夺回，不料宋人抵抗甚烈，未能得手。魏国之所以未能坚持与宋人为敌，也是由于另一威胁悄然而至——魏秦杜平之会不但没有实现魏秦和解，反而激发了秦国对魏国新一轮的进攻。

◎ 战国武士复原图（出自《中国古代军容服饰》）皮甲胄采用湖北随县出土实物，袍服参照河南洛阳金村战国银人像，臂甲采用云南剑川出土实物，靴根据辽宁沈阳郑家洼子出土实物复原，带扣与带扣系法根据王仁湘先生绘制的复原图，剑的佩法根据《考古》1985年第1期《玉具剑与璏式佩剑法》一文设计。

公元前354年，秦军在元里（今陕西省渭南市澄城县南）打败魏军，兵指少梁，拉开了中原大混战的序幕。秦将公孙壮乘胜东进，对韩国境内的焦城（今河南尉氏县西北）展开围攻，却未能取得进展。从这一局势来看，是魏国与韩国联手，将秦军拖住，使其无法进一步深入。于是，秦将公孙壮便改变策略，在焦城的外围上枳、安陵（今河南省鄢陵县北）、山氏（今河南省新郑市东北）筑城，为下一次进攻做长期准备。

邯郸侯种也在关注着局势的发展。当他看到秦国与韩魏出现对峙局面时，便认为攻取卫国的好时机来了，于是即刻发兵攻取了卫国的富丘、漆（均在河南省新乡市长垣县一带）等地，并修筑城池，意图攻灭卫国都城濮阳。邯郸侯种万万没有想到的是，一场更加残酷的战争即将到来。

本来魏国在这一年的敌人是秦国。不过在韩国的配合下，魏国基本拖住了秦军凌厉的攻势。而赵国对卫国的攻击，触动了梁侯罃敏感的神经。梁侯罃认为，只有彻底征服赵国，才能使三晋的力量再次统

◎ 战国马车

一，然后才能无所畏惧地与秦国对峙，同时扩大魏国在中原的影响力。不过，当时局势已经很混乱，如果魏国向赵国发起进攻，就不得不考虑齐国和楚国可能会出兵干涉。

这时候的楚国在做什么呢？现存史料并没有记载此年楚国具体的军事动向。不过《庄子》和《淮南子》中都记载了一句俗语："鲁酒薄而邯郸围。"鲁国产的酒薄而无味，与邯郸被围之间存在什么关联？传统存在两种不太一样的解释。

第一种解释说："楚宣王朝诸侯，鲁恭公后到而酒薄，宣王怒。恭公曰：我，周公之后，勋在王室，送酒已失礼，方责其薄，毋乃太甚。遂不辞而还，宣王乃发兵与齐攻鲁。梁惠王常欲击赵而畏楚，楚以鲁为事，故梁得围邯郸。"①

第二种解释则说："楚会诸侯，鲁赵俱献酒于楚王，鲁酒薄而赵酒厚。楚之主酒吏求酒于赵，赵不与，吏怒，乃以赵厚酒易鲁薄酒，奏之。楚王以赵酒薄，故围邯郸。"②

纵观战国史，楚国从来没有围困过邯郸，而鲁国后来倒是被楚国所灭。楚国对鲁国的威胁远甚于齐国，使得齐国都不敢轻易染指。因此，第一种解释更符合历史事实。楚国一直是大国，召见鲁国这样的小国君主也并非不可能。从我们前面提到的鲁侯奋当年暗讽梁侯罃的言论来看，他从个人感情上既不会屈服于魏国，也不会屈服于楚国。因此，鲁侯奋对楚国表示出一种不恭顺的姿态，是完全符合他性格的。更关键的是，鲁侯奋在这一年死去，恐怕与楚国的进攻不无关系。他死后谥号为"恭"，可谓极大的讽刺。

楚国出兵伐鲁，降低了偷袭大梁的可能性。不过考虑到楚国可能随时改变主意，梁侯罃觉得有必要派人对楚国的决策层进行战略干扰。于是，他派出手中的秘密武器——江乙回归楚国。江乙又写作江尹，看起来不像人名而像是楚国的官名，本名

◎ 战国马车

① 源自《庄子》。
② 出自《淮南子》。

和家族背景无从考察。《列女传》上说江乙原本是楚国的郢大夫，由于楚王宫中发生失窃案被牵连，受到令尹昭奚恤的处罚，罢官回家，靠母亲帮忙说服楚王，重新获得重用。不过，《列女传》是西汉刘向所编，故事未必可信。从“江尹”的角度分析，江在春秋时期是独立的国家，后为楚国所灭，变为楚县，江尹大概原来就担任过江县的县尹。而马王堆帛书《战国纵横家书》称昭奚恤为“工君（江君）”，看来昭奚恤与江乙原本可能存在上下级关系，过去结了私怨。如今在梁侯罃的支持下，江乙高调回到楚国，担负着一项政治任务——想方设法阻止楚国救赵。当然江乙并不是以魏国的使臣身份出使楚国，直接游说楚王良夫（楚宣王），而是作为衣锦还乡的名人回楚国继续做官，借助自身的人气和社会舆论影响楚国的外交政策。这种模式在战国时代十分普遍，后来的苏秦也是按照相似的路数活动。江乙首先凭借自己的巧舌如簧，得到楚王良夫的信任，经常成为楚王和贵族们的座上宾。江乙本人与昭奚恤之间存在私人恩怨，自然把策略的重点放在反复抹黑昭奚恤上。江乙用“狐假虎威”寓言故事离间楚王良夫与昭奚恤之间的关系，并借机向楚王推举一些没有什么能力的贵族。楚王用人要经过令尹的同意，昭奚恤若是反对，等于是连同被推荐的贵族一同得罪。通过这些活动，江乙给昭奚恤招揽了一群反对势力。昭奚恤在内政的掣肘干扰下，对外策略上采取一种谨慎保守的态度，这样就给魏国攻击赵国创造了有利条件。

对楚国的各种策略已经初见成效，只要拖住齐国，魏国便可对赵国展开全力攻击。于是，魏国对齐国也采取了类似的上层干扰手法。梁侯罃派人贿赂齐国著名的滑稽大师淳于髡，希望淳于髡能通过自己的关系，阻止齐国干涉魏国的行动。不过，齐国很快就知道了淳于髡接受贿赂之事，淳于髡却狡辩道：“如果齐国真要讨伐魏国，那么就算魏国派人把我刺杀了，齐君

◎ 战国早期狩猎纹壶

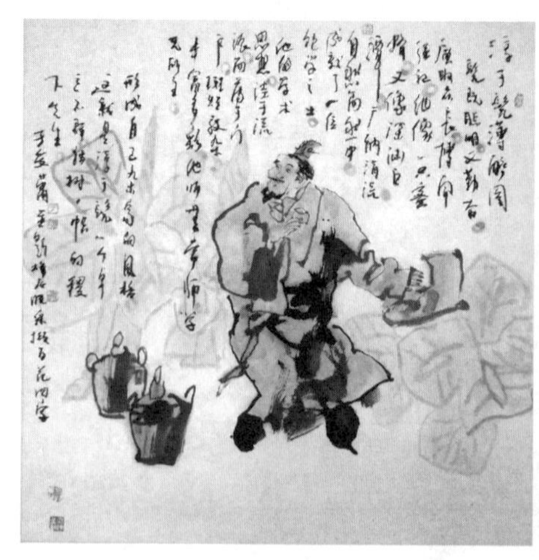

◎ 淳于髡

又能有什么好处？如果齐国不去讨伐魏国，我个人得到魏国的封赏，齐君又有什么损失？如果不去攻打魏国，老百姓不会遭到苦难，我淳于髡又能得到玉璧和马匹的宝贝，对齐君来说又难过什么呢？”淳于髡虽然是耍嘴皮子，但也表明他和江乙一样，只能通过舆论途径影响齐楚两国的对外政策，并没有触及相关的核心利益。所谓“说不说的在我，听不听的在你”，所以他们受人之托四处活动在当时人眼中是合法的。

经过前期各种外交活动，魏国攻打赵国的军事行动还未展开，就已经山雨欲来风满楼，引起了各方关注。当时，墨家带来的反战风气，已经影响了许多人，因此，每每某国要采取大规模军事行动前，只要这个信息被传递到公开渠道上，总有人出面去劝说该国君主取消战争计划。最开始赵国攻打卫国之时，说客们就曾把救卫作为显示自身辩才的实践课题。如今局势突变，说客们便开始赶至魏国请愿。据说，当时有位名叫季梁的人，不辞辛苦来到梁侯罃面前，用驾车北行楚国作为比喻，指出魏国攻打赵国，只能距离称雄天下的计划渐行渐远，成语“南辕北辙”也由此诞生。只可惜，梁侯罃当时一心要彻底拿下赵国，怎么会听从他人劝谏？事实证明，季梁确有先见之明，认为魏国自不量力者也绝非季梁一人。

开战前，为了营造出压倒性的声势，魏国还强令宋、卫两国也同时出兵攻赵。虽然魏国声势浩大，但赵国也不是轻易能被征服的国家。因此，宋国不肯把赌注压在魏国一边，而是在魏赵两边同时下注。宋国在接到魏国下达的攻赵令之后，一方面假意逢迎魏国使者，一方面派人秘密来到邯郸与邯郸侯种商议对策，把自己面临的困境和盘托出，寻求邯郸侯的谅解。宋国同时提出建议，当魏国率军攻打邯郸时，宋国将出兵象征性地围困一座赵国城邑拖延时间，待到赵国危机缓解后必然撤兵，邯郸侯种接受了这个建议。而卫国则充当魏军的先锋，对赵国展开军事报复。但卫国对魏国的忠心度也是十分有限的。

宋、卫两国不肯真心协助魏国，梁侯罃心中应该也十分清楚。这次军事行动是魏国大战略中最关键的一环，同时也是梁侯罃与邯郸侯种之间的恩怨对决，最终还是要靠魏国自身的军事力量解决。因此，梁侯罃做了较为周密的安排。由于资料有限，我们不可能完全掌握魏国军事部署的完整信息，只能通过史料中透露的线索进行分析。《战国策》记载梁侯罃手中的甲士总数在三十六万，具体的兵力分配，一部由龙贾率领，修筑长城防范秦军；一部由钻荼率领守护魏国的黄（一作横，今河南省开封市兰考县旧考城东）、卷（今河南省新乡市原阳县旧原武西北）等重要城邑。而攻打赵国这样重大的战事，当由梁侯罃亲自挂帅。正面进攻赵国的甲士多达十万。

此外，魏国另一位重要将领庞涓率领八万甲士，越过卫国，赶赴茬丘待命。茬丘这个地名见于银雀山汉简《孙膑兵法》。根据考证，当位于现在的山东省聊城市茌平县一带，茌是茬的俗字，当地有茌山，应该就是所谓茬丘。这一地区还有牡丘和重丘，皆属齐国。春秋时期诸侯多在此地区举行会盟，可见是齐国西境。从大梁到邯郸的直线距离约 190 公里，到茬丘的直线距离约 250 公里。庞涓一路不去邯郸，而是来到齐国边境，说明此一路不负责主攻邯郸。这支军队挡在齐国前往邯郸的路上，显然是作为防止齐国干涉的侧翼部队，兵力必然略少于进攻邯郸的主力。

由于史料中对各方军事行动的具体月份没有记载，笔者只能结合局势和地理信息分析事件发生的时间序列。首先应该是秦军在年初对魏韩发起进攻，然后魏韩抵挡住秦军的攻势起码要花去几个月时间。与此同时，赵国攻卫，楚国攻鲁，魏国开始策划攻赵行动，调兵遣将，安排战略布局，并对齐楚进行干扰策略，强令宋卫出兵，又花去几个月时间。等到魏国正式出兵攻打赵国，应该是发生在此年的下半年。从魏国专门派庞涓早早前往茬丘，观察齐军的动向，可见魏国对齐国的警惕程度要远远大于楚国。茬丘的北方约 30 公里处，就是齐国的重镇高唐。当庞涓到达茬丘的时候，齐国也及时地获悉了相关情报，下面就要看齐国君臣如何应对了。

◎ 银雀山汉简

齐国政争、魏围邯郸

介绍齐国的庙堂议事之前，我们首先来解析一下齐国的政治格局。自从陈太公陈和（田和、和子）于公元前 392 年将齐康公贷迁至海滨后，齐国陈氏家族就正式接管齐侯之位，国称齐邦，君称陈侯（田侯）。清华简《系年》中除了提及陈和外，还提到一个平起平坐的陈淏。

楚悼王在位初年楚国向齐国借兵之时，只提陈淏而不提陈和。因此，有人认为陈和与陈淏可能是兄弟，开始时共同执政，陈和去世后陈淏独掌国政。陈淏去世后，

◎ 清华简

继任者为陈剡。那么，陈剡究竟是陈和之子还是陈淏之子？目前没有史料说明。在陈剡统治时期，齐康公病逝，齐姜君统彻底终结。陈剡在位十年，被宗室陈午所杀。陈午还同时杀害了陈剡之子陈喜，篡夺了齐君之位，称陈侯午，死后谥号为“孝武桓公”，简称“桓公”，故史书又称其为齐桓公，与齐姜的齐桓公小白有别。陈氏家族的子孙从陈僖子陈乞（田乞）开始就日渐繁盛。陈僖子的儿子中取得封地的至少有七个，陈成子陈恒（田常）的儿子更多，一说七十多个，一说百余个。如此众多的子孙是陈氏家族篡夺齐国政权的基本保障，但由此带来的利益分配矛盾也日渐凸显。陈氏家族的内斗甚至成为三晋伐齐的契机，并引发三晋正式称侯，奠定战国时代格局等一连串连锁反应。而陈侯午弑陈剡夺位，加深了上位齐君与陈氏宗室之间的矛盾。陈侯午及其后嗣不得不面临一个尴尬的问题。陈氏宗室是屏障，是爪牙，不能随意翦除。但陈侯午自身是夺位上台，无法保证宗室中不会再出现叛逆者。因此，上位齐君对宗室成员的任用，特别是宗室中有才能者，必须格外提防。陈氏宗室成员在通往齐国军政的权力之路上，往往存在一个“双向选择”的过程。陈氏宗室要么以宗室为靠山，与陈侯之间进行非正面的对抗；要么通过某种手段，与陈侯建立私人化的诚信关系，单纯靠才能想得到陈侯的信任是不大牢靠的。

◎ 山东省邹城市

陈侯午去世之后便是陈侯因齐继位。陈侯因齐作为篡位者之子，与宗室之间的关系依然隔阂。在这种局面下，就有了邹忌、淳于髡等根基浅薄的外人发展的空间。邹忌来自于破落的古国邹国，位于现在的山东省邹城市。本来春秋时代这个国名写作“邾”，不知为何到汉代的文献中就写成了“邹”，乃至于在战国时代文献提到这个国家都称为“邹国”。“邹”字甚至写作“驺”。邹忌就是从邹国而来，如果严格来说，他的名字应该写作邾忌，但这种写法缺乏文献依据，所以下面还是从俗称其为邹忌。

邹忌从衰败的故国赶奔齐国寻求发展。从《史记》和《战国策》中留下的信息来看，他主要擅长的是“讽谏”和打隐语。这种语言技巧的职业化，大概是齐国名相晏婴所开启的风气。但是单单靠耍嘴皮子，没有具体的政治见解，邹忌就能获取相邦的高位，甚至在陈侯因齐面前大摆排场，这样的情况显然不太正常。其实，邹忌真正引以为傲的政治资本，主要是能够给陈侯因齐推举人才。邹忌所推举的都是什么人呢？邹忌推举陈檀（檀子、田解子）守南城防楚，推举陈黔夫（黔涿子）守冥州（徐州）防燕、赵，推举陈居（田居子、田居思）守西河防魏、秦，推举陈种首（田种首子）守即墨，推举北郭刁勃子为大士管理刑狱。除了北郭刁勃子可能是姜姓齐侯的后裔，其他全为陈氏宗室。陈氏作为齐国的宗室，居然还要靠外人邹忌来推举走上仕途。由此可见，陈侯和宗室都把邹忌当作联系纽带。宗室的人要想出来做事，不能直接依靠家族背景，而是要通过邹忌关系才能得到任用，陈侯也信任邹忌。如此一来，宗室和陈侯都有求于邹忌，作为中间人的邹忌俨然有凌驾于陈侯之上的趋势。不过，邹忌之所以能攀上相邦的位置，恐怕也是陈氏宗室运作的结果。宗室中一个关键的幕后人物便是陈婴（田婴、婴子）。从后来的形势来看,邹忌不过是陈婴推到前台的傀儡,是陈婴可以出面掌控齐国政务的一个过渡。

淳于髡在政治上的情况与邹忌基本类似。只不过邹忌相貌堂堂,身高八尺有余(超过 1.84 米），而淳于髡出身卑贱，身高不足七尺（低于 1.61 米），在战国社会中处于较为低贱的成分——赘婿，受过剃头的髡刑，可谓其貌不扬。但就是这对反差强烈的组合，几乎同时靠着类似的手法获得了陈侯因齐的信任。淳于髡与陈侯因齐之间还有所谓“一鸣惊人”的佳话（这个佳话另一版本的主角是楚庄王与右司马）。而《战国策》中则明白地显示出，邹忌与淳于髡都是暗地里为陈婴服务，安插在陈侯因齐身边的棋子，为的是方便陈婴将宗室中的党羽推荐到重要权位。陈婴也并不是像《史记》中所说的那样，是陈侯因齐的少子，他的年龄应该与陈侯因齐相仿，但与陈侯因齐的具体亲缘关系不详。后来，陈婴获得了齐王太子的推荐权，可见他在宗室中的地位不会太低。当然，并不是所有的陈氏宗室都是走了陈婴和邹忌的门路，陈忌（田忌、田期、田期思、田颐思、忌子，也就是“田忌赛马”的那个田忌）和陈盼（田盼、田肦、田昐、田眄、盼子）便是其中的代表人物。从理念来看，陈婴走的是和平演变掌权路线，陈忌、陈盼走的是基层军事实践路线。两者是宗室内部的不同派系，政见上多有龃龉。不过，陈婴此时处于幕后，台前的邹忌与陈忌就没有亲情纽带，可以大胆地排斥。

因此，齐国内部君臣之间的讨论，往往充满了辩论。

◎ 田忌赛马

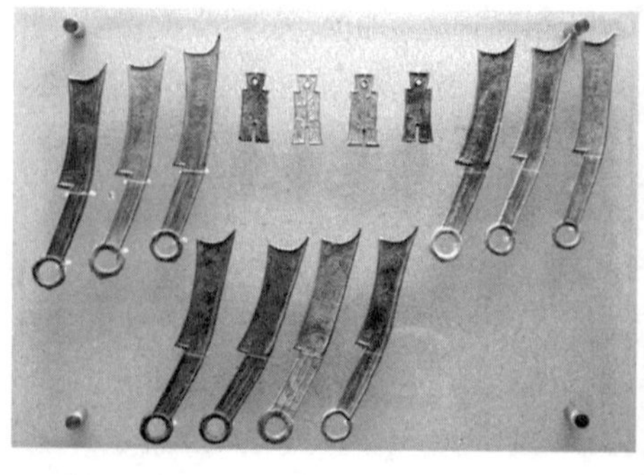

◎ 战国钱币

桓公午五年，秦、魏攻韩，韩求救于齐。齐桓公召大臣而谋曰："蚤救之孰与晚救之？"驺忌曰："不若勿救。"段干朋曰："不救，则韩且折而入于魏，不若救之。"田臣思曰："过矣君之谋也！秦、魏攻韩，楚、赵必救之，是天以燕予齐也。"桓公曰："善。"乃阴告韩使者而遣之。韩自以为得齐之救，因与秦、魏战。楚、赵闻之，果起兵而救之。齐因起兵袭燕国，取桑丘。（《史记·田敬仲完世家》）

韩齐为与国。张仪以秦、魏伐韩。齐王曰："韩，吾与国也。秦伐之，吾将救之。"田臣思曰："王之谋过矣，不如听之。子哙与子之国，百姓不戴，诸侯弗与。秦伐韩，楚、赵必救之，是天下以燕赐我也。"王曰："善。"乃许韩使者而遣之。韩自以得交于齐，遂与秦战。楚、赵果遽起兵而救韩，齐因起兵攻燕，三十日而举燕国。（《战国策·齐二》）

这两段对话从内容上来看很相似，基本上都是说秦魏联兵攻韩，齐国君臣讨论是否援助韩国的问题。田臣思认为秦伐韩，则楚、赵必然援救，借此机会可以攻打燕国。然而，这段对话的时代却被弄得模糊不堪，《史记》中把这段内容放在齐桓公田午五年，而《战国策》则下推到齐宣王与燕王哙时代。到底哪种说法是正确的呢？我们有必要从对话人物的身份背景来分析对话内核所针对的真实时代背景。

邯郸之难，赵求救于齐。田侯召大臣而谋曰："救赵孰与勿救？"邹子曰："不如勿救。"段干纶曰："弗救，则我不利。"田侯曰："何哉？""夫魏氏兼邯郸，其于齐何利哉！"田侯曰："善。"乃起兵，曰："军于邯郸之郊。"段干纶曰："臣之求利且不利者，非此也。夫救邯郸，军于其郊，是赵不拔而魏魏也。故不如南攻襄陵以弊魏，邯郸拔而承魏之弊，是赵破而魏弱也。"田侯曰："善。"乃起兵南攻襄陵。七月，邯郸拔。齐因承魏之弊，大破之桂陵。（《战国策·齐一》）

对话的背景才真正转换为魏国围困赵国邯郸，邹子（邹忌）主张不救，段干纶则主张南攻襄陵解救赵国之围。"纶"的古字和"绷"相似。由此来看，段干纶就是段干朋。魏文侯时期有段干木，似封在段干之地而以"段干"为氏。《史记》上将段干氏看作老子家族的后裔，不知何据。段干朋可能是段干木后裔在齐国的发展者，也算是一位善谋之臣。

田臣思这个名字，钱大昕认为是田颐思之误，即是陈忌，"思"为人名后的虚词。齐国习惯将陈氏宗室人名后加上一个"子"作为尊称，因此陈忌尊称为忌子。相应的陈婴称为婴子，陈肦称为肦子，陈居称为居思。

综合以上信息判断，上面所引用的三段对话，基本上是围绕同一时期的局势展开的辩论。这个背景并不是秦魏联军攻韩，而是秦军与魏韩联军在焦城附近展开对峙。同时，魏国借口赵国进攻卫国，反攻到赵国本土，直逼赵都邯郸城。这一时期的局势和齐桓公田午、齐宣王、燕王哙、张仪都没有关系。邹忌与段干朋（段干纶）分别站在不救与救的角度阐述自己的主张。田忌则独辟蹊径，提出乘乱攻燕的主张。最终，陈侯因齐采纳了田忌的建议，举兵攻燕。也就是说，齐国在魏国攻击赵国，兵指邯郸的初期，并没有马上介入，而是打算乘乱对燕国发起攻击。

齐国在魏国攻击邯郸之时，大张旗鼓北上伐燕的这一举动自然对魏国有利。在荏丘监视着齐国的庞涓可以暂时松一口气。齐军大概在这一年冬天来到了洵水（今天流经天津、北京一带）附近摆开阵势，仿佛要跟燕国大战一场。燕国也早已做好准备，等待与齐国大战一场。就在这个关键时刻，齐军突然放弃了越过洵水的行动，迅速南撤，退回本国。这行为不知事先有没有和燕国进行暗中勾通，至少在庞涓看来有点出乎意料。在事后魏国的史书中，记录这件事的时候，留下了“齐师及燕师战于洵水，齐师遁”的说法。齐国人在隆冬之际与燕国人对峙，不出一战却疯狂逃窜，在庞涓心中留下了深刻的印象，这使得本来就十分轻视齐国的庞涓产生更加鄙视的情绪。

这个决策从表面上看，齐国似乎是置身事外。从事后的发展可知，齐国此次伐燕计划不过是虚晃一枪，一来可以任由魏赵厮杀，消耗双方兵力；二来可以麻痹魏国的军事判断，暗中串联卫国和宋国，为救援赵国做好准备工作。

就在齐国忙着和庞涓玩军事佯动的同时，赵国都城邯郸的危机已经到来。说起来，赵国及其统治核心赵氏家族，几乎每过一百年，就要经历一次生死存亡的周期性考验。第一次是在公元前583年，赵同、赵括兄弟灭门惨案。事后由赵庄子赵朔的遗腹子赵文子赵武复兴赵家，也就是“赵氏孤儿”的历史原型。第二次是公元前455年的智、韩、魏三家围攻赵氏都城晋阳，将汾水灌入城中。赵襄子赵无恤苦苦强撑了两年左右，成功说服韩魏两家反攻智伯，转危为安。这次魏国围攻邯郸城，算是第三次大危机，赵国在一年之内由侵略者迅速转变为被侵略者，身份转换之快，令人目不暇接。

当时，赵国的相邦名为大戊午（一作大成午），他辅佐邯郸侯种与魏、宋、卫联军展开周旋。宋军一路不过是做做样子，不足为惧。而卫国因刚刚受到赵国的打击，一心借着魏军之势洗雪败军之耻。赵军攻卫的基地原本设在刚平（今河南省濮阳市清丰县西南），并在那里修建了城池，卫

◎ 赵王城遗址（以上两图）

军便主力攻打刚平。卫军摧毁刚平城的抵抗后，就挥师西进，围攻赵国旧都中牟（今河南省安阳市汤阴县西，一说在河南省鹤壁市西），破坏了中牟城的外墙。六十年后，纵横家苏秦在齐闵王面前提及这段历史的时候曾做了一个比喻。苏秦将卫国比作弩上的箭镞，而魏国则是推动箭镞的弦。卫国甚至借力夺取了赵国在河东地区的一部分土地。当然，攻取赵国的重头戏还是在魏国。梁侯罃亲自披甲持剑，动员十万魏军直取邯郸城。

根据现代的考古发掘研究，战国邯郸城址包括宫城和郭城。郭城东西宽约 3 公里、南北长约 4.8 公里。宫城即为邯郸侯居所，位于郭城的西南方位，与郭城并不相连，由北、东、西三城组成不规则的品字形，比郭城略小。考古发现的邯郸城遗址自然是战国末期的规模。在邯郸侯种所在的时代，应该只是继承了春秋时期赵旃家族对邯郸城的经营格局，可能主要是以郭城为主，宫城是后筑。郭城内部东北部有一座高台，名曰“丛台”，高达 26 米。当年邯

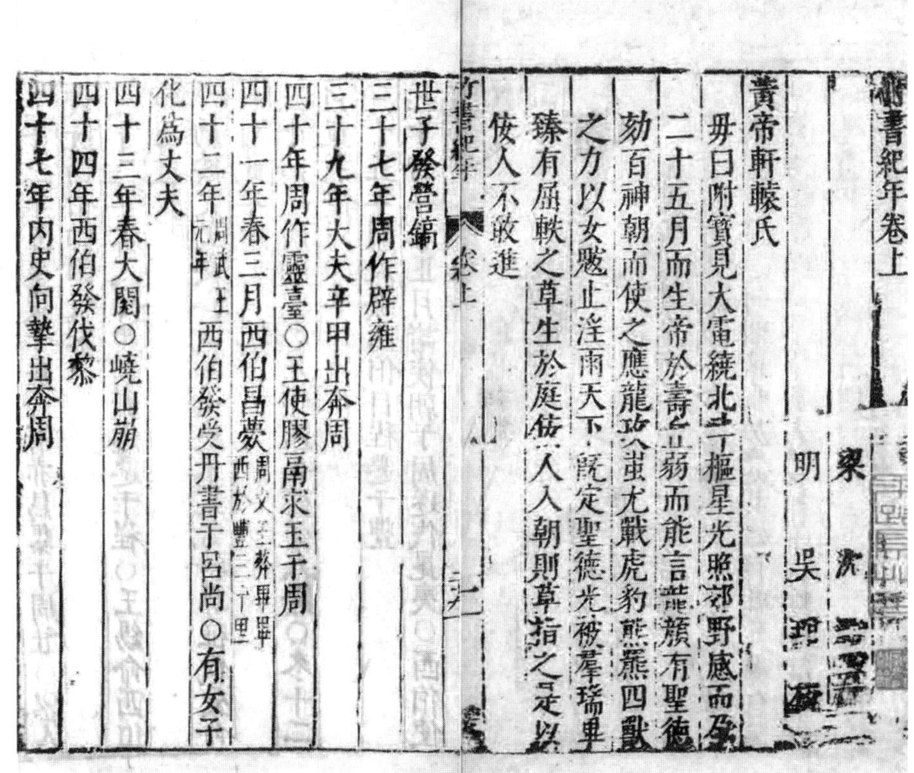
竹書紀年卷上
梁 沈約 附註
明 吳琯 校
黃帝軒轅氏
母曰附寶見大電繞北斗樞星光照郊野感而孕二十五月而生帝於壽丘弱而能言龍顏有聖德劾百神朝而使之應龍攻蚩尤戰虎豹熊羆四獸之力以女魃止淫雨天下既定聖德光被羣瑞畢臻有屈軼之草生於庭佞人入朝則草指之是以佞人不敢進

竹書紀年 卷上 二
世子發營鎬
三十七年周作辟雍
三十九年大夫辛甲出奔周
四十年周作靈臺○王使膠鬲求玉于周
四十一年春三月西伯昌薨（周文王葬畢畢西於豐三十里）
四十二年（周武王元年）西伯發受丹書于呂尚○有女子化爲丈夫
四十三年春大閱○嶢山崩
四十四年西伯發伐黎
四十七年內史向摯出奔周

◎ 今本竹书纪年

郸侯大概就是在丛台上，与大戊午商议御敌对策。

赵国自然首先想到的是向齐、楚两国求援。可齐国已经北上伐燕去了，这让赵国感到很失望，只好把希望寄托在楚国身上。邯郸侯种派使臣麛皮前往楚国求兵。前面提到，魏国在伐赵筹划阶段，将居住在魏国的江乙包装成魏国使者送回楚国进行活动，在一定程度上扯了令尹昭奚恤的后腿。昭奚恤对江乙的种种手段十分恼火，但又不敢将其囚禁或杀害，只得想方设法阻止他与楚王良夫会面。江乙也在暗中观察各方动向，找机会继续攻击昭奚恤。在是否援助赵国这个问题上，昭奚恤的态度和齐国的邹忌基本相似。他认为，魏、赵两国的厮杀必然会僵持下去，到时候两败俱伤，对楚国是有利的，不愿意过早介入。但是楚将景舍则认为，如果不给赵国一定支持，赵国就可能与魏国达成合议，那么三晋将再度统一在魏国的领导下，这样下一个攻击目标就是楚国了。楚王良夫在综合了群臣的意见后决定，由景舍率军从外围打击魏国，但不与魏国正面交手，以获取楚国利益为先。这样，当麛皮来到昭奚恤面前转达邯郸侯种的求援请求后，昭奚恤满口答应说会尽快出兵。麛皮对楚国的过分爽快产生了怀疑，他回去复命的时候把自己的疑虑告诉主君，建议主君早点和魏国达成合议，免受楚国欺骗。但邯郸侯种却坚信楚国必然出兵，决心与宿敌梁侯罃死扛到底。当魏国的军队正式攻打邯郸城时，邯郸侯种是否还留在邯郸城的郭城，指挥军民顽强抵抗？笔者抱怀疑态度。笔者认为，邯郸侯种可能避居他处，但委任可靠的将领指挥军队坚守邯郸城，以吸引魏军的力量，为外线调兵布局做准备。魏军在经历了公元前 354 年的冬天之后继续围城。《竹书纪年》的残文中写道："邯郸四曀，室多坏，民多死。"邯郸城被魏军围困期间出现了四次比较阴沉且有风的天气，城市的住宅被大量破坏，民众大量死亡。邯郸侯种的心，第一次和祖先赵襄子靠近那么紧密。

公元前 354 年，就在各国的明战与暗战中过完了。

公元前 353 年上半年，楚将景舍率领一支军队前往睢水（濉河）、濊水（浍河）地区，大体上在今天安徽省北部、河南省南部。这一地区存在魏国的部分势力，楚军便屯兵于此，对魏国造成了一定的军事压力，但并没有向大梁发起攻击。原本在上枳、安陵、山氏与魏韩联军对峙的秦军也没有什么特别的举动。韩军可能在与秦军的对峙中受到一定损失，打算找机会从其他地方补偿回来。对实力较弱的韩国来说，唯一能欺负的也就是比它还弱的东周国了。乘着秦军没有什么大动作的空档，韩军很快攻下了东周国的陵观、廪丘二邑，东周国还被迫割让了高都和利两邑。到底东周国是用这两邑换回陵观、廪丘，还是又白送给韩国，史料没有说明。不过，考虑到东周本来地盘狭小，被韩国攻下二邑，又割让二邑，自身就没什么领土了，所以可能是交换土地。这样的局面对魏国来说不算很差，可以一门心思继续围困邯郸。从九十多年后的秦围邯郸之战来看，赵国遭受了长平之战的重创，被秦军围困在邯郸，尚有人可以逃出求援，可见战国时期的围城战尚不至于彻底切断城内与城外的一切联系。而魏国对赵国的攻击烈度，应该还达不到长平之战的水平。因此，凭借赵国人的韧性将魏军拖上几年应该不在话下。齐军在从燕国战场上回国之后，表面上悄无声息，实际上却早已派人前往宋国和卫国，鼓动两国背叛魏国转攻襄陵（今河南省商丘市睢县）。襄陵原本属于宋国，是宋襄公陵寝之所在，有睢水流经与此，而楚军已经集结在睢水、濊水一带。若是宋卫齐三国出兵襄陵，再加上楚国的威慑，魏国必然首尾不能相顾。齐国人在庞涓的眼皮底下说动宋卫加入了自己一方的阵营，可见庞涓对这种秘密活动并无察觉。

大约在此一年的夏天，魏军围攻邯郸城已经达到高潮时期，而宋卫两国的军队却突然撤出赵国。宋将景敾、卫将公孙仓率领军队前往襄陵。宋卫两个小国居然敢联合起来袭击魏国，使得天下的局势复杂度陡然增加。不过，还好魏国早有准备，庞涓调动军力向卫国发起攻击，可能是以此逼迫宋卫两国撤军。在这种形势下，齐国终于出兵了。

根据《战国策》记载，邹忌在齐国出兵之前与一个名叫公孙闬的人密谋，打算让陈忌带兵伐魏救赵，并借此机会削弱他在齐国的影响力。如果打胜了，那是邹忌策划有功；如果打败了，陈忌要承担战争罪责受到处罚。这位公孙闬实际上也是陈婴的党羽，他的话邹忌是言听计从。

而陈忌的政治理念接近一个朴素的爱国者的情怀。他主张在军事上对敌人保持足够的威慑力，因此热衷于兵法，在战术技巧上多有钻研，对朝堂之上的阴谋诡计并不放在心上。因此，陈忌甚至承认陈婴阵营中的陈居具有较强的军事才能。

现在有仗可打，陈忌自然是跃跃欲试。陈忌就此还将自己的头号幕僚，一个神秘人物带入了军中。这个神秘人物，就是刚从生死线上归来，本文姗姗来迟的主人公——传奇人物孙膑。

由此，孙庞斗智的大戏开始。

减灶奇谋、庞涓束手

对于孙膑和庞涓，《史记》是这么记述的：孙膑是吴国兵家孙武的后人，与庞涓过去曾是同学，一起学习兵法。至于他们是跟谁学的兵法，《史记》并没有提及。到了唐朝以后，流传着一种道教修仙类书籍，名为《鬼谷子天髓灵文》。该书中说了这么一句：“（鬼谷先生）初以传孙子、庞公。”自此之后，大家普遍把孙膑、庞涓的老师当作鬼谷子。《史记》中绘声绘色地讲述了孙膑与庞涓的恩怨。庞涓在魏国得到重用后，由于妒忌孙膑的才能，将孙膑诱骗到魏国，将孙膑两条腿砍断，并在面部刺青，使他无法见人。然而，陈忌却暗访到了孙膑，欣赏他的才能，将他救出魏国，成为自己的幕僚。又通过赛马游戏展现兵法技巧，成为陈侯因齐的兵法老师。这样一来，齐国围魏救赵的军国大事，就成了孙庞二人恩怨的对决。

《史记》中讲述的孙庞故事是否完全属实，由于没有其他旁证，无法判断。这里仅对个别细节进行一些辨析。首先是孙膑的家族背景，孙膑是《孙子兵法》十三篇的继承和发扬者，这一点通过相关的兵法文献资料应该可以看出来。不过，关于孙武的真实身份，却一直笼罩着重重迷雾。《史记·吴太伯世家》中涉及吴王阖闾讨伐楚国的时候，出现了两句与孙武有关的对话，但在《左传》相应章节中并未出现孙武之名。先秦诸子文献中也基本没有提

◎ 孙膑纪念馆

◎ 孙膑像

及孙武的任何事迹。而《孙子兵法》十三篇中的用语和对局势的描述，不像是春秋末期的情景，倒更接近战国早中期动辄“带甲十万”的大会战。有趣的是，张家山汉墓中出土了一套题为《盖庐(阖庐)》的竹简，内容是伍子胥与吴王阖闾讨论兵法，其中掺杂了一些阴阳思想，显得比《孙子兵法》更为古朴。竹简的第四章有“毋要堤堤之期，毋击堂堂之陈”一句，与《孙子兵法·军争》“无邀正正之旗，勿击堂堂之阵”表述几乎一样。也许《盖庐》才是《孙子兵法》的原始版本。《新唐书·宰相世系表》给孙武编排了一套谱系，说他是田桓子之子田书的孙子，说田书因伐莒有功，被赐姓为孙氏，食采于乐安，因齐国内乱逃亡吴国。《左传》中倒是确有陈书（孙书，字子占）其人。第一次出现在公元前 523 年，参与讨伐莒国之战。再次出现是在公元前 484 年艾陵之战，成为吴国的俘虏。陈书前后近四十年都在齐国，并没有逃亡国外，最后被吴国俘虏。《世本》中记载陈书生子名良坚，良坚之子以王父字为氏，是为“子占氏”。陈书的子孙到底是孙氏还是子占氏，依然有待考证。据此来看，《孙子兵法》的作者孙武真实身份还有相当的疑问。而孙膑与《孙子兵法》的作者可能只相差一代人而已。

孙膑这个名字应该是后起的，也可能就是个别称，更多的时候他被尊称为“孙子”。有人声称孙膑本名为孙宾，某些孙氏家谱说孙膑的本名叫嘉谋、伯灵或者远成，但都是后世的想象，没有文献依据。孙膑的名字表明他受过一种名为膑刑的处

罚，类似于前面提到的淳于髡。髡刑就是一种把人头发剃掉，以示侮辱的惩罚方式，算是先秦刑法中最轻的一种。那么膑刑是一种什么样的刑法呢？这就涉及另外两种刑名：刖刑和剕刑。这三种刑名在先秦文献中都是指对腿部以下部位破坏的肉刑，但这三者之间有什么区别，却是一笔糊涂账。“膑”字一般认为是“髌”的通假字，指人的膝盖骨，那么膑刑的本意可能是指破坏人的膝盖骨。而剕和刖一般认为是砍脚或者砍脚趾。《古文尚书·吕刑》中有“剕刑”，而《今文尚书·吕刑》则写作“膑刑”，这就引出了《尚书》的今古文之争了。《周礼·秋官·司刑》又有“刖罪”。过去注释家们为了弥缝三种肉刑的关系，设计了不同的说辞。有人提出，肉刑最早是上古有苗氏作乱的时候搞出来的，脚部的肉刑是膑刑，随后尧舜时期的刑法官皋陶把膑刑改为剕刑，到了周代又把剕刑改为刖刑。又有人说膑刑是夏代的刑名。总而言之，他们认为到了周代以后只有刖刑而无膑刑，顶多就是用“膑刑”这个古称来指代“刖刑”。《史记》中引述《吕刑》的时候用的就是“膑刑”这个词。具体到孙膑的遭遇，司马迁认为他是被砍去双脚而不是破坏膝盖。《韩非子》在提到孙膑的时候用了“膑脚”这个词，似乎也说明孙膑受刑的部位是脚部而不是膝盖。按照秦简中记录的刑法以及文献记载来看，有轻微的偷盗行为、私自出关而无凭证或者私自翻越城墙，就可能被处以斩去左脚趾和面部刺字（黥），并且被拉去服兵役（城旦）。秦国刑法是在魏国刑法基础上发展起来的，某些条例应该相差不远。比孙膑稍晚的司马喜（司马憙）据说在宋国也被“膑脚”，但他后来居然能成为中山国的相邦，并且还能给中山君驾车，说明他受到的刑法不至于让他彻底走不了路。由此看来，孙膑最有可能违法的法律就是私自出关，而他所受到的肉刑与其说是斩去双足或者挖去膝盖，不如说占去左脚趾更为可信。至于是不是被庞涓所害，就无法考证了。

总之，齐国派陈忌带领齐军，串联反水的宋卫两国攻打襄陵。听从齐国建议的宋卫两国首先向襄陵进发，这一点引起了庞涓的恐慌。于是，庞涓从茬丘分出一部分兵力进攻卫国，一方面可以迫使卫国撤军，另一方面也引诱齐军去援救卫国。庞涓的部署既可以牵制齐国主力，又可以解襄陵之围。这样一来，摆在齐军面前的至少有三种选择：

1. 不顾卫国，径自前往邯郸救赵。如此一来，庞涓恐怕会放弃攻打卫国，全力拖住齐军前往邯郸之路。

2. 救援卫国。这样一来正好中了庞涓的计策，依然会被庞涓缠住不放。

3. 既不救卫，也不救赵，而是按照原定计划南下，与宋卫联军会合，一同攻打襄陵。这么一来，且不论是否能迫使梁侯罃主力撤军，卫国没有外援的情况下也很容易被攻破。卫军军心不稳，则可能造成哗变。

由此看来，无论选择哪一种行军方案，都有极大的不确定因素。同时，避免与庞涓主力交锋，这是作为统帅的陈忌优先考虑的问题。陈忌也把这个问题摆在孙膑的面前，希望他能够指出一条明路。孙膑只是一个军师，一个受过刑的人，他有没有家庭？有没有普通人的功名之心？我们已经无法知晓。孙膑或许还无法确知，自己已经成为历史车轮上的一个重要环节。他的决断，不仅关乎数十万参战军人的命运，也决定着三晋各国的归属，甚至影响到之后秦统一天下的步伐。

当时，孙膑仔细观看了行军地图后，选择了一个出人意料的地方——平陵。孙膑对平陵的概况做了一番评价：“平陵这个地方，城池规模比较小。但是整个县城规模很大，人口基数大，带甲武士也比较多，是东阳地区的重镇，很难攻打。攻打平陵将向敌军释放迷雾。我们攻打平陵，南边有宋国，北边有卫国，半路有市丘，我们的粮道会被隔绝。就此，我们摆出的将是一副不懂军事的假象。”

◎ *水陆攻战图*

孙膑在军中配合着地图，对陈忌说着这段话，陈忌能够准确地知道孙膑说的是什么位置。但是对于后人，就比较难领会孙膑所点出的平陵这个地方。从孙膑的话来看，东阳是个较大的地理区域，恰好位于宋、卫两国之间。平陵则是东阳战区的关键之地，此时属于魏国。如果攻打平陵，魏国重镇黄邑和卷邑的驻军会迅速出动援救。而市丘则是一个属于中立的城邑，其领主具有较强的军事和经济实力，可以在列国纷争中保持中立状态。齐军如果攻打平陵，市丘会成为齐军粮道的阻碍。

对后人来说，难点就是，东阳和平陵在春秋战国时期都是很通俗的地名。如果理解偏差，可能会对当时的局势做出错误的判断。笔者在这里综合诸家观点做一个大致的分析。东阳地区，指的是魏都大梁和卫都濮阳一线以东的一大片区域。濮阳以东为卫之东阳，卫之东阳以北有晋之东阳。市丘这个地名，学者普遍认为即陶丘（釜丘）的别名，即山东省菏泽市定陶县一带。以此作为一个定位点推测，平陵也位于菏泽市附近，距离临淄城约300公里，距离大梁城100多公里。

按照当时的普遍行军速度估算，齐军由临淄赶赴平陵大概只需要两三天的时间。不过，齐军是几月出兵的，并无准确记载。齐国所选择的出兵日期，估算是魏军围困邯郸最疲惫的时期。而且齐军出兵不久，就传来了邯郸城被魏军攻克的消息。《史记·田敬仲完世家》说是“十月”，而《战国策·齐一》则说是“七月”。古文“十”、“七”二字形似，很容易混淆，《资治通鉴》取“十月”之说。邯郸城被攻陷与齐军进攻平陵两者的时间关系是怎样的，已经无法知晓，但可以肯定两者时间很近。如果说魏军主力顺利进入邯郸城，并且完成以邯郸为中心的赵国领土的占领工作，那么就可以抽出兵力与庞涓一起对付齐国。事态如果发展到那一步，孙膑的计划恐怕也未必能达到预期效果。然而，事实却并非如此，邯郸城虽然被魏军攻陷，但邯郸侯种既没有被俘，也没有投降，而是在其他地区继续指挥赵国军民抵抗魏军。魏军在邯郸城中是否遭遇巷战也未可知，总之，梁侯罃的主力依然在赵国战场无法脱身，这给了齐军足够的机会。

当齐军来到平陵之后，陈忌向孙膑继续讨教下一步进攻计划。孙膑问道：“军中都大夫级别的将领中有谁不懂军事？”陈忌回答道：“齐城、高唐两都大夫。”齐城就是齐国都城临淄的正式称呼，高唐则位于山东德州市禹城县与聊城市高唐县之间。齐国出兵常以“五都之兵”为主力。五都指的是齐国的五个大型城市，包括齐城（临淄）、高唐、平陆、即墨和莒，其军政首长称为都大夫。前面提到邹忌推举陈种首守即墨，据此推测，陈种首可能率领即墨之兵随军参战。而齐国军事奇才陈盼也担任过高唐都大夫，但此时的高唐都大夫被陈忌认为是不懂军事的人，显然不会是陈盼，陈盼守高唐当在之后。

孙膑告诉陈忌自己的军事计划，就是利用齐城、高唐两都大夫伪装成齐国主力前锋进攻平陵。这支齐军要用最猛烈的攻势发起进攻，同时齐国还要做出不断增援的假象，让人觉得齐军是在用全力攻克平陵。如此行事，庞涓是不会马上前来救援的，因为平陵不属于他救援的范围，但守护黄邑和卷邑的魏军绝不会坐视不管。能引诱黄、卷二邑的魏军前来救援平陵，就是攻打平陵想达到的目的。如果能达到这个目的，哪怕是齐城、高唐两都大夫为此牺牲也是值得的。

陈忌初步理解了孙膑的想法后便开始部署军事，命齐城、高唐两都大夫各率一支部队为先锋，高调进攻平陵。陈忌是如何分配军力的，没有具体的资料，我们只能大致估算。《孙膑兵法》言及陈忌军带甲八万，与庞涓军力持平，这个数字从字面上理解并不包括后勤人员。但由于《孙膑兵法》并非一手资料，我们不能断代其兵力数据的来源，只能说带甲八万这个数字并不让人感觉很离谱，所以姑妄信之。齐城、高唐都大夫所率部队从两个方向对平陵县城发起攻击。齐军采用架设云梯登城的作战方式，由于士兵如蚂蚁一样附在城墙表面，成为“蚁（蛾）附”。《孙子兵法·谋攻》有云：“将不胜其忿而蚁附之，杀士三分之一而城不拔者，此攻之灾也。”这句话本意是说，攻城作战需要谨慎，如果贸然攻城损失达到总兵力的三分之一，那这场攻城战就是彻底失败的。孙膑反其道而行之，围攻平陵之战必败，齐城、高唐两部的兵力损失也可能会达到三分之一，还要给人不断增援的感觉。但这些都是演戏，戏份既要做足，又不能让齐国主力全部砸进去。据此估算齐城、高唐两部总兵力应该不会超过两万人。齐城、高唐两都

◎ 战国皮甲

大夫虽然被认为“不识事”，这并不代表他们是完全的军事白痴，只是在军事灵活性上相对弱一些，在作战方面两位应该十分勇猛，能拖住敌人。

果不其然，战况成功地按照孙膑预设的方向发展，庞涓对攻打平陵的齐军并没有警觉，而黄、卷二邑的魏军则全面出动。《孙膑兵法》中四次出现“环涂”这个词，不同学者有不同理解，有人认为“环涂”即“环途”，指的是环绕大梁城外围的环形道路，黄、卷二邑是环形道路的结点，整个环形道路构成大梁城的防御体系。但另一种解释认为，“环涂”是《吕氏春秋》中提到的“钻荼”，如果这么理解，钻荼可能是负责指挥黄、卷二邑魏军的将领。笔者取魏将“钻荼”一说。在钻荼的带领下，魏军从黄、卷二邑同时向平陵进发，兵力不详，笔者估计可能在五万人左右。齐城、高唐两部的兵力对抗钻荼肯定是不够的，如果单单靠他们来牵制魏军也根本不现实。但我们不要忘了，在襄陵还有宋卫联军正在待命。史料中虽然没有告诉我们平陵之战和襄陵之战发生的时间间隔，但笔者推测，平陵之战应该首先打响，待黄、卷二邑的魏军出动后，襄陵之战才正式展开。如此一来，钻荼会认为围攻平陵的齐军为主力部队，展开穷追猛打，然后才顾得上解救襄陵之围。唯有如此，才能将钻荼所部完全拖住。

◎ 攻城云梯

钻荼对齐城、高唐两部交战的时间不长，很快就将两部消灭。但他未能发现陈忌所率主力，于是匆匆离开平陵，赶赴襄陵解围。陈忌主力踩准这个时机全速奔袭大梁城，这才是孙膑所力图实现的局面，也就是后世所总结的“围魏救赵”。引诱出黄、卷二邑的魏军之后，大梁城的防御漏洞完全暴露，梁侯罃的攻赵主力依然难以抽身，而庞涓已经把自己的兵力调度到卫国都城濮阳一带。在如此危机的形势下，庞涓只得放弃对卫国的围攻，抛弃辎重，一路狂奔追击陈忌主力。接下去发生的事情，就是所谓“孙膑减灶”的故事。

有人可能疑问：孙膑减灶按照《史记》记载不是发生在马陵之战的事情么？怎么会提前到桂陵之战？学者们这个问题有过很多考证，我们现在已经知道桂陵之战的结局，如果孙膑在多年之后用同样的模式搞出“围魏救韩”，庞涓居然还那么幼稚轻敌，显然是不现实的。而在桂陵之战中，庞涓对齐军的轻视是非常明显的。在这种情形下使用减灶术来诓骗庞涓，才显得合乎历史事实。按《史记》的说法，齐军按照孙膑的指示，进入魏境后，第一天埋了十万灶，第二天五万，第三天三万。庞涓一路追击过来的时候，发现饭灶数大大减少，认为齐军逃亡过半，完全可以彻底击溃。

庞涓从濮阳赶奔大梁，狂奔过来起码也要一天时间。而陈忌主力进攻大梁城大概只有两到三天时间。那么，庞涓如果能发现齐军的行军踪迹，并检视饭灶数量，应该是齐军在进军平陵的路上就留下的诱饵。陈忌的实际兵力依《孙膑兵法》有八万甲士，

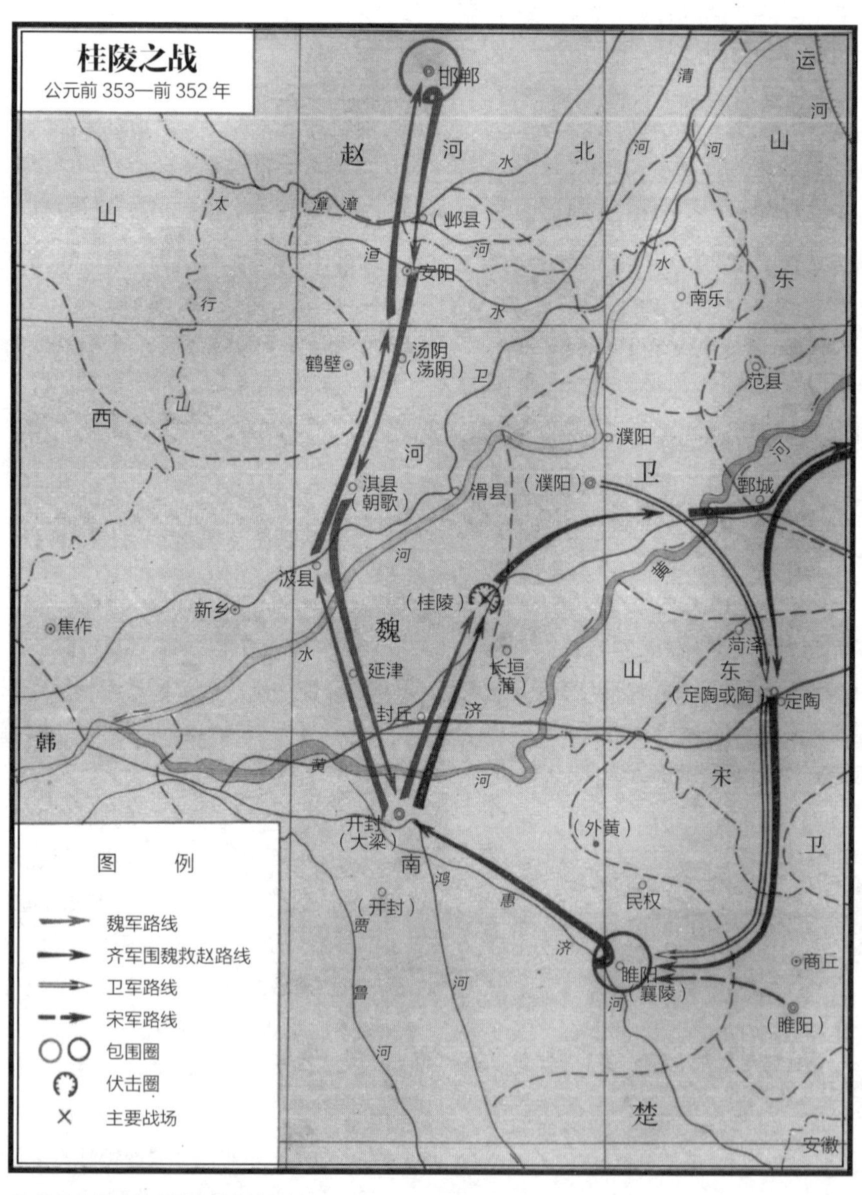

◎ *桂陵之战（括号里的是古地名）*

开始埋十万灶先夸大兵力，之后依次递减至三万灶，而齐城、高唐两部折损约万人，实际上大概能有六万多主力可以支配。庞涓沿着齐军之前的行军路线一路追来，没能遇到钻荼所部，说明钻荼所部确实已经离开平陵。乘着庞涓尚未赶到的时候，孙膑指示陈忌将主力重新带回到平陵地区，前往平陵附近的桂陵布下伏兵，专等庞涓上钩。

如果从庞涓的视角来看齐军，肯定觉得齐军怯懦、荒唐，甚至是不可理喻。去年伐燕，狼狈而还；今年虽出动人马，却不敢与魏军正面交锋，而是跑到平陵乱打，被黄、卷二邑的魏军打得大败；现在，没想到齐军居然钻了个空子，闯入大梁城的防御区，害得庞涓自己不得不丢下辎重前去救援。庞涓从各方面获取的信息分析，认为齐军兵力不过三万人左右，而且军心不稳，只要抓住机会，还是有希望一战成功。但他万万没有想到，自己的想法和举动，基本上都在孙膑的考虑范围内。当他来到桂陵，悲剧难免要降临到他和他所率领的魏军头上。桂陵地区狭隘的路上，到处都埋伏着齐军。在齐军的全面围攻下，庞涓所率领的部队全军覆没。

桂陵，在《清华简·系年》中又写作“珪陵”。桂陵的位置，过去主要有两种说法，一说位于山东省菏泽市东北，一说位于河南省长垣市西北。两地基本位于同一纬度，直线距离不到 50 公里，古黄河的支流濮水的两支源头在长垣市西部汇合后，在滑县再分出两支，其中一支经过菏泽市北部，地理环境应该有相似的地方。47 年前，也就是公元前 400 年，郑国尚在。郑国曾对着楚人占据的榆关（今河南省中牟县南、另一说在河南省汝州市东南）发起攻击。楚国贵族阳城宣定君率领榆关之师与上国之师和郑人在桂陵大战一场，双方打成平手。据此分析，桂陵的位置似乎应该位于偏西的长垣市。孙膑之所以选择在这里布下伏兵，大概也是对过去的战史了如指掌的缘故。

庞涓在此处战败，是毋庸置疑的，但庞涓本人的命运却存在一些争议。按照《史记》的说法，庞涓之后还与孙膑进行了马陵之战的对决，最终战败自杀。而《孙膑兵法·擒庞涓》则直言桂陵之战时“擒庞涓”，在另一篇《陈忌问垒》中则说“取庞□”，未言是何战役。《说苑》中出现“禽（擒）将军首而反耳”的说法。由此看来，“擒”字表达的含义不一定完全是生擒，擒获敌将首级或许也能称为“擒”。因此，庞涓可能是在桂陵之战中自杀或是死于乱军之中，齐军在清点尸首的时候获取其首级。即便庞涓是被齐军生擒，也不大可能像春秋时代被俘的百里孟明视那样被放回国。总之，庞涓应该是无缘再参加马陵之战了。

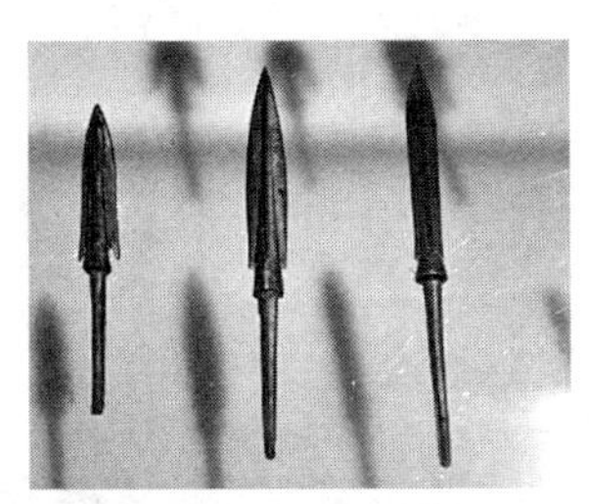

◎ 战国箭镞

陈忌叛逃、秦魏战与和

收拾完庞涓后，齐国和卫国的军事压力骤然减轻，但战事尚未结束。接下来陈忌等人该去哪里呢？虽然史料没有明确说明，但按照正常的思路应该可以猜到，陈忌应该要率军赶赴襄陵，增援宋卫联军，与钴荼所部展开激战。史料没有一星半点地提及钴荼其人其事，唯有《吕氏春秋》提了他的名字，也算没有完全淹没在历史长河之中。他的命运大概也和庞涓一样，被陈忌所部击败后死亡。襄陵之战由于是齐国庙堂上已经规划好的战略方向，又是宋卫齐三国联军协同作战，其复杂程度显然不亚于平陵、桂陵两场战役。孙膑是如何辅佐陈忌在襄陵继续施展兵法，钴荼是否死在襄陵已无法确知，可谓憾事。庞涓所部在桂陵遭遇伏击覆没，以及诸侯联军在襄陵城与魏军形成胶着局面的战报一一传到邯郸城魏军驻营。梁侯罃实在是坐不住了，决心将攻打邯郸的一部分兵力抽出来，再联合韩国军队赶赴襄陵解围。梁侯

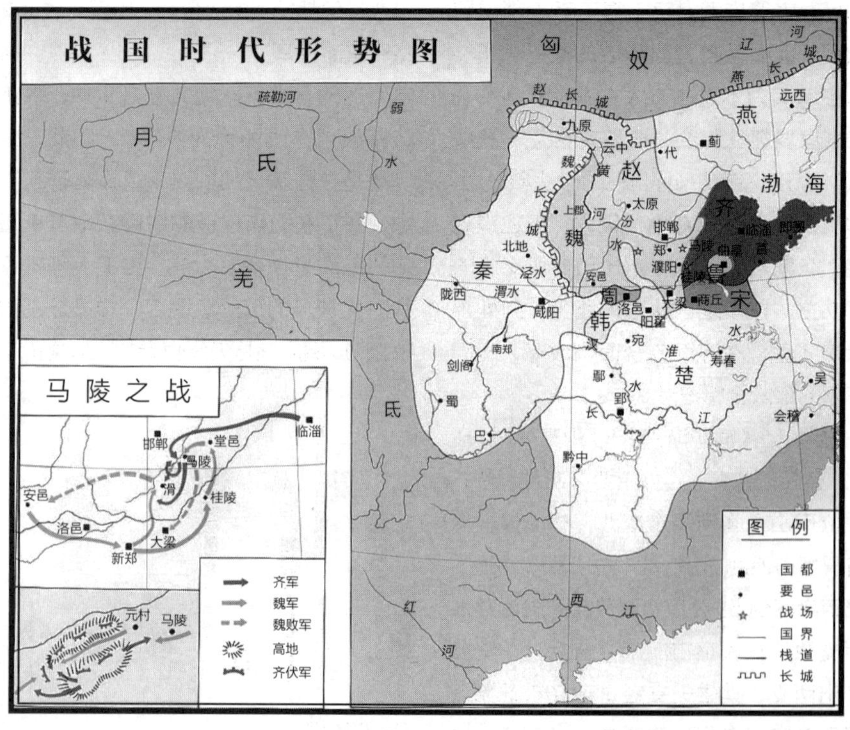

◎ 战国

罃率魏韩联军亲自杀到襄陵城下，齐宋卫联军开始有点吃不住了。这时候，陈忌赶忙派人来到在魏国边境的楚军大营，请求楚军统帅景舍作为调停人，停止这一系列的战争行为。

梁侯罃看到战争打成这个样子：邯郸城虽下，但赵国全境仍在抵抗；庞涓部、钻荼部至少被齐军吃掉一半，战斗力骤减；而楚国还没正式介入。如果继续僵持下去，恐怕只能越打越烂，不如早点收摊，或许还有其他机会。因此，梁侯罃终于接受了景舍的调停，与齐、赵等国达成和平协议。公元前351年，梁侯罃无条件归还邯郸城，并与邯郸侯种在漳水结盟，算是对昔日的恩怨做了一个了结。轰轰烈烈的魏围邯郸之战就此告终。邯郸城陷落时，邯郸侯种身在何处？有人认为，他曾在现在的河北省邢台市修建宫殿，名为檀台。邯郸陷落前夕，邯郸侯种就转移到檀台，继续指挥赵国军民作战。以至于梁侯罃依然陷入战争泥潭，给了陈忌孙膑大展身手的机会。后来，檀台更名为信宫，成为赵国的陪都，又进一步改名为信都，这是后话。

盘点这场战争的经过，显然魏国损失最大，折损包括庞涓在内的数万魏国将士，不仅没有吞并赵国，好容易攻占的邯郸等地还被迫吐了出来。这场乱战也为战国的君王们设下了一条政治高压线，没有足够的实力，谁也别想动一统三晋的心思。韩国虽然紧随魏国，但好歹靠敲打东周国占点小便宜，不算太亏。齐国在战争中出力较多，孙膑指导了平陵、桂陵、襄陵三场战役，一败、一胜、一平。从军事的角度来说，虽然战绩一般，但消灭了敌军的有生力量，算是靠点数占优。这与《史记》中“田忌赛马”所体现的思想十分相似，孙膑也因为这次战争名动天下。但是从齐国的角度来说，却未必有什么利益。首先，齐国尚未解决其家门口的军事威胁，楚国对齐国利益威胁甚于三晋。齐国之所以要出兵阻止魏国攻打赵国，无外乎希望保持群雄割据的平衡不被打破。另外，陈忌和孙膑的表现有点太过头，齐国获得了战胜魏国的名头，却没能做好称霸天下的准备，反倒是给旁观的秦、楚两国提供了大量机遇，未来的局势则显得越发难以预测。在这种局面下，发生了出乎所有人意料的陈忌叛逃事件。

齐国自春秋末期以来，长期处于“内战内行，外战外行”的状态。齐国先是与

◎ 战国武士

晋、吴两国争霸，结果均遭失败。甚至越国曾一度将首都迁往琅琊（从连云港到胶南市一线的海滨某地），与三晋联手，威胁齐国的安全。齐国开疆扩土的计划也由此被长期搁置。齐国家门口一系列的小国，诸如鲁、邾（邹）、滕、薛等，号称泗上十二诸侯，均活到了战国中期。反倒是楚国将泗上十二诸侯纳入攻略的范围。陈忌作为齐国将领，击败了号称三晋最强的魏国，一洗齐军在三晋眼中胆小怯战的印象，应该说功不可没。但是身居高位的邹忌可不这样认为，他与陈忌在政治上水火不容。邹忌之所以同意陈忌出兵援赵，并不完全是从大局考虑，而是意图借战争之手，将陈忌推到一个比较危险的位置。战国时期流传着一种说法，当年陈氏还没有取代齐姜政权的时候，陈成子陈恒（田常）听从了孔子之徒子贡的游说，故意攻打实力较强的吴国，借此拖延时间，长期把持军权，为陈氏家族在齐国地位的巩固奠定基础。虽然这只是一种传说，邹忌也担心如果陈忌打胜仗的话，会对自己的权力造成极大威胁。邹忌的政治能力似乎并不像《邹忌讽齐王纳谏》故事里吹嘘的那么高，陈忌通过三场战役逼和魏国，传回齐国就变成陈忌三战三胜大败魏国。邹忌得知战报后慌了神，于是找来公孙闬，谋划如何陷害陈忌。公孙闬为邹忌制定了一条毒计。他找一个人冒充陈忌的手下，拿着钱找到一个占卜师。这个人高调地声称自己是陈忌的部下，现在陈忌在外三战三捷，声威天下，可以借此谋求大事，也就是推翻陈侯因齐的统治，想先占卜一下吉凶祸福。占卜师不过是图钱而已，不明就里，大概是找些好听的说辞应付一下，把钱骗到手算完事儿。但是邹忌暗中派了人监视他们。占卜师占卜结束刚走，邹忌就派人将求占卜者和占卜师一起抓走，对完口供后，送到陈侯因齐那里训话。陈侯因齐也不像是个有作为的君主，而且长期被邹忌控制，居然相信了两人的证词，认为陈忌在回国后可能会发动叛乱，不可不防。陈忌的前景变得不妙起来。

陈忌在率军回国的途中，孙膑已经猜到邹忌可能要陷害陈忌，不得不对陈忌的安危有所考量。孙膑向陈忌提出一项大胆的建议。当时，孙膑问道：“将军想不想做一番大事？”陈忌却好像对即将到来的危机浑然不觉，于是向孙膑请教。孙膑说道：“如果进入齐国境内，千万不要解除武装，而是要派遣一些老弱疲敝的士兵把守狭窄的关键路口。然后背靠泰山，左边有济水，右边有天唐巨防要塞，军需物资可直达高宛。摆下阵势后，可动用轻车冲击临淄城的雍门，这样一来，可以对齐君的威严进行整顿，邹忌也就必须走人。”《战国策》中记录了孙膑的建议，不过这段记载有一些疑问。文中并没有具体指出对话发生在哪场战役之后，而是提到陈忌“系梁太子申，禽庞涓”，而太子申实际上是十多年之后的马陵之战主帅，应该不会在桂陵之战被擒。如果我们将对话的背景放到马陵之战后，又出现另一个矛盾，那时候邹忌已不是齐国的相邦，齐国已是陈婴主政时期。由此来看，孙膑建议陈忌造反的说辞很难说是实录。不过，以孙膑的胆识，提出如此惊人的建议也毫不奇怪。如此大事，孙膑自然无法决断，决断的权力自然掌握在陈忌的手中。如果陈忌答应了孙膑的建议，很可能会改变齐国的历史走向。但陈忌毕竟是个朴素的爱国者，他不太相信自己的国家会对自己采取什么特殊手段。而且陈忌认为，如果自己造反，则属于大逆不道，很可能要被人所唾弃。于是他最终决定，按照正常态度，堂堂正正地回到齐国。

陈忌回到齐国后，很快被解除了兵权。这时，他终于明白，邹忌确实打算要对自己下手了，追忆孙膑的建议为时晚矣。不过，他可能没有被彻底监禁，还有一定的活动能力。于是，他才选择叛逃出境，前往楚国避难。邹忌担心陈忌会东山再起，于是找到一个经常四处游说的楚国说客杜赫，让他劝说楚王良夫给陈忌弄块封地养老，断绝陈忌再回到齐国的可能。楚王良夫对陈忌十分厚待，也从陈忌口中套取了不少齐国的情报。自此，陈忌就再也无法回到齐国了。

◎ *战国南方武士*

陈忌逃亡之事，应该是发生在桂陵之战结束，陈忌回到齐国，交出兵权之后。但是，这件事却在《史记》和《战国策》中被弄得模糊不清。《史记·田敬仲世家》桂陵之战发生在齐威王二十六年，田忌叛逃事件则是发生在齐威王三十五年，也就是桂陵之战结束后的第九年。接着，齐宣王继位后又把田忌接回来，于是在齐宣王二年的时候，田忌参加了马陵之战。但事实真是这样吗？根据《竹书纪年》的记载，学者们已经修订了战国时代齐国诸君的年表。桂陵之战发生在陈侯因齐四年，马陵之战则发生在陈侯因齐十六年。陈侯因齐二十三年开始称王，在位三十七年去世。也就是说，桂陵、马陵之战都是发生在陈侯因齐在位初期，不存在齐宣王继位之后把田忌接回来参加马陵之战的可能。《史记》还说田忌在逃亡之前发动了武装叛乱，《田敬仲世家》说他袭击临淄城，《孟尝君列传》说他袭击边邑，失败后才正式逃亡。如果说陈忌真搞出这么大动静，《战国策》或者《竹书纪年》中好歹会记上一笔。更关键的一点是，孙膑并没有跟随陈忌一同逃亡到楚国，而是留在齐国，后来参加了马陵之战。这些线索表明，陈忌自桂陵之战回到齐国后，是在没有兵权的情况下只身（或者带了少量随从）逃往楚国的，而且再也没有回到齐国，也不可能参加马陵之战。于是，齐国的另一位军事奇才陈盼逐渐走上了历史舞台。

对陈盼这个名字，大多数人应该是比较陌生的，此人在现存资料中没有完整的传记，我们也不知道他的人生经历究竟是怎样的。但我们可以从他的姓氏知道，他肯定是齐国陈侯的宗室成员，并且与陈忌、孙膑的关系都比较密切。根据《说苑》的记载，陈忌逃亡楚国后，曾经在楚王面前点评过齐国武将的才能，其中陈盼排在第一位。陈忌认为，如果陈盼担任齐国的统帅，即使是楚王统帅全国兵力，自己作为楚国军师随同，令尹和上将军担任左右司马职务，如此华丽的阵容与齐军交战，结果也只不过是楚王自己能幸免逃回来而已。这段评价虽然有些夸张，但陈盼被视作齐国能力最强的军事家应该是没问题的。在陈忌逃亡楚国之后，孙膑大概就依附于陈盼的门下，而陈盼担任高唐都大夫，估计也是陈忌逃亡之后的事情。

陈忌的逃亡，应该说是邹忌一手策划的政治事件，从表面上看，是邹忌与陈忌二人政见不和。现存史料中并没有给出邹忌的战略构想，只有一些吹捧邹忌善于讽谏和推举人才的记载片段。那么，在邹忌看来，齐国的对外战略应该如何运作呢？我们知道，从春秋末年以来，吴越争霸，使得齐国对传统势力范围内的鲁、滕、郳、薛、郯等国的影响力逐渐减弱。到了战国时期，越国势力衰退，楚国再度走强，山东诸小国便成为齐楚两国的战略缓冲区。其中，郯国早已被越国所灭，鲁、滕、郳三国君统尚在苟延残喘，唯有薛国的情况不明。

任姓薛国国君的传承十分悠久，据说最早可以追溯到夏代的造车能手奚仲，始居地称为邳。其后裔仲虺，辅佐商汤开创商王朝，与伊尹起名。仲虺的后人开始被封在薛国，据说在当时足以影响到商朝政局的稳定。商朝末年，其家族女性太任嫁给周人首领季历，生下周文王，周朝定鼎之后，任姓首领被封为薛侯，并成为与姜姓一样和姬姓家族世代通婚的大族。进入春秋时代，可能是由于鲁国的刻意贬低，《春秋》中将“薛侯”改称为“薛伯”，到《春秋》中提到的最后一位薛国国君为薛惠公夷，死于公元前 485 年，此后薛国君统不再见于史书记载。薛惠公的上一任薛君比被国人杀害，带有其名号的青铜器在山东省滕州市的薛国故城遗址的墓葬中发现，证明春秋时代的薛国都城一直位于山东滕州一带。

《新唐书·宰相世系表》中罗列了薛氏家族提供的薛国国君世系表，并说薛国亡于楚国。但是《宰相世系表》中罗列的薛国君主的名号与《春秋》不合，当为伪造，不可信。那么，在战国初期，薛国地区大概处于一种主权未定的状态。君主早已不存，但齐楚两国都意图争夺这一地区的控制权，形成一种僵持不下的状态。当地民众在这一时期大概能享有一定的自治权。类似主权未定的自治城市在战国时期还是有一些的，比较有名的就有上面提到的市丘（陶丘、釜丘）。《史记》中记载邹忌被封于下邳，称成侯。这一时期齐君尚且称陈侯，为什么邹忌也可以称为侯，现有文献无法解释，只能暂且搁置。下邳原本也属于薛国的势力范围。邹忌被封在下邳应该属于齐国单方面的行为，目的是要实现对下邳乃至整个薛国故地主权的宣誓。但楚国应该不会容许这种情况出现，因此，邹忌未必能享受到下邳封地的赋税。

齐国为了争取薛国故地的主权，除了采取册封官僚的方式，还可能采用了加紧筑城的策略，尽量在不触动楚国敏感神经的基础上抢夺地盘。但筑城也是一项旷日持久的行动，邹忌为了实现这个目的自然要调动齐国的一切资源，并且努力抑制陈忌等军事将领的作为。但魏国兵围邯郸的发生，显然打乱了邹忌的计划。陈忌抓住这个机会向陈侯因齐游说，这个极大的军事冒险行动得到陈侯因齐的首肯，故而有了陈忌与孙膑围魏救赵的精彩表演。而邹忌也不甘被陈忌抢去风头，故而在战争结束之后用计逼走陈忌，进一步加强自己在齐国的权威。至于后来的陈盼虽然在军事才能上要远胜过陈忌，但面对国内复杂的政治态势，他选择了服从领导安排的处世原则。

翻回头再看魏国的情况。梁侯罃在楚国的调停下，与齐、赵等中原诸国达成和议，并且归还已经占领的邯郸城及部分赵国领土。这并不意味着魏国与其他国家可以就此高枕无忧。因为魏国不得不集中精力对付威胁更大的对手——秦国。

当初从魏国叛逃出来的公孙鞅，将魏国的法制成果带入秦国，在秦公渠梁的支持下进行社会改革。其中一项重要的改革就是将秦国原有的等级体制改造为军功爵位制。军功爵位制伴随一系列法律条文用来奖惩，使得整个秦国变成一个强大的战争机器。同时，军功爵位制在对待上层和下层有着不同的功效。社会中下层男子可

◎ 商鞅像

以通过这种军功激励的方式改变社会地位。对上层来说，则是要削弱庶长们手中的权力。秦国庶长可以由一名或多名公室成员担任，对内是公族首领，对外则统揽军政大权。这些庶长因为手握大权经常废立秦公，斗争极为血腥残酷。军功爵位制将庶长分出左右，在上面叠床架屋地设置左更、中更、右更三级，再上面就是军功爵位制的顶点大良造庶长，简称“大良造（大梁造）”。这时，代表贵族身份的内侯和彻侯属于游离于军功爵位制的称号。

公孙鞅以外姓人的身份获得左庶长的爵位，成为掺入秦国庶长中的沙子。七年之后，他便连跃五级，成为大良造，如此可以在秦公之下俯视其他庶长，成为秦国的实权者。这一时期，也正是秦攻魏国、魏围邯郸、围魏救赵等一系列战争从展开到结束的时期。中原列国既然已经斗得差不多了，那么就该秦国显示一下自己的肌肉了。秦国在之前对魏国的战争中，已经初步占领了少梁，兵指魏国旧都安邑。公元前352年，公孙鞅成为大良造之后，更是加紧了对安邑的攻略。秦国乘着梁侯罃忙于解决襄陵之围的机会，终于迫使安邑投降。梁侯罃大惊失色，一方面征调民夫加紧对固阳（可能位于今河南省兰考县固阳镇）一线长城的修筑，一方面整合其他兵力赶赴安邑，力图将安邑从秦军手中夺回。公孙鞅虽然在第二年进军固阳，并逼降此地，但他显然低估了梁侯罃的反击能力。公元前350年，梁侯罃取得胜利，夺回了安邑城，并将秦军再度逼回到少梁一线。公孙鞅感觉到秦国的军事调度能力还是存在极大的限制，有必要进行深化体制改革，于是促成秦公渠梁与梁侯罃在彤地（今陕西省渭南市东南）会盟。从公元前355年秦魏杜平会谈开始算起，秦魏之战历经六年，其间波折不断，伏尸数万。

秦魏两国暂且和平的情况下，列国从总体上保持了安宁，当然暗流依然汹涌。在魏国夺回安邑的同时，邯郸侯种病逝，谥号“成”，是为赵成侯。太子语（即赵肃侯，下称邯郸侯语）继位。但赵国的其他公子却不肯服从新一任邯郸侯的指挥。其中，公子緤在谋求君位失败后逃亡韩国。国内局势依然不稳，邯郸侯语开始考虑与魏国加强联系，于是在位的第二年与梁侯罃在阴晋（今陕西省渭南市华阴市）会面。阴晋，乃是当年魏将吴起大败秦军之地，两君在此地会面，似有大谋。邯郸侯语在位的第三年发生了公子范叛乱。公子范带兵袭击了邯郸城，久经战火考验的邯郸城岂是叛乱分子可以轻易拿下的？魏赵两国和好也断了叛军的外援，因此，邯郸侯语轻易平息叛乱，公子范败亡。

另一方面，魏赵两君在阴晋会谈之时，郑侯武却前往秦国，似乎表明韩国开始疏远魏国，转向与秦国示好，三晋总是拧不成一股绳。这个变化为后来的魏国攻韩埋下伏笔。

梁侯罃称王、魏韩反目

三晋之间在梁侯罃一代很难走到一起，笔者认为很重要的原因在于历史遗留问题——晋公的最后归宿。《史记》中对于三家分晋的介绍很简单，三家大夫晋升为诸侯之后，把晋国的地一分就完了。但是比对各种资料则会发现其中迷雾重重——不仅《史记》与《竹书纪年》等资料的说法有所出入，就连《史记》本身的不同篇章也记录了不同的说法。

这事如果追溯源头，应该从春秋末期的晋出公时代说起。晋出公十七年（公元前458年），知伯瑶联合赵魏韩三家驱逐了范氏、中行氏，将两卿的土地瓜分。此事引起了晋出公极大的恐慌，于是调集手下的兵力向四卿发起挑战，结果反被四卿驱逐。《史记》上说晋出公死在逃亡齐国的路上。于是知伯瑶出面，改立晋昭公（晋出公的曾祖父）的另一个曾孙骄为晋公。晋公骄的谥号有两种说法，一为哀公，一为懿公。但是《竹书纪年》的说法又有不同：晋出公没有死在逃亡路上，其纪年一直延续到二十三年。我们考虑到后来赵魏韩三家灭掉了知伯瑶，可能晋公骄也同时被废，所以死后谥号也出现不同的说法。晋出公又被迎回晋国，纪年沿用。到了晋出公二十三年（公元前452年），晋出公大概又不老实了，再度想挑战赵魏韩三家的统治，结果又一次遭到驱逐。这次晋出公的落脚点是楚国，就再也没有回来。因此，赵魏韩三家又另立了晋昭公之孙，是为晋敬公。

晋敬公是晋昭公之孙，而晋公骄是晋昭公曾孙，两人差了一辈，而且两人谥号也不同。晋公骄是知伯扶植上台的，被废之后应该不会再立。《史记》中的纪年是从晋出公十七年后接晋公骄的纪年，而《竹书纪年》则是晋出公二十三年后接晋敬公的纪年，晋君在战国初年的在位时间开始混乱。由此造成的连锁反应是，连带赵魏韩三家早期君主的纪年，也一并变得混乱不堪。现代学者取《竹书纪年》的说法，使得从晋出公以下的敬公、幽公、烈公的纪年与《史记》的记载达到协调。

问题没有结束，晋烈公在位二十六年病逝后，公元前390年新继位的晋公记载又产生新的分歧。《史记·晋世家》说新一任晋公为晋孝公颀，在位十七年，去世后继位的是晋静公（靖公）俱酒。晋静公在位第二年，赵魏韩三家分晋，晋公降为家人，晋君君统灭亡。而《竹书纪年》则说继任晋烈公的是晋桓公。晋桓公二十年（公元前370年），韩、赵两君将晋桓公迁移至屯留（今山西省长治市屯留县）。这个时间点与《史记》所说的晋静公被降为家人的时间仅相差一年。但是晋孝公、晋静公、晋桓公到底是几个人？各自在位多少年？已经有点扯不清了。

更大的混乱在后面。《史记·赵世家》的说法又颠覆了前面两种记载，《赵世家》上说，赵成侯（邯郸侯种）十六年（公元前359年），与韩分晋，封晋君端氏（今山西省晋城市沁水县端氏村）。十年后，也就是赵肃侯元年（公元前 349 年），夺晋端氏，徙处屯留。从晋桓公二十年到赵肃侯元年，相距近二十年，都提到说屯留是晋公最后的归宿，这到底是一件事还是两件事？到底被安置在屯留的晋公有几个？笔者倾向于认为，晋公迁居屯留之事仅有一件，赵肃侯元年发生的事情应该提前到二十年前。但这并不能解决前面提到的晋公到底是谁的问题。

但此后的史书则在这个混乱基础上继续添乱，《吕氏春秋》中的一段记载，提到晋出公的后裔声氏曾经被立为晋公，但后来被软禁在铜鞮(今山西省长治市沁县)。前面我们已经提到，晋出公可能被驱逐过两次，众卿先后立晋公骄和晋敬公为君。但这两人都是晋昭公的后裔，并非晋出公的后裔，此后的晋公应该出自晋敬公。那么，这个晋出公的后裔声氏又是什么时候被立为晋公的呢？又是一大谜团。笔者猜想在三家分晋的过程中，可能树立了不止一个晋公，赵魏韩一度以不同的晋公作为自己的纪年，但后来又将他们一一抛弃，这是导致一系列混乱的根源。铜鞮、端氏、屯留，作为晋公们最后的落脚点，可能还伴随着三家土地纷争。这些错综复杂的关系，在魏文侯、武侯时代尚不明显，但到了梁侯罃时代，已经是积重难返。三晋之间的复杂关系，非暴力无法调和。

在魏赵两国阴晋之会后没多久，梁侯罃开始做了一件在当时具有突破性的举动——称王。回顾之前的历史，“王”这个称号发端于商朝，字形本意来源于斩首大钺，与古罗马的“法西斯”有异曲同工之妙。西周建立后，“王”字所具有的世俗权威性逐渐抬升，虽然在西周也有一些势力敢于称王，但没有形成较严重的政治议题。周王为了显示自己的权威，开始使用“天子”或“天王”的称号，以示高人一等，其实也是为了避免与挑战者兵戎相见。但是西周末年到东周初年，楚国国君称王演变成一个旷日持久的政治纠纷。如此一来，在中原列国诸侯的心目中，“王”代表着不可逾越的政治禁区，谁敢踏入这个禁区，就意味着此君主是人人得而诛之的讨伐对象。现在，梁侯罃打算试试这个禁区的水到底有多深了。

《战国策·齐策》里，苏秦在游说齐闵王的时候提到了梁侯称王的问题，他将梁侯罃称王的原因归结为卫鞅游说的结果，但具体说辞多有疑点。卫鞅本是魏国逃亡分子，他如何能体面地来到魏国，对梁侯罃采取冠冕堂皇的欺诈？显然不合情理。而且，此时秦国是打着周天子的旗号与魏国对峙，如果卫鞅出面鼓吹梁侯罃称王，那么秦国的立场将如何摆正？因此笔者认为，苏秦的说辞中涉及梁侯称王的细节并不可信。

我们可以大致梳理一下当时的实际情况：周天子继续站在秦国一边，时不时地给秦国一些赏赐，表明对秦国的重视。楚、齐、燕等国虽然没有具体记载他们对周天子的态度，但可以想见，他们和魏国一样，对周天子的权威已经十分冷漠。而韩国曾经夺取过东周国的城邑，和周天子的关系也不可能好到哪里去。中山国正在反抗魏国的统治，需要周天子的支持，但对这一时期的影响不大。

从以上局势分析来看，梁侯罃依然保有强烈的政治野心，希望将魏国打造为中原地区的政治核心，彻底摆脱西周以来周天子为天下共主的政治格局。他一直为此奋斗着，但却在桂陵之战被齐国逼成和局。如今，秦国被他击败，他原本丢失的信心再度被找了回来。梁侯罃不禁想，或许自己应该把步子迈得再大一点？宣布称王，才能真正让别国臣服？我们现在可以大胆地嘲笑梁侯罃幼稚的政治思维，但在那个年代，他应该是很认真地思考过这个问题。他的称王应该是来源于自身的野心，与卫鞅没有直接关系。

梁侯罃在公元前344年，真的摆起了天子的谱，在魏都大梁郊外的逢泽举行了盛大的会盟仪式。与会诸侯和会盟的细节已经无从知晓，但从事后的情况来看，似乎反应平平，既没有引起强烈的支持，也没有激起强烈的反对。在一片心事重重的气氛中，这一页历史就被这么轻描淡写翻过去了。

逢泽之会的次年，梁侯罃将卫臣子南劲立为卫侯。卫侯遬不知是自然死亡还是被魏国强行废黜，总之死后谥号为“成”，是为卫成侯。子南劲是卫成侯的六世祖卫灵公之子公子郢的后裔，与卫成侯的关系已经很远。梁侯罃之所以干涉卫侯的废立事务，一方面显然是报复桂陵之战时期卫国的叛逆行为，另一方面也是为了向世人展现自己称王的决心。

即使如此，列国还是和过去一样，反响平淡。梁侯罃也意识到自己再怎么号召，这也不过是自娱自乐的独角戏，没人愿意配合。于是，他在原有的调子上往后退了一大步——从自己称王退到重新尊奉周天子的立场上。此外，他还在周天子居城洛阳附近的九里苑举行了另一场会盟，史称“九里（臼里）之盟”。这次会盟的议题从如何恢复周天子的权威，变成了如何将周天子这面旗帜从秦国手中夺回来。但这样的政治游戏实在是太过拙劣，就连韩国也不接受会盟结果。有个叫房喜（一作彭喜）的人专门提醒郑侯武，不要听信梁侯罃的一派胡言，大国是讨厌周天子的存在的，只有小国欢迎周天子。韩国和其他大国都不听从周天子的指挥，只有魏国和小国支持周天子，怎么可能树立起周天子的权威？大概魏国和韩国的政治矛盾就是从这次会盟开始尖锐的。

九里之盟之事见于《战国策》与《韩非子》，内容基本相同，但没有提及事件发生的年代。笔者认为，可能是在逢泽之会后一两年。因为此次会盟的基调与“逢泽之会”有所不同，应该视为梁侯罃对外口径的调整。梁侯罃虽然已经在“逢泽之会”打出了王号，据说还使用了天子的服制和仪仗，但由于中原诸侯不买账，称王行为并没有得到大家的认可。因此，我们在后文还是只能继续称其为梁侯罃。

不打称王牌，转而打周天子牌，依然不能得到诸侯们的理解，反而把魏韩两国的交情给弄掰了，梁侯罃再也无法控制自己的火爆情绪，开始使用强硬手段解决韩国的问题。他首先派遣使者会见郑侯武，把一桩历史旧账翻了出来。众所周知，韩国之所以又称为郑国，是因为韩国灭掉了原来的郑国，将郑国都城作为韩国的新都。梁侯罃提出，既然郑国是韩国所灭，那么韩国有义务划出一部分土地封给被灭的郑君后裔。这是王道思想兴亡继绝的理念，如果能做到这一点，则能够名垂青史。郑侯武闻听此言，知道魏国是想借此机会干涉韩国内政，非常着急。这时，韩国一个名叫公子食我的贵族主动出面，愿意前往魏国进行交涉。既然魏国翻起了历史老账，那么公子食我也翻起了历史老账，他在回复梁侯罃的谈话中，提及了晋出公之后声氏被拘禁在铜鞮的悲惨历史——暗示魏国，你们魏国都没有做出兴亡继绝的榜样，反倒让我们韩国来做，咱们可担当不起这样的榜样。

梁侯罃被公子食我生生地噎了回去，也不好动怒，于是就找借口说这不是自己的主张——言下之意是底下人出的馊主意，然而心里却开始盘算起武装进攻韩国的计划，就此拉开魏齐马陵之战的序幕。

按照《史记·田敬仲世家》的说法，魏国首先攻击的是赵国，而韩国是作为赵国的盟友支援赵国。两者在南梁被魏国击败。此后，齐国君臣商议出兵，援助韩赵，引发马陵之战。但笔者通过对之前局势的梳理，看出《史记》中这段记载有很多问题：一，马陵之战前局势的描写实际上是桂陵之战的误植；二，桂陵之战时魏韩是盟友，赵魏处于对立局面，而马陵之战前恰好相反，魏赵变成盟友，而韩国走向了魏国的对立面。无论桂陵之战还是马陵之战，都不会出现赵韩两国联合抗魏的局面。更重要的一点是，马陵之战爆发的原因可能和魏国攻韩没有必然联系。由此看来，《史记》中对于马陵之战爆发原因的记载是不可信的了。

既然马陵之战并非齐国救援韩国而起，那么我们应该重新考虑一下这场战役起因的真正原因。《史记·赵世家》中提及赵肃侯六年、七年先后对齐国的高唐和魏国的首垣（河南省新乡市长垣县一带）用兵，其中对高唐的战果用了个“拔”字，意味着高唐被赵军攻陷。但这两年发生的战事放在历史年表中分别为公元前 344 年和公元前 343 年，恰好是梁侯罃逢泽之会之时。赵国居然在魏国致力领导天下的关键时期，先后攻击齐魏两国，这未免有点不可思议。遗憾的是，目前缺乏赵国这段时期动向的详细资料，笔者无法判断这是《史记》编年的失误，还是其他什么原因。

笔者先假设《史记》中的这两条记载是准确的，通过相关线索勾勒出马陵之战的起因：梁侯罃为了实现称王的野心，同时也为了一雪桂陵之战之仇，因此和赵国联手，打算对齐国进行一次大规模的武装打击。此时的齐国，邹忌已经下台，新上台的齐国相邦是陈婴。经过多年的政治运作，陈婴终于从幕后走向台前。不过，从史料中对陈婴的描写来看，此人庸碌颟顸，只知道抓权贪利，使得齐国在未来的发展道路上十分辛苦。赵国攻陷齐国重镇高唐，便是大战的前奏。齐国为什么没能在高唐阻击赵军，反而让赵军夺了高唐呢？这一点完全无法判断。从现实角度分析无外乎两点，要么是高唐守将无能，丢失高唐；要么是齐国知道将会爆发持久战，为了蓄积力量，暂且将守军撤离高唐，让赵军先占到一点便宜。笔者认为后者可能性较大。前面我们提到过，齐国头号名将陈盼曾经担任过高唐都大夫，不过他的任期不详。据说陈侯因齐曾向梁侯罃吹嘘，让陈盼守卫高唐，赵人不敢来黄河捕鱼。如果陈盼连守护高唐的能力都没有，又如何在后来的马陵之战中取得胜利？这一时期就算陈盼不是高唐的守将，也应该能通过总揽全局的高度控制高唐地区的战事，这样才能使赵国虽然获得小胜，却无法进一步深入齐国。

至于赵国为什么会攻打首垣，这一点实在难以理解。不过，桂陵距离首垣很近，是众兵家争夺之地。也可能赵军在首垣进攻的不是魏国守军，这也无法猜测了。

在这里，笔者介绍下马陵之战前后魏国将领的情况。《韩非子》中记载了一段文字，说是魏国邺城令名为襄疵，此人与赵王左右私下交好，当赵王意图攻打邺城的时候，襄疵提前获得了消息告知魏王，于是魏国有备，赵国不战而退。此人的名字在《竹书纪年》中写作穰疵，古书中还将他与齐国将领司马穰苴混淆。当然，司马穰苴本人也是充满了谜团，连所处的时代也蒙昧不清，这里放下不提。以下笔者统一以穰疵相称。从《韩非子》的描述来看，穰疵是一位很有智谋的将领，不过，他守护邺城发生在何年，《韩非子》并未提及。按照《史记》的记载，赵国在攻首垣的三年后有一次伐魏行动，但具体情况不明。从赵国在马陵之战期间的行动来看，只是开始攻击了齐国，攻陷了高唐，此后就主要攻击魏国。那么，穰疵守邺城大概就是在这段时期发生的。不过，穰疵在赵国攻击首垣后，就担任攻打韩国的主将，那么笔者进一步推测，穰疵就是在赵国攻打首垣期间展开对策，使得赵国不敢轻举妄动。

我们通过穰疵守邺城这件事，或许可以推测出赵国的基本动向。赵国开始与魏国结盟，按照魏国的指挥挑起了攻打齐国的序幕。齐国方面在陈盼的指挥下将守护高唐的兵力撤出，允许赵国轻而易举地攻下高唐。此后，齐国可能与赵国展开过密谈，齐国大概许诺不追究赵国攻陷高唐的责任，但赵国必须要转道进攻魏国。赵国大概是复制了当年桂陵之战的模式，进攻了距离桂陵很近的首垣。邺城令穰疵在获悉相关情报后组织兵力防御赵国入侵，赵国便借机停止了对魏国的攻击，转而进入中立状态。

赵国提前退出伐齐战争，齐国正着手反击；秦国亦在调兵遣将意图见机行事；韩国有倒向秦国的动作。面对如此复杂的局面，梁侯罃似乎根本没考虑过求和，而是定下三面出击的宏大计划，意图一口气搞定秦、韩、齐三国的军事势力。穰疵被任命为进攻韩国的主将，公子卬被任命为应对秦国的主将，而进攻齐国的重任则交给了储君太子申。这次军事部署比起当年攻打邯郸并没有多少优势。

梁侯罃自击败弟弟公仲缓巩固自己在魏国的统治地位后，已经在位二十七年，距离桂陵之战也过去了将近十年。十年前的邯郸之围应该是梁侯罃亲征赵国。十年后，梁侯罃的儿子们已经长大成人，梁侯罃便试图让自己的继承人太子申成为讨伐齐国的主帅。统治者让自己的继承人走向战场，一来可以通过战场磨炼他们的意志，二来可以在军队中树立威信。但另一方面，这些继承人因为过于显眼，也是敌军攻击的主要目标。因此，梁侯罃做出让太子申领兵的决定后，引发了一场明争暗斗。梁侯罃除了太子申外，至少还有四个留下名字的儿子：理、赫、鸣、嗣。其中，有人认为理、赫、鸣是一个人，但从古文字的角度来看，这三个名字并无相通之处，所以笔者姑且认为是三个不同的人。曾有外来食客悄悄给公子理的师傅献策，建议公子理到祖母和父亲那里去劝阻太子申担任伐齐的主帅。这样一来，无论结局怎样，对公子理来说都有好处：如果梁侯罃听从了建议，那么公子理即使当不上太子，也可以在国内树立自己良好的形象；如果梁侯罃执意要派太子伐齐，齐国方面的主将是陈盼，军师则是孙膑，面对这个超强的组合，缺乏战争经验的太子申必败无疑，一旦败仗，被擒杀的可能性很高，如此一来他就可以有机会争夺太子之位。公子理是否采取了这个建议不得而知，但梁侯罃还是决定让太子申领略一下战争的残酷。事情已经无法逆转。

马陵之战、孙膑退场

从魏围邯郸的战争过程中我们注意到，梁侯罃统治下的魏国喜欢进行多线作战。梁侯罃亲率大军围困邯郸，而庞涓则率领另一支部队负责与齐国进行周旋。结果，孙膑用计诱使庞涓脱离了大部队，在桂陵一举将其击败，为后来逼和魏国奠定基础。这次伐韩、伐齐的战争也类似。太子申是伐齐的主将，善于谋略的邺城令穰疵负责伐韩，两者几乎同时行动。齐国根本顾不上救援韩国。而赵国在之前刚刚攻击过齐国，随后又袭击了魏国，所以齐国也不会是为了赵国而出兵，而是为了自身的安全与魏国进行正面对抗。这样一来，我们就清楚了马陵之战的真实局面：齐国既然不是为了救援韩国或赵国出兵，那么所谓围魏救赵或者围魏救韩的计谋在这次战争中很难有用武之地，过去笼罩在我们面前的迷雾该散了。

太子申奉父亲之命率领魏军赶赴伐齐的前线。根据《战国策》的记载，大军取道宋国，目的地大概是齐国都城临淄。当魏军来到宋国的外黄邑（今河南省开封市杞县）时，一个叫徐子的人面见了太子申，号称自己有百战百胜之法。这个人实际上是想告诉太子申，既然贵为魏国的继承人，没必要为了攻打齐国而送死。太子申被徐子说动了，打算撤军回去。但其他将领出面声称，如果撤军就按照战败逃亡的罪过论处。太子申强扭不过，不得不硬着头皮继续向齐国方向进发。时间已经是梁侯罃二十七年（公元前 342 年）的冬天，等待他们的，是命运的终点——马陵。

在传统的文献中，春秋战国时期至少有两个叫马陵的地方。其一在春秋时期属卫国，公元前 584 年，中原诸侯为了救援郑国，在此处会盟；另一处则是在齐都临淄附近，又称为马陉，据说位于山东省潍坊市益都市。公元前 591 年，齐晋鞍之战中，晋军大败齐国，追击至此。另外，按照《史记》记载，梁侯罃二年（公元前 368 年）曾经在马陵打败过韩国，此马陵大概与卫马陵是一地。卫马陵到了战国属于谁家已经不甚明了，此地的地理位置在传统上有两种说法，西晋杜预注释《左传》的时候指出马陵位于阳平元城县东南，也就是现在的河北省邯郸市大名县一带。另一种说法东晋的虞喜在《志林》中提出，认为马陵位于濮州甄城县东北六十里，也就是现在的山东省聊城市莘县大张乡，距离河南濮阳市范县县城 7.5 公里处。前面我们提到桂陵所在地的两种说法几乎位于同一纬度，而马陵所在地的两种说法则几乎位于同一经度，直线距离约 50 公里。两地都靠近莘县，可能是由于历史原因产生地理位置的偏移，不过大体来说，卫马陵应该就在这一地区，齐晋鞍之战时，两军也是先在莘县相遇。此战应该不会在齐国的马陉爆发，因为齐国还不至于像鞍之战那样被魏军如此深入领土。

除了卫马陵和齐马陵之外，现代学者又提出一种新说，认为山东省临沂市郯城县的马陵山才是马陵之战的古战场。遗憾的是，这种说法来源于一个错误的判断，错误的源头始自明朝中后期的一首马陵诗：“回合长堤卫水秋，满林黄叶荻飕飕。居人近指马陵道，遗迹遥传瓦屋头。昔日孙庞曾决胜，只今草木尚含愁。不知七圣皆迷路，犹自停车吊古邱。”作者李先芳（1510—1594 年）字伯承，号北山，濮州人，明嘉靖二十六年进士。显然，作者是濮州人，濮州位于现在的范县，作者应该是相信马陵位于自己的故乡范县一带，也就是相信虞喜所提出的说法。这首诗无悬念地收入作者的故乡所编写的《续修范县县志》（此书是民国时期编纂）。出人意料的是，这首诗还被收入到乾隆年间编纂的《郯城县志》，其中典故“七圣皆迷路”还被误写为“七国皆迷地”，让人误以为李先芳吟咏的是郯城马陵山。以此为发端，一些学者开始寻找其他史料证据来依附这种说法，其中就拿出了《战国策》中太子申与外黄徐子的对话作为佐证。外黄徐子说了一句“大胜并莒”，成为郯城说的支持者们自认为最可靠的证据。但是先秦史学家徐鸿修先生针对这条论据进行了细致的辨析：从魏国的河西长城至齐国东南的莒地，直线距离达 1600 余里（800 公里），如果先攻占莒地再翻回头攻打齐都临淄，山路险峻。况且此时莒地控制在楚国手里，如果魏国攻打莒地，面对的对手不是齐国而是楚国，增加了风险系数。因此，魏国是不大可能将莒地作为首要攻取的目标，进军的目标应该还是齐都临淄。只有拿下临淄，才能考虑从临淄南下进军莒地，与楚国对峙。

如此看来，马陵位于郯城的说法毫无根基可言，自然不可信从。笔者以传统的两种说法为基础，认为马陵之战的发生之地应该是位于莘县附近。至于是靠近大名县还是范县，这个无法确定。其中有个关键点需要注意，原本学者们深信是孙膑在马陵设下伏兵，乘着黑夜用乱箭射死大批魏军，导致魏军主力被歼。按照这个逻辑推测，此地的地理环境应该是适合设下伏兵的丘陵地带。但现在的我们知道，马陵之战没有陈忌，没有庞涓，更没有围魏救韩，魏军也没有像桂陵之战时如此疲于奔命。所以，马陵不是道路狭窄、地形复杂的地带，反而应该是地势开阔的地带，即使存在一些丘陵，也不影响两军在此地布阵。齐魏两军各自在马陵一带安营扎寨，不是通过一场战役，也不是仅凭借一次伏击战就一决高下了的，而是展开了数场堂堂之战。

这场战役从公元前 342 年十二月开始，一直打到了第二年年初才真正决出胜负。陈盼利用冬季狠狠打击了魏军，而太子申却没有意识到危险将至，坚持在前线与齐军对垒，齐军不断对太子申驻地发起攻击，直至将太子申彻底包围。太子申究竟是怎么死的，也没有准确的答案，要么是被围困时战死或自杀，要么是被俘虏后自杀或被杀。文献上一般说太子申是在齐国被俘后死亡的，因为无法成为齐军手中的筹码。太子申被擒的消息传开后，魏军更是无心恋战，纷纷溃逃，减员程度无法估算。

在太子申一路溃败的同时，魏将穰疵在梁赫轻而易举地击败了韩国将领孔夜。这场胜利对魏国来说是多么的尴尬和苦涩——太子申未能阻止齐军西进，击败韩国又有什么意义？如果梁侯罃事先能派穰疵对抗齐军，或许局面不会是这个样子。穰疵在太子申败亡之后是否承担了抵抗齐军的重任，笔者无法确知。不过，在接下去的一年里，齐国与宋国开始联合起来向魏国东境展开进攻。《竹书纪年》上提到，公元前 340 年五月，齐宋联军围攻了平阳。此平阳所在地，朱右曾认为在兖州府邹县西三十里，也就是现在的山东省济宁市邹城市一带。但是邹城在莘县的东南方向，很难想象齐国在马陵取胜之后还要和宋人回转东南方向进军。笔者认为这里的平阳就是桂陵之战时孙膑所提议攻打的平陵。《竹书纪年》中称桂陵为桂阳，那么平陵应该也可以称为平阳。前面已经说过，平陵大体位于山东菏泽一带，位于莘县的南方，那里是魏国的重镇。马陵之战结束后，平阳便是齐军攻略的关键所在。平阳之围开展四个月后，秦国在公孙鞅的带领下侵入魏国西境。负责抵抗秦军的魏将公子卬，居然被公孙鞅花言巧语骗去赴宴，结果轻而易举就被俘了，造成魏军的指挥系统一片混乱。又过了一个月，赵国也开始进攻魏国的北境，魏国的局势岌岌可危。

梁侯罃从刚继位那会就面临被赵韩两国围攻的危险，二十七年后，不但未能实现称霸天下的野心，反而继续被强国围攻。他已经无法承受如此的压力，只得听从相邦惠施的建议，不惜降低身份，向齐国俯首称臣，换取和平协议。而齐国相邦陈婴也希望利用魏国称臣这件事，巩固自己在齐国的地位，于是促成和议，同时也压制了取得赫赫战功的陈盼。齐国反攻魏国的战役就此结束。公元前 334 年，魏齐两国在徐州会盟，互相推举对方称王，中原诸侯终于扯开原有的遮羞布，纷纷向称王的道路跨出实质性步伐。

马陵之战是终结了魏国霸权的重要战役，但大家一定在疑惑，到底孙膑在马陵之战中起了什么作用？笔者经过排比史料深入分析，得出了一个不同于传统学者的观点，孙膑恐怕在马陵之战中难以施展才能。自从陈忌逃亡楚国后，孙膑事实上就已经失去了靠山。虽然他能依附于陈盼的门下，但陈盼对军事的理解要远远胜过陈忌。对他来说，不需要孙膑这样的谋士对自己指手画脚。陈盼在马陵之战结束的多年后说过一句话：“夫轻用其兵者，其国易危；易用其计者，其身易穷。”随便用兵会导致国家陷入危险，轻易使用谋略则会让自身陷入困境。我们通过这句话可以分析出陈盼对用兵和谋略的态度，得出他并不是一个轻信计谋的将领。《名侦探柯南》塑造了横沟参悟和横沟重悟一对兄弟警察，哥哥参悟非常迷信侦探的推理，弟弟重悟则非常反感侦探插手破案。陈忌可比参悟，陈盼可比重悟。

◎ 马陵之战

陈盼可能是出于对孙膑的尊重，带着孙膑参加了对抗魏国的战争，将他当作一个摆设。孙膑兵法的核心是“势”，“势”的关键就是在于营造一种心理氛围，让将士们坚信自己可以战胜敌人。为了达到这个“势”的效果，可以牺牲一切。如平陵之战中牺牲高唐、齐城二部换取敌人的麻痹，在环境艰苦时拿人肉充饥，拿死人骨头当柴火。孙膑兵法不仅仅是具体的军事技巧，也包含指挥官无比的冷酷之心。这一点是否会让陈盼感到恐惧？孙膑本人可能对陈盼也存在某种鄙视和厌恶的情绪，银雀山汉简《孙膑兵法》虽然不是孙膑本人所写，起码是孙膑一派的传人整理而成的著作。在残存下来的文字中，我们只看到孙膑与陈忌和齐威王的对话，根本没有一个字提及陈盼。《擒庞涓》向我们提供了许多桂陵之战的细节，但是马陵之战却没有专篇讲述，只是在《陈忌问垒》的篇章中轻描淡写了一句，给人感觉陈忌参加了马陵之战。而《孙膑兵法》中借孙膑之口批评齐国穷兵黩武，未能富国强兵，只能维持三代的强盛。而陈盼长期把持齐国的军权，对齐国的军事政策理应负责。《擒庞涓》中借陈忌之口说高唐都大夫是不知兵之人，笔者开始认为这个高唐都大夫不可能是陈盼，但是从另一个角度考虑，是不是其中也暗含着对陈盼的抨击？陈盼与孙膑之间似乎构成了一种无形的对抗模式，陈盼不愿意在现实中给孙膑提供发展的空间，那么孙膑就通过兵法的传承抹杀对陈盼军事才能的肯定。于是乎，经过司马迁妙笔生花，后人只知道马陵道前的大树上写着的“庞涓死于此树之下”，而几乎没人知道陈盼在齐国历史上的事迹。

陈盼取得马陵之战的胜利后，很快遭到陈婴的打压。陈婴抬举自己的党羽申缚（申孺）执掌兵权，结果申缚在公元前333年被楚国战败，齐国短暂的霸权就此终结。齐王因齐不得不再度起用陈盼挽回败局，此后陈盼就一直把持着齐国军权。但是陈婴在楚国的支持下控制着齐国的朝廷，陈盼无法出面主政，齐国形成军政对峙的状态。孙膑据说曾经劝说齐王收服秦燕两国国君之心，提出“凡伐国之道：攻心为上，攻城为下；心胜为上，兵胜为下”。秦燕两国成为齐国关注的焦点大概已经是齐宣王时期的事情，也就是说，孙膑可能一直活到齐宣王时期，还能以谋士的身份出谋划策。但这时已经是纵横家的天下，孙膑在战场上做出精彩决断的时代一去不返了。

由扎马至比提尼亚

汉尼拔与阿非利加那·西庇阿的后半生

作者：克里斯韦伯

如果把公元前 202 年的扎马战役作为分界点，比较在此之前与之后的古代罗马战争史，将会发现一个奇怪的现象：在扎马战役之前，罗马的扩张之路举步维艰，光是征服意大利中部就花了数百年时间，其间还曾失去过，而在扎马战役之后则可以用摧枯拉朽来形容。在公元前 2 世纪前二十年，罗马便将地中海东部希腊马其顿王国、埃及托勒密王国和叙利亚塞琉古王国一一消灭了。可以这么说，整个地中海世界之后五百年的命运，与这二十年的历史息息相关。但如果留意一下，就会发现这一段关键时间的开始与结束都与两个人息息相关——汉尼拔与大阿非利加那·西庇阿。这两人虽然处于敌对位置，但对对方都抱有一种特殊的钦佩之情，而且两人的命运神奇地相似。虽然汉尼拔比西庇阿大 16 岁，但两人都于公元前 183 年离开人世。两人虽然都有大功于祖国，但都因为在城邦内部的政治斗争中受到迫害而离开祖国，死于异乡。西庇阿甚至在自己的遗嘱中注明，不要将自己的遗体埋葬于罗马，以发泄自己对忘恩负义的同胞的愤怒。可以说，这两位伟大人物跌宕起伏的后半生，就是公元前 2 世纪前二十年的一个缩影。

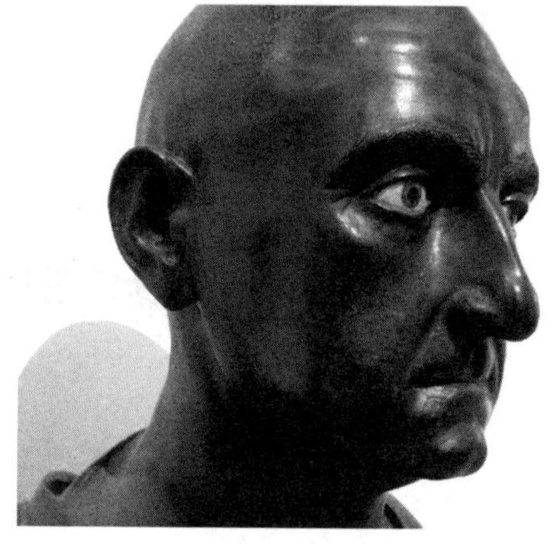

◎ 西庇阿

◎ 汉尼拔

— 屈辱的和约

公元前202年10月19日，北非扎马。

暮日的光照在地面上，不知道是光线还是不久前大量血水渗入的缘故，地面呈现出一种恶心的暗红色。地上到处都是人、战马与战象的尸体。罗马人依照他们的习俗，将同胞的尸体集中起来焚烧，空气中满是焚烧尸体时特有的那种恶臭。成群的秃鹫落到尸体上，用它们钩子形状的喙撕开尸体的皮肤和肌肉，啄食内脏。每当搬运尸体的罗马人经过，这些有经验的食客们就退到不远处，不耐烦地等罗马人离开，并时不时发出威吓的鸣叫，仿佛它们才是这里真正的主人。

士兵们正将缴获的盾牌、长矛、旗帜以及许多别的战利品堆起来——根据罗马人的传统，这些东西作为战胜马尔斯的祭品，待会将被烧掉。就在几个小时前，他们赢得了一场伟大的胜利，超过两万名迦太基士兵被杀死、两万人被俘，最重要的是，敌军指挥官是巴卡家族的汉尼拔——迦太基最优秀的将领和罗马最危险的敌人。击败汉尼拔的则是罗马人普布利乌斯·科尔内利乌斯·西庇阿和努米底亚人马西尼萨。

普布利乌斯·科尔内利乌斯·西庇阿（又称大西庇阿）出身于西庇阿家族，该家族是古罗马著名贵族科尔内利乌斯氏族的一个支系，与跟汉尼拔家族可谓有血海

◎ 大战之后

◎ 努米底亚骑兵

深仇。西庇阿的父亲普布利乌斯·科尔内利乌斯·西庇阿（又称老西庇阿）和叔叔格奈乌斯·科尔内利乌斯·西庇阿·卡尔弗斯，均被汉尼拔的弟弟哈斯德鲁巴·巴卡所杀。现在，西庇阿用扎马会战的胜利，完成了为家族复仇的使命。

马西尼萨则是努米底亚人马西利亚部落的酋长。他自幼在迦太基长大，在那里有许多朋友，还差点成为迦太基将军哈斯德鲁巴·吉斯孔的女婿。但残酷的命运之神却将马西尼萨推向了罗马人。努米底亚人实力最大的部落酋长西法克斯要求娶哈斯德鲁巴独生女儿为妻，以换取他对迦太基人的支持。迦太基人同意了他的要求。就像无数历史故事的重演，马西尼萨一怒之下投奔了罗马人。具有讽刺意义的是，马西尼萨及努米底亚骑兵对西庇阿在北非的一系列胜利中起了极为关键的作用。

当西庇阿与马西尼萨痛饮着胜利之酒时，迦太基最后的指望巴卡·汉尼拔，正在夜色的笼罩之下逃往扎马以东一个叫托恩的小镇。当时，他身边还不到二十个骑兵。当他们赶到目的地后，汉尼拔发现镇子里人声鼎沸，到处都是扎马的败兵，其中有许多西班牙雇佣兵和勃罗丁人（勃罗丁是意大利南部的一个城邦）。汉尼拔觉得危险，因为无论是西班牙雇佣兵还是勃罗丁人都有可能将他抓起来送给罗马人。西班牙雇佣兵是为了赏金，而勃罗丁人则是为了逃避罗马人对他们的惩罚——勃罗丁人虽然也是意大利人，但却在汉尼拔的麾下与罗马人作战。后来，汉尼拔设法弄到了几匹马。他和最信任的骑兵两天两夜跑了555公里，来到了哈德鲁密敦港。当初，汉尼拔便是从这里出发前往扎马与西庇阿交战的。他的全部家当都在这里。为了保护这些物资，这里还留有一支人数不多的军队。于是，他以此为基础，开始向周边地区募集士兵，同时也收容败兵准备再战。

当汉尼拔忙碌于重建军队时，他的许多支持者从迦太基逃亡到了他所在的地区。这些人带来了坏消息。原来，一得知扎马的败绩后，迦太基元老院就立即派出了求和使者——汉诺和哈士多路巴·伊利福斯。这两个人都属于寡头派（经营大农庄的奴隶主），与汉尼拔所代表的巴卡派（工商业奴隶主）是死敌。他们从罗马人那里带回了以下和谈条件：

◎ 三列桨战船

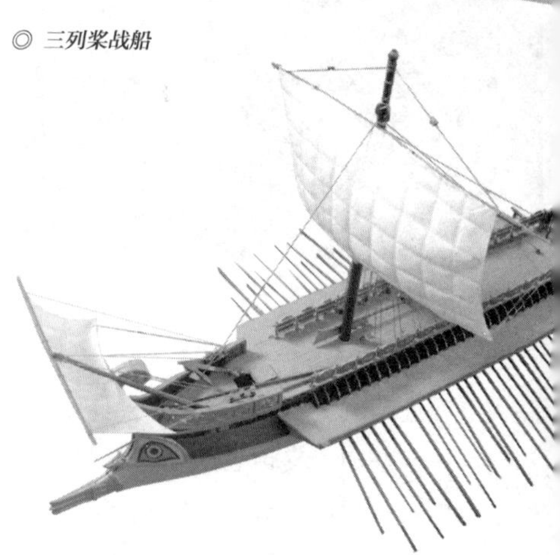

1. 必须三十天内交出所有与罗马人的战争中获得的战利品，除十艘三列桨战船外的所有其他军舰、战象以及战俘和罗马人的逃兵，在迦太基军队中的意大利人，并补偿罗马人在过去一年里违反停战协定造成的损失（数量由罗马人决定）。

2. 马戈（汉尼拔最小的兄弟）必须于六十天内从意大利撤兵。之前，马戈带领一支雇佣军在利古里亚（今意大利西北部一带）活动。实际上，他当时已因伤死亡；迦太基驻军必须退出腓尼基壕沟（即公元前201年划定的迦太基边界）以外的所有城市，并交出其他城市的所有人质，壕沟以西的土地和城市全部归还给马西尼萨，西南地区予以独立。

3. 在未来的五十年里每年赔偿罗马250优卑亚塔兰特（古代希腊世界的货币单位，1优卑亚塔兰特等于28.86公斤白银，这是一笔巨款）。

4. 禁止在凯尔特人与利古里亚人中招募雇佣兵，禁止与马西尼萨以及罗马的其他盟邦发生战争，禁止迦太基有任何反对罗马以及罗马盟邦的行动。

5. 迦太基必须成为罗马的盟邦，并承担相应的义务。

6. 如果迦太基人接受以上条件，罗马人将于150天内离开非洲。

7. 为确保迦太基不利用和谈来拖延时间和准备战争，在迦太基的使节前往罗马前，迦太基必须先交出150名家世显贵的人作为人质（这些人由罗马来选择），达成和约后，人质将被释放；立即支付1000优卑亚塔兰特作为军队的薪水；提供军粮。

◎ 战象

在讲述完所发生的一切后，人们便开始向汉尼拔控诉寡头派在休战期间将粮食运给罗马士兵而让迦太基公民挨饿的事情，他们请求汉尼拔带领军队回到迦太基，从寡头派手中夺取权力，领导迦太基人与罗马继续战斗，他们不愿意做罗马人的奴隶。

汉尼拔并没有立即回应，得知迦太基已经为是否接受罗马人的条件而分裂，激愤的平民们正在焚烧当权者的住宅，甚至城邦已经处于内战的边缘时，他也只表示自己将立即返回迦太基。

不难想象，那些远道而来的人们对汉尼拔的表态有多么狂喜。汉尼拔的行动非常迅速，当他走进迦太基元老院时，是否接受和约条件的辩论还在继续。哈斯德鲁巴·吉斯孔（就是那位差点成了马西尼萨岳父的迦太基将军）正在讲坛上发表反对接受罗马人条件的演讲。汉尼拔径直走上讲坛，一把抓住他的宽袍把他拖了下来。正当众人为之不解时，汉尼拔说道："我已经离开祖国三十六年，一直在军中服役，请原谅我遗忘了此间的礼仪。我只是震惊并难以理解，迦太基处于如此绝境，却得到如此宽宏的条件，居然有迦太基公民不知道为自己的幸运向众神感谢。在我出征前，有人说起假如罗马人赢得胜利，迦太基将受何等灾难，你们的恐惧无以言表，而现在却犹豫不决。赶快答应下来，然后向众神祭拜，祈求罗马元老院会批准这个条约！"

由于历史久远，我们已经很难找到关于当时具体情况的历史资料。唯一能够确定的是，汉尼拔的表态起到了决定作用。迦太基元老院立即按照西庇阿的要求，交

◎ 迦太基元老向民众讲话

◎ 在神坛前发誓绝不与罗马妥协的汉尼拔

出了人质和1000优卑亚塔兰特。

汉尼拔，一个幼年便在父亲面前向神发誓要终身与罗马为敌的战士，他的前半生几乎都在准备或正在与罗马作战中度过。而现在却要说服自己的同胞接受罗马人的条件以换取和平，这简直无异于精神上的自杀。如果说，这是为了换取生存而做出的决定还可以理解，因为和平对当时的迦太基来说非常有必要，但对汉尼拔却恰恰相反。作为罗马人最危险的敌人，汉尼拔在入侵意大利的十五年里毁了四百个市镇，杀了近百万人，几乎每一个罗马家庭都有人直接或者间接丧命于他手。假如迦太基与罗马和谈，罗马很有可能以汉尼拔的生命作为达成和约的条件。而且，如果罗马人出尔反尔，假装议和以骗取人质，那汉尼拔也将成为群众泄愤的对象。[①]

纵然议和成功，迦太基能够逃脱毁灭的命运，但却失去了所有的领地、舰队、战象和大量的贡税收入，还必须在未来五十年支付罗马高达12500优卑亚塔兰特的巨额赔款。将来，人们很可能会忘记是汉尼拔的建议让国家得以保全，只会记得是他引来了这场带来巨大灾祸的战争，是他同意向罗马签订需付出巨额赔款、无数领地的和约。要知道，在那个时代，迦太基人以残酷和反复无常而著称，汉尼拔是很清楚这一点的。

如果选择继续战斗，迦太基不太可能翻盘，但迦太基城的城防却固若金汤。迦太基城，位于一个深入突尼斯湾的半岛之上，与大陆唯一的连接只有一条约为3.7公里长的地峡。而该地峡被坚固的柏萨要塞（腓尼基语为“一块牛皮”的意思）所保护。要塞面朝大陆的一面有三道城墙，

① 第三次迦太基战争，罗马将领就曾用同意议和的办法骗取了迦太基全部的武器和300名儿童人质，事后主张交出人质和武器的元老都被愤怒的群众用酷刑处死。

城墙的高度在15米以上，而且每隔60米左右就有高达10米的射塔。半岛的西南面为突尼斯湖，该湖是一个咸水湖，有通道与地中海相连接。该半岛面临地中海的部分是一道悬崖，而且多礁石，不适宜船只航行或停泊。迦太基人朝突尼斯湖的一面建了港口，并在突尼斯湖通往地中海通道附近的小岛上建了坚固的要塞。不难看出，从海陆两面进攻迦太基都极为困难。而以当时的技术条件，海上封锁几乎是不可能的。第三次布匿战争，迦太基人交出足够武装十万人的武器后，在没有任何同盟者的情况下，还抵挡了罗马人整整三年的时间。在围攻战中，当时的罗马军队统帅小西庇阿（即普布利乌斯·科尔内利乌斯·西庇阿儿子的养子）通过在突尼斯湖里修建了一条堤坝，才完成对迦太基海上通道的封锁。

迦太基虽然战败，但努米底亚国王西法克斯的儿子维密那还是迦太基的盟友，还有充足的武器，寡头们的财库里也有足够的金钱，必要时，迦太基人甚至可以解放奴隶来弥补人力的不足，再加上汉尼拔这样优秀的统帅，长期作战也不是不可能。最重要的是，只要战争还在进行，汉尼拔便不用担心同胞从背后攻击他，就算再次战败，他也完全可以作为一个流亡者逃往东方。巴卡家族从来不缺钱和船。无论是埃及的托勒密，还是叙利亚的塞琉古，抑或是马其顿的安条克，都会向汉尼拔这样的伟大统帅大开欢迎之门，他的后半生依然可以过得相当舒适。

唯一的解释就是，对迦太基的爱让汉尼拔做出了无异于自杀的选择。如果说十五年前汉尼拔率领大军入侵意大利，是为了消灭迦太基最危险的敌人，那么今天，他接受西庇阿的条件则是为了保全迦太基。至于自己的生死，他总是置之不理的。汉尼拔很清楚，西庇阿与罗马其他将领不同，他并不想毁灭迦太基来满足自己的复仇欲望。因为当时的罗马还没有能力在北非建立行省直接统治这块土地。假如要毁灭迦太基，那么这块最适合统治北非的土地，就将落入已经统治着努米底亚的马西尼萨手中，这等于是用罗马人的鲜血培养出一个潜在的敌人。西庇阿提出的条件虽然看起来很苛刻，但主要目的是为了削弱迦太基的军事潜力，防止其再一次威胁罗马安全。但他的任期即将结束，如果是另一个罗马将军，迦太基未必会这么幸运。

◎ 迦太基军港复原图

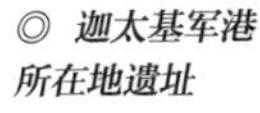

◎ 迦太基军港所在地遗址

◎ 迦太基遗址

那时，罗马人很可能为了自己的复仇欲望而提出更加苛刻的条件。

得知迦太基接受自己提出的条件后，西庇阿就派出使者与迦太基使团返回罗马去劝说元老院批准这一条约。这个条约如果通过，不仅对罗马最有利，同时也能提高西庇阿本人在罗马的声誉。根据罗马的法律，将军与其他官职一样，是有固定任期的。一般来说，卸任的执政官将会得到与执政官级别一样的将军或者行省总督作为报酬，即将卸任的现任罗马执政官盖·科尼利阿斯·林都阿斯正等着接替西庇阿的将军职位，他显然会在元老院竭力反对这个条约。西庇阿可不愿意看到自己辛辛苦苦打败了汉尼拔，荣誉却让盖·科尼利阿斯·林都阿斯抢走的结果。他让自己的使者威胁元老院，假如元老院拖延或拒绝批准这个和约的话，他将亲自与迦太基缔结和约。

西庇阿的行为显然违反了罗马的政治制度，因为只有元老院或人民大会（人民大会只在元老院内部分裂瘫痪的情况下起作用，绝大部分时候不过是橡皮图章）才有权利批准与其他国家的条约。西庇阿的身份是执政官、西西里行省总督和非洲远征军统帅，是没有权力缔结两国间的和约的。但是，长时间的战争使得高级军事指挥官在罗马政治体系中的地位大大提高了，

◎ *汉尼拔与西庇阿会面*

尤其是像西庇阿这种多次在西班牙和北非证明了自己实力的伟大统帅——他在公民中享有巨大的威望，在元老院中也有一部分支持者。在战争还未结束，外部威胁还没有被消灭时，罗马元老院是很难对这样一个人说不的（因为西庇阿可以通过公民大会绕过元老院要求批准，毫无疑问，人民会支持他们的英雄）。但这并不意味着元老院成员都是些只会后退的懦夫。恰恰相反，这些“九头蛇”们（皮洛士曾称罗马元老院成员是九头蛇）会谨记西庇阿的冒犯，并深深地埋藏在心里。未来的某一天，西庇阿将为此付出惨痛的代价。

即使西庇阿竭尽所能为和约的批准活动，但在元老院中依然为是否批准和约发生了激烈的争执。那位想要继任西庇阿的将军职位，攫取赢得战争荣誉的现任执政官科尼利阿斯·林都阿斯，与其亲属巴布利阿斯自然成了反对派。科尼利阿斯作了非常有力的演讲，他回顾了迦太基人对罗马及其盟邦造成的伤害后，要求迦太基人无条件投降，即交出武器、战舰、城市，然后再讨论给迦太基什么样的待遇。显然，他的目的是想破坏和约的达成，因为迦太基人不可能接受这种条件。如果接受这种条件，迦太基人无异于将自己祖国的存亡寄托在了罗马人的仁慈上。

在随后的表决中，元老院以多数通过了和约。元老院中反西庇阿的保守派并没有投反对票，因为他们清楚，如果他们这么做，西庇阿将会像过去那样利用自己在群众中的威望来强迫元老院同意。让人惊讶的是，元老院甚至没要求在条约中添加惩罚汉尼拔的条款。战争结束后，汉尼拔还担任了三年迦太基的将军。显然，西庇阿在其中起了重要作用，这位深受希腊文化影响的杰出人物对伟大的迦太基对手抱有深深的敬佩之情。甚至签订条约后，西庇阿还在元老院替汉尼拔与迦太基说好话。西庇阿声称，迦太基的存在对罗马人有利——它会使罗马人不至于被胜利冲昏头脑，因过度的繁荣而腐化堕落。而且，在希腊历史学家波利比乌斯的著作中，例行公事重复了一番罗马人对汉尼拔狡诈、凶残、贪财的恶毒攻击后，便笔锋一转，指出像汉尼拔那样的大军统帅，是不能用普通人的道德标准来衡量的。如果考虑到他麾下成分复杂的军队和极其艰难的战争环境，就不得不承认，很难找出另一个能比他做得更好的人。这位波利比乌斯是西庇阿儿子的养子的秘书，他作品中对汉尼拔的高度评价，也反映了西庇阿对汉尼拔的惺惺相惜之情。

二 腐败的贵族

就这样，第二次布匿战争结束了，这场规模空前的战争对交战双方都产生了前所未有的影响。如果说迦太基在这场战争中由一个帝国沦为表面上独立，实际上依附于罗马的被保护城邦（因为根据公元前201年的条约，未经罗马人批准，迦太基人不得与其他势力进行战争），罗马则从一个文化经济落后，影响力仅局限于意大利半岛的农业城邦，一举成为地中海西部最强大的军事霸权。战争期间，由于意大利南部许多城邦站在汉尼拔一边，作为惩罚，罗马人没收了这些城邦的全部或部分土地，居民则沦为奴隶或无权公民。战争期间，站在罗马一边的城镇也有许多因为战争被毁灭。这些土地及其居民绝大部分都落入了罗马贵族手中——罗马贵族以低廉的租金向国家租借大片土地，用输入的奴隶来放牧或种植经济作物，失去土地的农民则不得不流入城市寻求机会。显然，这种从未有过的经济形势会对罗马造成极其巨大的影响，但罗马的统治阶层会修正原有的政治哲学，来适应正在急遽变化的社会吗？

答案是否定的，更准确地说，是一点也没有。虽然公元前2世纪时，罗马的军事力量实际上在地中海世界已经无敌，甚至会在未来的五十年里，将势力范围扩张到整个地中海，但他们统治者的目光却仅局限于自己的财富。加图就是一个典范，

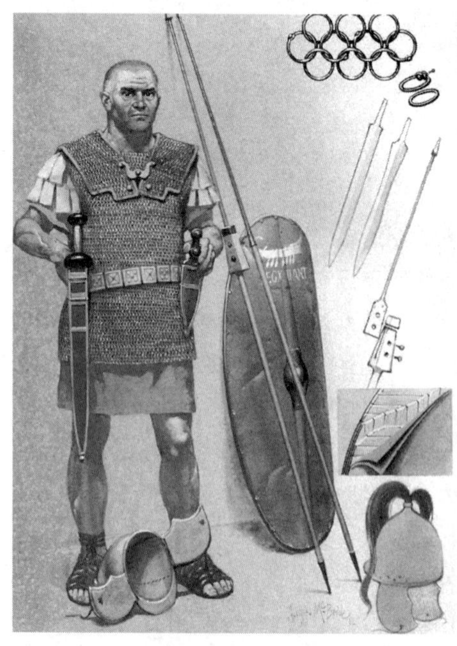

◎ 罗马重装步兵的全套装备

他的《教子书》和《农业志》从头到尾都在讲述如何才能最大效率的产出，19世纪曼彻斯特的棉纺织厂厂主肯定会与这位老加图惺惺相惜。当时的罗马生活，只要稍微了解一下加图、格拉古、马略、凯撒的演讲，就会发现所有的辩论都极其简单和普通，动机堪称卑鄙，毫无远见。他们争论的目的，只不过是为了重新瓜分共和国的财富和权力。一开始，以西庇阿为中心的小集团，因为深受希腊文化的影响，还很害怕——他们担心，太幸福、繁荣，会引来神的嫉妒导致毁灭。但公元前2世纪时，这个小集团充满了实利主义者。在第二次布匿战争中赢得了巨大威望的元老院变得贪婪、盲目、狭隘而短视，他们不但对被征服者残酷，也不认为要想办法在共和国内部的各个阶层中寻求平衡。元老院的政策就是每个元老的政策，这种政策的实质是，榨干行省与意大利的每一个铜币，让自己发财。从某种意义上讲，被毁灭的迦太基在这些罗马贵族的身上复活了。

◎ 古罗马贵妇

公元前201年，迦太基与罗马签订和平条约后，汉尼拔并没有马上离开军事指挥官的职位，直到公元前199年，他才辞职。由于当时迦太基已经没有能力向外发动战争，汉尼拔在其位的主要任务应该是遣散军队（迦太基军队的主体是外族雇佣兵）。一般来说，古代战争时期，雇佣国不会给雇佣兵发放足额的薪饷，一是可以节约金钱雇佣更多的士兵，二是可以让士兵不逃亡。所以一旦战争结束遣散军队时，迦太基就需要一大笔钱来支付士兵的欠饷，这个问题一旦处置不好，就会惹出大祸。比如第一次布匿战争结束后，就因为遣散士兵的问题引发了“雇佣兵战争”。镇压那次“雇佣兵战争”的不是别人，正是汉尼拔的父亲——哈密尔卡·巴卡。

考虑到第二次布匿战争才结束，迦太基政府要支付罗马巨额的赔款，国库十分空虚，汉尼拔得以留任军事指挥官之位，应该是迦太基的统治阶层想要利用他在军队的威望解决雇佣兵问题。

◎ 古罗马斗兽场

从公元前199年，汉尼拔离开军事指挥官的岗位，到公元前196年当选苏菲特（迦太基执政官）这三年，他应该处于在野状态。据史料记载，汉尼拔的妻子是西班牙一个酋长的女儿。在第二次布匿战争前，他便将妻子与孩子送到故乡迦太基，以免受到战争的伤害。从爆发战争那一年起，他几乎有十六年未曾与妻儿团聚。另外，作为巴卡家族的首领，汉尼拔还是一个出色的经营者。据说，他从意大利返回时，带了大批优质橄榄树种回迦太基。这三年，他应该就像一个普通的迦太基贵族，

将时间用在了自己的产业与家人身上，享受着难得的平静与幸福。

俗话说“树欲静而风不止”，罗马人对迦太基的战争取得胜利后，罗马在整个地中海拥有无与伦比的军事优势，但此时的地中海东部世界却处于一种奇怪的状态，自从亚历山大去世后，其所建立的庞大帝国便落在他的部将们——后世称之为“继业者”手中。这些将军与国王们为了争夺亚历山大的遗产进行了漫长且艰苦的战争，但没人继承亚历山大大帝的伟业。公元前217年的拉斐亚战役后，地中海东部实际上形成了一种相对的均势：菲利普五世的马其顿王国、安提奥库斯三世的叙利亚王国和托勒密四世埃及王国并存。除这三个强权外，还有许多自治城市、联盟和小王国。三个强权中的任何一方势力增长，都会被其他势力当作威胁。

公元前204年，也就是扎马战役爆发前的第二年，这种均势被打破了。托勒密四世死了，将王位留给了年幼的儿子托勒密五世。托勒密四世的死亡时间应该更早，因为他身边的近臣在相当长的一段时间里封锁了宫廷内外的消息流通，企图以他的名义继续统治埃及。总之，埃及实权掌握在人人痛恨的摄政者手中。于是，菲利普五世与安提奥库斯三世决定暂且放下相互之间的矛盾，联合起来瓜分埃及在叙利亚、小亚细亚、爱琴海以及黑海进入地中海海峡地带的领地，地中海东部短暂的和平被打破。

而迦太基内部此时也不平静，由于国库空虚，迦太基给罗马的第一期赔款其实贵族们掏腰包垫付的。公元前199年，迦太基人便在赔款的银币中掺了四分之一其他金属。这些银币被罗马人发现后，罗马人拒绝接收，迦太基使者不得不向罗马商人借款补足。

从表面上看，迦太基的政治体制与罗

◎ 安提奥库斯三世

马很相似，一开始是城邦王国，但随着城市的强大，富有的贵族驱逐了国王，建立了一个寡头共和国。迦太基的最高执政官（苏菲特）有两人，也有300人组成的元老院。同时，还有一个担任监察、审判之权的监察院，成员皆为终身制，因为总人数为104人，所以也叫“百人院”。迦太基虽然也有公民大会，但实际作用不大。与罗马不同的是，最高执政官没有军队指挥权，迦太基上层的少数寡头，通过经济优势控制了几乎全部权力。这些寡头是在北非经营大农庄的奴隶主集团以及在海外经营工商业的奴隶主集团。汉尼拔的巴卡家族便是后者的首领。每年250优卑亚塔兰特虽然是一笔巨款，但对迦太基这个西地中海的商业中心来说，并不是什么大问题。国家无力付款的主要原因是寡头们的分肥行为。这些贪婪的家伙越是在国家危难之际，越是不肯放过捞钱的机会。公元前196年，迦太基干脆宣布对所有公民新征一笔人头税，用于支付给罗马人的赔款。

迦太基的当权派里，最贪婪的便是以百人院为代表的小集团。因为战争失败，元老院威望大减，百人院拥有监察和审判的权力，开始垄断政府要职以牟取私利，任何敢于阻挠他们的人都会遭到群起报复，直到家破人亡。

在这种内外交困的情况下，汉尼拔毅然出山竞选，并出任苏菲特。随后，他召开公民大会，废除了百人院成员的终身制，改为每年由公民大会选举产生，铲除了百人院的权力基础。通过改选百人院，汉尼拔掌握了政治斗争武器，清洗了政府部门大批分肥的官员，追缴了大批拖欠国家的款项。再后来，由于国家已有充裕的款项支付战争赔款，他宣布废除新开征的人头税，赢得了人民的支持。

汉尼拔的改革对迦太基的经济有着巨大的促进。五年后，迦太基一次性付清给罗马的全部赔款，就是一个明证。不过，汉尼拔的改革也引起了罗马人的忧虑，因为罗马人索要为期五十年的赔款，一是为了得到大笔金钱，二是为了削弱迦太基的国力使其无力威胁罗马。因此，当迦太基在赔款里掺贱金属的小把戏时，罗马只要其补足欠款。而迦太基保质保量提前还清了欠款，罗马人反而寝食难安，唯恐汉尼拔又一次带领大军入侵意大利。

另外，汉尼拔的政治改革固然对国家有利，却伤害了寡头阶层的利益。俗话说：“断人财路如杀人父母。”不难想象迦太基的寡头们对汉尼拔咬牙切齿的痛恨，但此时的汉尼拔不但有平民支持，背后还有强大的巴卡派控制着百人院，要钱有钱，要人有人，寡头们拿他根本没有办法。于是，迦太基亲罗马的寡头派想出了一个“借刀杀人”的计策——利用罗马人对汉尼拔的仇恨来消灭他。

大约在公元前196年，反巴卡派的寡头们向罗马的朋友们派出信使，声称汉尼拔正在与叙利亚国王安提奥库斯三世联络，准备发动反对罗马的新战争，这违反了罗马与迦太基的和约。显然，对从未遗忘汉尼拔的罗马元老院来说，这是求之不得的借口。第二年，三名罗马使节来到迦太基，他们表面上的目的是为了调节努米底亚国王马西尼萨与迦太基的关系，但汉尼拔很清楚，罗马人真正的目的是什么。为了不落入罗马人手中，他在两名副官的陪同下，夜里乘船离开了迦太基，一直到死，他都没有再踏上迦太基的土地。

汉尼拔逃离迦太基后，到了安提奥库斯三世的宫廷，并为如何与罗马人交战出谋划策。他甚至还提出给自己一支军队，与迦太基的朋友形成对罗马的第二条战线。而且，汉尼拔在第二次布匿战争，曾与马其顿国王菲利普五世签订过反罗马的同盟。由于以上这些原因，有人认为，反巴卡派的寡头们向罗马人的告发并非诬陷，汉尼拔当时的确在暗地里与安提奥库斯三世秘密结盟反罗马。但笔者认为可能性不大，因为此时迦太基的安全实际上完全依赖罗马了。当时，迦太基的邻国是罗马人的铁杆盟友——早就垂涎迦太基财富的马西尼萨。和平时期，未经罗马允许就大规模招募雇佣兵是违反条约的。一旦战争爆发，迦太基可能还来不及组建军队就完蛋了。因此，如果不是罗马人不愿意马西尼萨吞下迦太基变得过于强大的话，迦太基早就被马西尼萨占领了。假如汉尼拔与安提奥库斯三世结成盟约，安提奥库斯三世也只会出兵入侵希腊，完成重建亚历山大帝国故土的大业，最多再派兵入侵意大利，绝不会派兵去北非迦太基帮汉尼拔对付马西尼萨。没有罗马人的调停，马西尼萨肯定会出兵进攻他垂涎已久的迦太基，迦太基根本来不及雇佣足够的士兵。坚固的城墙可以保护城内的财富，可城外肥美的田地和果园都会成为马西尼萨的口中之物。以汉尼拔的睿智，怎么会干这样一件对自己没有一点好处的蠢事呢？

就这样，汉尼拔在52岁时成了一个流亡者。不过，这样他却实现了自己儿时在父亲面前许下的诺言。他现在已和迦太基没有任何关系，不用再担心自己的行为会给迦太基带去灾难了。在抵达推罗（迦太基是腓尼基建立的殖民城市，推罗是腓尼基故邦的首府）后，汉尼拔前往小亚细亚，在以弗所见到了叙利亚国王安提奥库斯三世。安提奥库斯三世给予了这位伟大的统帅极其尊荣的待遇——“国王之友”的称号。

三 马其顿的野心

公元前 203 年，托勒密四世去世后，在地中海东部地区，马其顿与叙利亚的同盟打破了拉斐亚战役后的均势，大体来说，两国对地中海东部地区按照以下界限划分了各自的势力范围：安提奥库斯三世进攻被埃及控制的叙利亚南部；菲利普五世则在与比提尼亚国王联合后，沿着色雷斯海岸向东进攻，以控制今天博斯普鲁斯海峡地带的博斯波鲁斯与赫列彭图斯。如果安提奥库斯三世的行为，希腊人还能容忍的话，那菲利普五世的行为就触动了希腊人，尤其是罗德岛人的底线。这不光是因为马其顿军队在战争中采用了极其野蛮的手段毁坏城市，贩卖敌对城邦的公民为奴隶，更重要的是在古典时代，通往黑海沿岸的海路是希腊城邦的生命线。希腊本土多山，土地贫瘠，粮食产量低，但十分适宜种植油橄榄等经济作物。向黑海沿岸出口橄榄油和手工业制品，进口粮食、鱼、木材以及其他原料，对希腊各城邦非常重要，尤其是对当时的罗德岛，如果菲利普五世控制了博斯普鲁斯海峡，就无异于卡住了全希腊的咽喉。因此，罗德岛与帕加玛王国（位于小亚细亚半岛西北部，靠近爱琴海的一个希腊小国）结成同盟后，又将拜占庭等其他希腊城邦拉到了自己一边，开始与菲利普五世交战。

大约在公元前 201 年，联军舰队与马其顿在岐奥斯附近海域展开激战，菲利普五世自称胜利，但损失惨重。他失去了 1 万名士兵、28 艘战船及大约 70 条轻型船只。但罗德岛舰队的统帅、同盟的实际发起者德欧费斯古在战斗中受了重伤，不久死去。因此，联军的活动变得迟钝起来。不过，马其顿军队也在坚固的城墙前一筹莫展。当冬天来到，补给困难的马其顿军甚至不得不依靠无花果干来充饥。到公元前 200 年早春，菲利普五世在攻下的壁垒留下大约三千士兵后，便带领剩下的大军回色雷斯去了。

马其顿与叙利亚国王的行动迫使他们的敌人寻找强大的外援。早在公元前 201

◎ 马其顿重装士兵

年夏天，罗德岛与帕加玛的外交使者便来到罗马要求元老院介入。更早些时候，埃及使节来到元老院请求将托勒密五世置于罗马的保护之下。虽然由于刚结束的战争，罗马居民减少，土地荒芜，国债激增，人民渴望和平，但元老院还是做出了开战的决定。其原因有二：一，如果罗马不干涉的话，菲利普和安提奥库斯的成功（如果罗马不干涉，这几乎是肯定的）将会使东方出现两个极其强大的国家，这对罗马是严重的威胁，而且，菲利普五世曾与汉尼拔签订过反罗马同盟，这笔账也是要算的；二，第二次布匿战争结束后，平民向贵族要求权力和土地的斗争又开始高涨起来，只有寻找新的外敌才能压下内部矛盾。

于是，公元前 200 年春，罗马向巴尔干半岛派出了一个外交使团。与其说这是为了寻求和平，还不如说是为了寻找开战的借口。使团的目的是与希腊诸城邦建立反马其顿的同盟，并向菲利普五世发出最后通牒，要求其立即停止对希腊和埃及的战争，从已经占领的土地上撤回士兵。马其顿与罗德岛、帕加玛的争端将以仲裁的办法解决，如果马其顿拒绝罗马的要求，则向其宣战。

罗马的使节在希腊诸城邦遭到了冷遇。虽然罗马人将自己鼓吹为希腊的解放者，但绝大部分希腊城邦都对罗马使节很冷淡。只有与菲利普五世矛盾尖锐的雅典，在帕加玛国王的说服下向马其顿宣战。面对罗马人的最后通牒，菲利普五世傲慢地说道："看在你年轻英俊，又是个罗马人

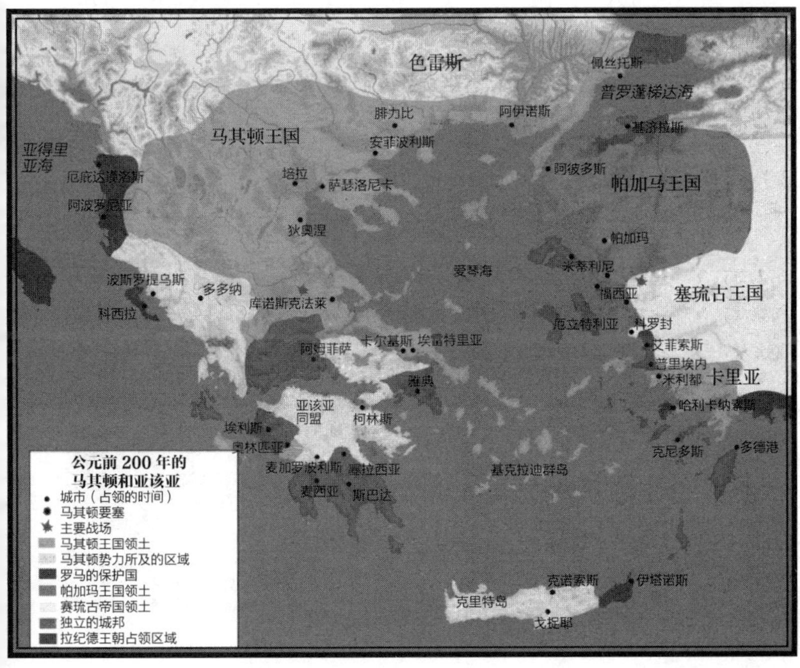

◎ 第二次马其顿战争前（公元前200年）的马其顿与亚该亚形势图

的份上，我就原谅你说的话！”为了防止同时面对两个敌人，罗马同时派出使节前往叙利亚，向安提奥库斯三世表明，罗马人与他并无敌意，愿意给予他对埃及的行动自由，希望他能在罗马与马其顿的战争中保持中立。安提奥库斯三世并没有表态，但从他的实际行动来看，他在整个战争期间的确采取的是中立态度。显然，他不准备履行与马其顿国王的盟约，因为在他看来，这个盟约是暂时的。瓜分埃及后，马其顿就是自己的下一个敌人。从某种意义上讲，安提奥库斯三世害怕的是，出现一个控制着希腊、色雷斯、小亚细亚地区的马其顿王国。很快，他就为自己的短视行为受到了惩罚。

现在的问题，只是战争何时爆发。为了开人民大会时能通过向希腊派兵的决定，元老院还需要一个能说服人民的借口。这在剑拔弩张的希腊并不难，元老院很快便得到了他们期盼已久的借口，两个阿碦那尼亚人误入雅典秘密教仪的所在地，被雅典处以死刑。作为马其顿最忠实的盟友，阿碦那尼亚立即请求菲利普五世允许其在马其顿募集雇佣兵，入侵阿提卡。因为当时雅典已经是罗马的盟邦，元老院立即以马其顿攻击罗马盟友为由，向人民大会提议宣战。

元老院的提议一开始被人民大会拒绝。为了能通过，元老院许诺派往马其顿的军团不从罗马公民中募集。因此，一开始入侵马其顿的两个军团实际皆为意大利盟邦公民组成，这是罗马以往的历史没发生过的。公元前 200 年秋天，执政官普布利乌斯·苏尔庇奇乌斯·伽尔巴率领两个军团和一千努米底亚骑兵在阿波罗尼亚登陆。在战争的头两年，罗马人先前频繁的外交行动的成果显现出来了，由西而来的主攻（罗马人）得到了三个次要方向的辅助进攻。北部的蛮族入侵，东部的罗马、帕加玛与罗德岛舰队，南部是马其顿的宿敌埃托利亚同盟。面对以上情况，兵力不足的菲利普五世不得不率军退回本土，采用中央机动的战术抵抗敌人。不过，他控制着埃培洛斯与帕撒利亚的崎岖山路——入侵希腊中北部的重要通道。在他的巧妙指挥下，战争头两年并没有发生决定性的战役。罗马军队虽然入侵马其顿，但补给困难，随后只得退出马其顿。菲利普五世则乘机出兵进攻正在入侵色萨利的埃托利亚军队，并打败了他们。东部联军在海上徒劳无功后，本来蠢蠢欲动的希腊诸邦又安定下来。形势一下子变得对马其顿有利起来，假如安提奥库斯三世愿意支援马其

◎ 行进中的罗马军团士兵

顿，马其顿将赢得战争的胜利。

公元前198年，执政官提图斯·克温克里乌斯·弗拉米尼努斯带领大批援兵来到希腊。这个年仅30的继任者是狂热的希腊文化仰慕者、第一流的外交家、西庇阿集团的重要成员。他要求菲利普退出所有希腊领土，但遭到拒绝。于是，罗马军队又一次入侵马其顿，菲利普重施故技，企图利用机动迫使罗马人粮尽而退。但幸运之神这一次站在了罗马人一边，一个亲马其顿的部落酋长突然倒向罗马人，引导一支罗马军从一条不为人知的山间小路来到了马其顿壁垒的高处。在接下来的交战中，这个支队起了至关重要的作用，马其顿军被打败了。兵力不足的菲利普不得不放弃整个色萨利，退至唐培山隘，罗马军队实现了与盟军会师。与此同时，罗马联军的舰队进入了南希腊。在看到了罗马舰队的那一瞬间，亚该亚同盟便放弃了原有的中立，与罗马人联合围攻马其顿的要塞——地理位置极为重要的科林斯。而斯巴达的纳比斯玩了一个诡计，他先是站在马其顿一边，从菲利普手中骗取了阿尔戈斯，旋即又倒向罗马人，于是，整个南希腊便落入了罗马之手。在这种情况下，菲利普不得不派出使节向罗马人请求和谈。他与弗拉米尼努斯于当年冬天在尼西亚会面。会谈时，菲利普表现得既高傲又文雅，他视罗马人为与自己平等的敌人，但视与罗马人联合的希腊诸邦为低贱的属民。弗拉米尼努斯对他颇有好感，而对己方反复无常，唯利是图的盟友却暗自鄙视。双方休战两个月。菲利普又派特使前往罗马，

◎ 马其顿方阵中的未披甲新兵

◎ 遭遇马其顿密集方阵的罗马军团

元老院希望马其顿放弃全希腊，谈判破裂，战争再起。

公元前197年，菲利普狡猾的盟友们无视马其顿眼前的窘境，不发一兵一卒支援。为了赢得胜利，菲利普不得不孤注一掷，将国中老弱幼童都招入军中，全军人数增加到26000人。随即，马其顿军便在当年春天向南入侵色萨利，准备与罗马人

决战。很多人将这归结为菲利普五世急躁的个性，但最有的可能是，为了打败罗马人，他抽空了北境的防御力量。

在接下来的狗头山之战中，埃托利亚人与北非战象发挥了极其重要的作用。以至于埃托利亚人称，是他们在狗头山打败了马其顿人，但为没有从罗马人手中得到足够的报酬而一直耿耿于怀。在战役的开始阶段，罗马人的前军轻兵冒进，被马其顿的密集枪兵方阵所击败，几乎追至己方营垒，正是埃托利亚人的骑兵和轻步兵拼死奋战给了罗马人重整军阵的时间。而且，在接下来的交战中，马其顿军与罗马人分别都在自己的右翼取得了胜利。如果说马其顿的胜利是由于无坚不摧的密集方阵，罗马人在己方右翼的胜利则得力于地形和北非盟友的战象。失去一翼的马其顿军遭到罗马军的侧击，遂大败，阵亡士兵高达13000人。

此时，弗拉米尼努斯表现出了他非凡的战略眼光和外交才能，他并没有答应同盟埃托利亚人的要求，而是继续战斗彻底摧毁马其顿，虽然埃托利亚在不久前的反马其顿战争中立下了大功。他给了菲利普五世非常优厚的和平条件：撤出占领国的驻军、交出俘虏和流亡者以及舰队，以儿子为人质，支付200塔兰特的停战费，另外交出1000塔兰特的赔款，一半立即支付，另外一半于十年内分期支付（后因叙利亚战争，其中大部分都免除了）。在和约中，弗拉米尼努斯还宣布给予所有的希腊城市自由——无须接受他国的卫戍部队，不纳贡并按照本国的法律生活。当弗拉米尼努斯在公元前196年的伊斯特米亚赛会上宣布这一消息时，在场人民狂喜，他也因此赢得了“希腊解放者”的称号。

当然，我们不能否定，弗拉米尼努斯给予希腊“自由”是一种功利的虚伪。想要成为希腊解放者的功名心和对希腊文化的狂热喜爱，对他的个人行为起了相当大的作用。但看看当时的战略环境就会发现，罗马人虽然打败了马其顿，但在巴尔干半岛还没站稳脚。更重要的是，安提奥库斯三世在罗马与马其顿的战争期间大大扩充了领地——他不但占领了原为埃及领地的叙利亚南部，还越过博斯普鲁斯海峡占领了原为菲利普五世所有的色雷斯沿海城市。也就是说，安提奥库斯三世取代了菲利普五世的位置。而且，就在不久前，他还将自己的女儿嫁给了埃及国王托勒密五世，然后把新占领的部分埃及领地以嫁妆的方式要还给埃及（实际上一直没有交接）。这样，他就解决了自己背后的威胁，可以全力投入对希腊的战争。

此时，他的一只脚已进了巴尔干半岛的门。假如罗马人不解放希腊人，就没什

◎ 罗马军团宿营

么可以阻止他给自己戴上“希腊解放者”的冠冕去入侵希腊。

公元前196年秋天，罗马派使者前往安提奥库斯三世的宫廷。这次的罗马使者和马其顿战争时期的使者完全不同了。他们以罗德岛、帕加玛以及小亚细亚的自由城市的保护人自居，声称安提奥库斯三世征服的土地是罗马人击败马其顿的胜利果实，而且指责安提奥库斯三世领军越过博斯普鲁斯海峡进入欧罗巴给罗马人带来了威胁。安提奥库斯三世则回答，他不知道罗马人有什么理由干涉小亚细亚的那些自由城市，罗马人与其他民族都没有权利干涉这些地方。此外，他还觉得，罗马人也无权干涉他领军进入色雷斯，就如同他无权干涉罗马的事情一般。因为这些土地是他祖先征服的领土，他只不过是收回了祖先的遗产而已。

于是，谈判破裂，叙利亚与罗马的关系出现了一条危险的裂痕。而帕加玛国王阿塔罗斯一世在公元前197年的死亡，给本已出现裂痕的罗马-叙利亚关系又蒙上了一层阴影。这位国王既是安提奥库斯三世的好友，也是泛希腊国家中罗马的最热心支持者和盟友。此前，他利用自己的身份为调节罗马-叙利亚关系做了很多贡献。虽然安提奥库斯三世想通过自己女儿与新继位的欧迈尼斯二世联姻，来修补两国的关系，但欧迈尼斯二世对安提奥库斯三世实力快递增长的事情，还是感到很惊恐。毫无疑问，他与罗马人接触时，是不会像他父亲那样替安提奥库斯三世说好话的。而汉尼拔正是在这种情况下来到安提奥库斯三世宫廷的。

战争之所没有立即爆发，是因为罗马和安提奥库斯三世都不希望立即开战。罗马是因为抽不出手：一是要镇压西班牙起义，二是当时正在意大利北部与高卢人交战。而安提奥库斯三世则很清楚，罗马并非可以轻易击败的敌人，他想要争取到多变的希腊人的支持。而且，汉尼拔特别提醒了他，在入侵希腊前要与菲利普五世修补联盟关系。

引发战争的导火线是希腊爆发的内乱。自公元前196年伊斯特米亚赛会上，弗拉米尼努斯宣布给予所有希腊城邦自由已两年了，罗马人虽然名义上给了希腊人自由，却无法消弭希腊内部积累已久的尖锐矛盾。

四 征服叙利亚

自从伯罗奔尼撒战争后，古希腊本土就陷入了经济与社会危机。在波利比乌斯与普鲁塔克的著作里，到处都有斯巴达、埃托利亚、彼奥提亚以及希腊其他地区当时阴郁惨淡的景象。中层阶级的大规模破产、无产阶级的急速增长、城邦机构的腐化、风俗习惯的粗鲁化（埃托利亚人就是典型的例子，他们的军队与强盗无异）。在这种情况下，几乎每个城邦都有尖锐的社会纠纷，到处都有底层群众被“废除债务和重新分配土地”的口号发动起来杀死城邦上层分子、瓜分财产的情况。在斯巴达，甚至还出现了纳比斯这样的君王。波利比乌斯称他的支持者是“一群杀人犯、夜贼、扒手和强盗”。据说，他驱逐富人，将富人财产分配给无产公民，解放了许多奴隶并给予他们公民权，这使斯巴达的军队有了许多公民兵。他每征服一处，便解放奴隶，流放当地的上流阶层，将其妻子嫁给自己的手下。如果剔除波利比乌斯上流社会出身带来的偏见，这位纳比斯简直就是一位革命领袖。

◎ 公元前2世纪地中海典型的轻装步兵

面对如此混乱的局面，罗马人推行的政策，与对其他同盟、属国以及被保护国的传统政策是一致的：支持亲罗马集团。通常来说，这个集团的成员都是城邦中的富人。希腊的亲罗马派一般是富有的寡头派，而不是以中下层民众为主的民主派。比如，纳比斯在反菲利普的战争中采取骑墙的两面派手法从马其顿骗取阿尔戈斯后站在了罗马人一边。但战争结束后，弗拉米尼努斯还是站在了代表有产者利益的亚该亚同盟，强迫纳比斯交出了阿尔戈斯与港口吉雄。不过，为了防止亚该亚同盟过于强大，弗拉米尼努斯让纳比斯保留了斯巴达本土，后来，这成为战争爆发的导火线之一。

因此，希腊的民主派自然把希望寄托在了唯一可以指望的安提奥库斯三世身上。此外，埃托利亚同盟虽然在反对菲利普五世的战争中起了重要的作用，但在公元前 197 年的条约中却没有得到相应的报酬。他们只得到了在第一次马其顿战争中失去的利益，因此，埃托利亚同盟也将目光转向安提奥库斯三世，指望他可以满足自己的要求。于是公元前 193 年，埃托利亚同盟试图建立一个菲利普、纳比斯、安提奥库斯三世共同反罗马的同盟。但这个企图失败了，安提奥库斯三世这时还没有准备好入侵希腊，而菲利普五世在公元前 197 年的条约中保住了自己的基本地盘，便不愿意为了安提奥库斯三世的利益而与罗马人重新开战。斯巴达的纳比斯过早地发起了行动，结果被亲罗马的亚该亚同盟的名将菲罗培门击败，随即被埃托利亚同盟的援兵杀死。这次，没人阻止亚该亚同盟了，斯巴达于公元前192年成了亚该亚同盟的一部分，埃托利亚同盟的反罗马计划从一开始就失败了。

于是，埃托利亚同盟干脆宣称安提奥库斯三世为自己联盟的最高统帅，并派使者邀请对方立即在希腊登陆，许诺假如安提奥库斯三世来到希腊，全希腊人都会热烈地欢迎他，并聚集在他的旗下与罗马作战。与此同时，埃托利亚同盟还在希腊内部以安提奥库斯三世代理人的名义，拉拢各个城邦，企图建立一个广泛的反罗马同盟。

埃托利亚同盟，这个位于希腊中北部山区的政治势力，拜著名的历史学家波利比乌斯所赐，在古代历史中留下了强盗、渎神者、毫无政治信誉的名声。但考虑到波利比乌斯所属的亚该亚同盟与埃托利亚同盟的敌对关系，这些名声是否属实还有待考证。埃托利亚人主要居住在山区，以放牧为生。山区的牧人与拥有肥沃土地的农民之间的矛盾，自希腊远古时候就有。放牧无法养活山区日益增加的人口，因此，比起希腊其他的政治势力，埃托利亚同盟更富有侵略性和攻击性。显然，埃托利亚同盟选举安提奥库斯三世，绝不是为了实现对方重建亚历山大帝国的梦想，而是想要借助安提奥库斯三世的力量将阻止他们扩张的罗马人赶出希腊，然后扩大自己的势力。这点反埃托利亚同盟的势力是很清楚的，所以，不管这些势力多么仇恨罗马人，也不会为了埃托利亚同盟的利益去支持安提奥库斯三世。埃托利亚同盟向安提奥库斯三世许下的空头支票，只有在安提奥库斯三世的实力大到能独自击败罗马人的情况下才会兑现，而到那时，希腊其他城邦的支持又没有必要了。

这时，安提奥库斯三世及其部分军队正在色雷斯。他的宫廷为是否接受埃托利亚同盟的邀请发生了激烈的争论，安提奥库斯三世倾向于接受埃托利亚人的邀请。但汉尼拔劝他不要急于进入希腊，因为一旦进入希腊就意味着与罗马开战。在此之前，他应先与马其顿的菲利普五世结成同盟，这样，他的军队才能以希腊为作战基地入侵意大利。而且，马其顿这个盟友还能确保小亚细亚的安全。此外，汉尼拔还建议安提奥库斯三世给他一万名步兵、一千名骑兵的分遣队前往迦太基。在那里，他可以把迦太基拉入叙利亚联盟，从另外一个方向入侵南意大利和西西里。根据阿庇安《罗马史》的记载，安提奥库斯三世没有采纳汉尼拔的建议，因为他妒忌这位伟大统帅的名声，害怕采纳汉尼拔的计策会使对方的名望超过自己的，但这恐怕并不是主要原因。

我们不难看出，汉尼拔与安提奥库斯三世计划的巨大分歧。汉尼拔的计划是想建立一个广泛的反罗马同盟来击败

◎ 罗马轻装与重装士兵的作战技巧

罗马，安提奥库斯三世的目的则只是为了将塞琉古帝国的控制范围扩大到希腊，他认为，只要在希腊击败罗马人，就可以挫败罗马人干涉东方的意图了。在这个问题上，安提奥库斯三世显然是太不了解罗马人了。第二次布匿战争后，罗马已经完成意大利半岛中南部整合，其拥有的军事人力资源已远远超过三个继业者国家中的任何一个（马其顿、塞琉古、托勒密）。虽然塞琉古、托勒密的实际人口比罗马多，但这两个国家都是亚历山大的征服成果，由小部分希腊 - 马其顿裔的军事征服者控制，占人口绝大多数的本地人处于被奴役、被压制的状态，所以，真正能够使用的军事人力资源很有限。在这种实力对比下，罗马绝对不会满足于将自己势力范围保留在西地中海，更不会容忍在亚得里亚海对岸出现一个统一的帝国。安提奥库斯三世与罗马人的战争肯定是长期的，这种持久性战争没有马其顿的支持（至少是中立），结果是很难想象的——要么是罗马对意大利半岛的整合被摧毁，要么是安提奥库斯三世建立一个横跨欧亚大帝国的梦想被粉碎。

显然，汉尼拔在如何对待罗马这个问题上比安提奥库斯三世想得更多，也更有远见，但他的计划是否具有可行性呢？无论是继业者国家（马其顿、塞琉古、托勒密），还是希腊本土的那些城邦、联盟以及小亚细亚的希腊化小王国，都把邻国看成比罗马更重要的威胁。越是距离罗马远的，就越是把罗马当成制衡邻国的帮手（如帕加玛和罗德岛）。很难想象，托勒密、安提奥库斯三世、菲利普、埃托利亚同盟、亚该亚同盟这些势力会为了抵抗罗马站在同一条战线上。对这个问题，汉尼拔无疑错了。

公元前 192 年秋，安提奥库斯三世在帕撒利亚的捷米特里亚斯登陆，随行的只有一万名步兵、一小队骑兵和六头战象。他轻易就把希望寄托在了埃托利亚同盟身上。另外，从小亚细亚通往希腊本土的陆路很不好走，很容易遭到当地野蛮的色雷斯部落袭击。因此，从小亚细亚前往希腊一般都是走海路或者沿着海岸线水陆并进。而当时的爱琴海是不适宜进行航行的，安提奥库斯三世在这个季节登陆就意味着，只有到第二年的春天，他才可能得到本土的援兵。

除了埃托利亚同盟外，站在安提奥库斯三世一边的还有彼奥提亚、优贝亚、埃利斯，但是亚该亚同盟与雅典倒向了罗马人一边。更糟糕的是，马其顿的菲利普也倒向了罗马。弗拉米尼努斯的远见获得了丰厚的回报，当然菲利普的行为也有安提奥库斯三世的“功劳”——安提奥库斯三

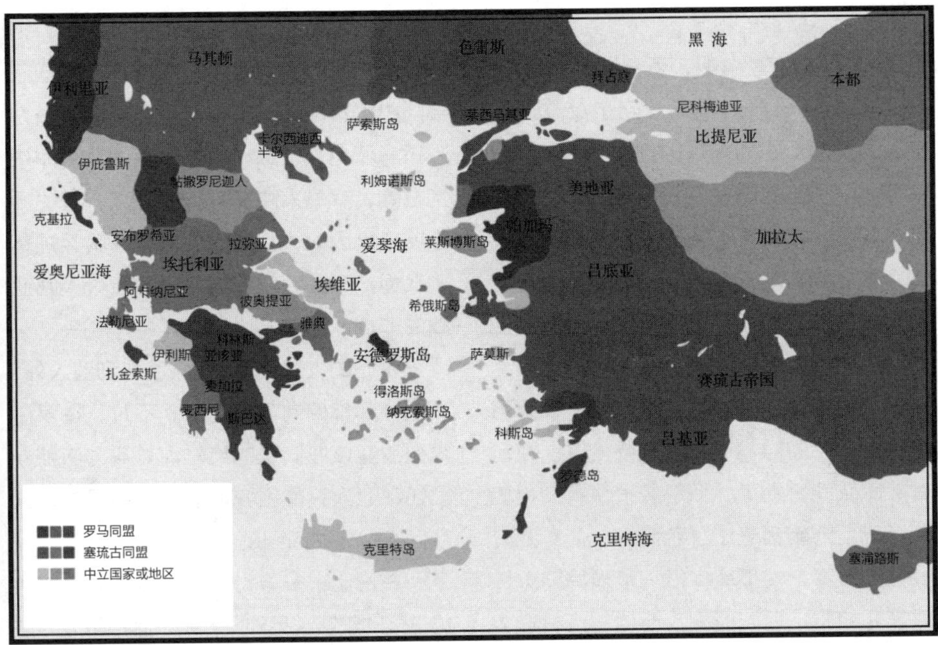

◎ *公元前192年的形势图*

世曾让马其顿独自对抗罗马与希腊，自己却在叙利亚、小亚细亚和色雷斯开疆拓土；安提奥库斯三世来到希腊时，还带了一位自称拥有马其顿王位继承权的“伪王”；不仅如此，他还在狗头山之战的遗址埋葬了几年前马其顿士兵的白骨，并发表演讲谴责菲利普没有埋葬那些为他奋战的人。安提奥库斯三世的行为无疑激起了菲利普的仇恨，这为菲利普心中的天平倒向罗马人添了一枚重重的砝码。

对于安提奥库斯三世的登陆，罗马人也做出了反应。与安提奥库斯三世将希望寄托在埃托利亚同盟的支持不同，罗马元老院立即投入了重兵。罗马将军马尔库斯·巴比乌斯率领两万步兵、两千骑兵、十五头战象在伊利里亚登陆。双方兵力的差距也在双方盟友的积极性上体现出来了，响应安提奥库斯三世号召而来的希腊军队寥寥无几。尽管如此，安提奥库斯三世不但没有设法用积极的军事行动来坚定盟友动摇的心，催促援兵，反而新娶了一个美人，在行宫享受生活，用笔墨来代替行军、野战和围城。而汉尼拔这个安提奥库斯三世阵营中最有价值的人，此时也不在他的身旁。安提奥库斯三世荒谬地任命他为海军将领，让他率领一支小舰队去对付罗德岛与罗马人的联合舰队。这无异于大材小用，使人不得不相信史书上颇为离奇的解释——国王嫉妒伟大统帅的才能，唯恐其立下超过自己的战功，便将其派到一个他最不擅长的领域。

冬天不适宜作战，罗马人便在意大利本土准备了新的援兵。到了第二年春天，一支援兵在西庇阿的密友、名将曼尼乌斯·阿其里乌斯·格拉布略的带领下来到了希腊。其麾下有西班牙的征服者老加图，加上原有的兵力，总兵力达到了四万人。而安提奥库斯三世呢？除了埃托利亚的四千名士兵外，再无其他兵力！

现在，安提奥库斯三世不得不为自己不久前的懈怠与傲慢付出代价了。在马其顿军队的协助下，罗马人很快将安提奥库斯三世的士兵赶出了色萨利。面对绝对优势的敌军，安提奥库斯三世最好的选择是离开希腊，返回亚洲。而他却没有这么做，仿佛他的名声能代替军队抵挡罗马人一般，他集中了手头的全部兵力，前往著名的德摩比利隘路（温泉关）修筑工事，企图在这里阻止罗马人。

公元前 191 年 4 月，两军在德摩比利隘路交锋。老加图率领的迂回分队遭遇了驻守山头的埃托利亚人，但这些埃托利亚人的主要注意力却只是劫掠当地居民，因此轻易被罗马人打败了。当罗马人的迂回部队出现在战场上时，叙利亚军的长矛方阵正与罗马人交战。埃托利亚的溃兵冲散了方阵，罗马人随即从侧面杀入。安提奥库斯三世大败，只好带领自己的骑兵逃离了战场，不久后便带着自己的新夫人回亚洲去了。

◎ *正与蛮族战斗的罗马百夫长*

希腊的大局已定，除了埃托利亚人外，其他城邦都倒向了罗马人。不过，在罗马与死敌亚该亚同盟的绝对优势兵力面前，埃托利亚人只能困守他们的山中堡垒，灭亡只不过是时间问题。

在海上，一方是罗马、罗德岛、帕加玛王国的舰队，另外一方是以腓尼基人为主的叙利亚舰队。在海战的同时，罗马又派出了他们的英雄——普布利乌斯·科尔内利乌斯·西庇阿。这位赢得了第二次布匿战争的英雄是作为他兄弟的副将参加这次远征的，但他是实际上的指挥官。他这样做的原因是，希望给自己无能的兄弟赢得军事上的美名。因为当时海战还没有完全决出胜负，西庇阿决定走陆路。在出征之前，罗马人还必须解决两件事情：埃托利亚人以及如何保证前往小亚细亚的陆路安全。

西庇阿娴熟的外交手腕又一次帮了罗马人的忙。在他的主持下，埃托利亚与罗马签订了一个为期六个月的停战协定。至于行军安全，罗马人提前交还了马其顿国王菲利普的儿子，免去了剩余的赔款，并允许马其顿在色雷斯获得一定补偿。果然，在漫长的行军旅途中，菲利普及其统辖的色雷斯部落不但没有袭击罗马人，还给了相当的支持。当罗马人抵达色雷斯莱西马其亚（博斯普鲁斯海峡旁的一个希腊城市）时，竟然发现这个重要的据点无人防守。原来不久前，罗马与同盟的舰队在迈翁尼苏取得了决定性的胜利，赢得了爱琴海的制海权。当安提奥库斯三世得知这个消息后，竟然精神崩溃了，他遗弃了莱西马其亚，却没有毁掉那里存储的粮食、军饷便越过博斯普鲁斯海峡逃走了，甚至也没有留下防守的军队。他刚刚花费了很大精力重建，用于进攻希腊的前进基地莱西马其亚，罗马人兵不血刃就得到了。这次，西庇阿又一次证明，他惊人的好运气并非只发生在西班牙和非洲。

现在没有什么能阻止西庇阿及其兄弟进入小亚细亚了。精神沮丧到了极点的安提奥库斯三世派使者到西庇阿的军营求和。条件是：罗马人的一半军费由安提奥库斯三世承担，割让塞琉古帝国的欧洲部分以及小亚细亚已接受罗马人保护的希腊城市。为了确保罗马指挥官能接受自己的条件，他还赋予使者权力，可以巨额贿赂西庇阿（其年收入的一半）；另外，他会无条件释放普布利乌斯·科尔内利乌斯·西庇阿儿子的养子（正是这人在后来的第三次布匿战争中毁灭了迦太基，安提奥库斯三世的舰队在一条由卡尔西斯通往狄米特里阿的帆船上抓获了他）。面对国王的提议，两位西庇阿表示，除非国王割让整个小亚细亚和承担全部战争费用，否则他们不会接受和平。可能是考虑到自己养子的安全，也可能是为了激怒安提奥库斯三世前来与自己速战速决，普布利乌斯·科尔内利乌斯·西庇阿私下里通过使者向国王透露：“假如您还占领着刻尔松尼斯和莱西马其亚，罗马军队还没有渡过海峡，您的这个和平条件会被采纳。但我们现在已经渡过海峡，这个条件我们就不能接受了。我个人对您的建议是感激的，不过见到我的儿子后，我会更加感激。为了报答您对我的好意，我给您一个建议：接受我的条件，不要冒险交战，否则将会接到更加苛刻的条件。”

◎ 镰刀战车

西庇阿的建议深深刺激了安提奥库斯三世。他拒绝了汉尼拔冷静且富有远见的建议——将自己的军队退向内地，让战争长期化，用时间和距离来削弱远征的罗马人。因为在他看来，他只不过损失了他军队中很少的一部分，他觉得自己能够在这里击败罗马人。安提奥库斯三世集中了自己的全部兵力，大约有八万人，包括一万两千名骑兵、五十四头战象、两万名以投射兵器为主的轻装步兵和大量的战车。而罗马人只有大约三万人。从数量上看，他占据了绝对的优势，但实际情况却恰恰相反，他的军队成分十分复杂，除了少量希腊雇佣军和马其顿的殖民者外，其他的都是帝国东部和南部的民族武力，这些士兵训练不足，作战意志也让人十分怀疑。

决战时间大约是公元前 189 年初（或公元前 190 年晚秋），地点是马格涅西亚城外的平原。安提奥库斯三世指挥的右翼骑兵击溃了罗马人的左翼并且不顾一切地追击。但叙利亚军队左翼的镰刀战车却被罗马人右翼的帕加玛王国轻装标枪兵击败了。随即，罗马人投入所有骑兵打垮了安提奥库斯三世军队的左翼，向中央的马其顿方阵侧翼发起进攻，同时，中央的罗马军团步兵也发起了进攻。在雨点般的投枪攻击下，叙利亚军队部署在方阵间隙的战象受了惊，开始疯狂的践踏。枪兵方阵乱成一团，成了罗马人短剑的活靶子。安提奥库斯三世率领的骑兵追击到罗马人的军营后，被罗马守兵击退。当他傲慢地回到战场时，一切都结束了，叙利亚被俘和被杀的士兵超过五万人，而罗马人只损失了三百多人。

◎ 战斗中的罗马军团

显然，叙利亚军队失败的原因是他们的军队太过复杂，且缺乏纪律，指挥官无法将各个部分的军队组成一个有机的整体。安提奥库斯三世摧毁了罗马人的左翼，却无法有效地控制军队去迂回罗马军队的中央。当右翼被打败时，指挥官也没有抽出预备队保护方阵的侧翼。这也从另外一方面验证了汉尼拔和西庇阿对叙利亚庞大军队战斗力的判断是正确的。如果安提奥库斯三世按照汉尼拔的建议向小亚细亚的内地撤退，将战争长期化，罗马军队骑兵的弱点将会被放大，在陆地上的漫长补给线也会成为叙利亚军中大量非正规骑射手的活靶子。安提奥库斯三世完全可以在一个对他更有利的环境下会战。

五 双雄的末路

现在，安提奥库斯三世必须接受更加苛刻的和约条件了。不过在此之前，他做了一件不愧于他国王身份的事——尽可能快地放走了汉尼拔。因为在接下来的谈判中，罗马肯定会提出交出所有罗马敌人的要求。此外，他还主动释放了西庇阿的养子。在条约中，他失去了所有欧罗巴与小亚细亚的领地；不得豢养战象；舰队不得超过10艘战船；在十二年内向罗马赔偿一万五千优卑亚塔兰特，交出一个儿子作为人质。考虑到战后双方的实力对比，罗马人给他的条件是十分宽容的。因为这个原因，西庇阿兄弟在公元前187年遭到了元老院中保民官的起诉，要求西庇阿兄弟报告他们从安提奥库斯三世那里得到的款项情况，以证明他们没有接受国王的贿赂。在这个问题上，西庇阿兄弟是否真的从国王那里得到了巨额贿赂并不重要，因为当时，出征的罗马将军对战利品和战争中获得的金钱拥有非常大的自主权。换句话说，西庇阿兄弟即使接受了国王的贿赂，他们的所作所为也是正常的，他们给予国王宽容的和约也符合罗马一贯的外交政策。

西庇阿兄弟遭到起诉的真正原因是，在扎马战役后的十年间，西庇阿所在的科尔涅里乌斯氏族的代表者担任了七年执政官。这一时间的其他高级官吏也多半是由西庇阿集团的人担任，这违反了罗马共和国“轮流坐庄”的政治潜规则。当马其顿的菲利普与叙利亚的安提奥库斯三世等外部威胁还没有被消灭掉时，罗马还需要借助西庇阿及其集团优秀的军事和外交能力，但这些敌人都被打败，外部威胁不复存在时，这种不正常的“专政”就必须停止了。

当然，可能还有一种更加深远的因素导致了西庇阿的被攻击。如果我们将西庇阿集团掌权期间与迦太基、菲利普、安提奥库斯签订的条约，与罗马后来签订的和约做一个比较的话，就会发现，这一阶段的条约出奇“温和”。罗马人一般只索要赔款，很少分割敌人的土地，占领的土地

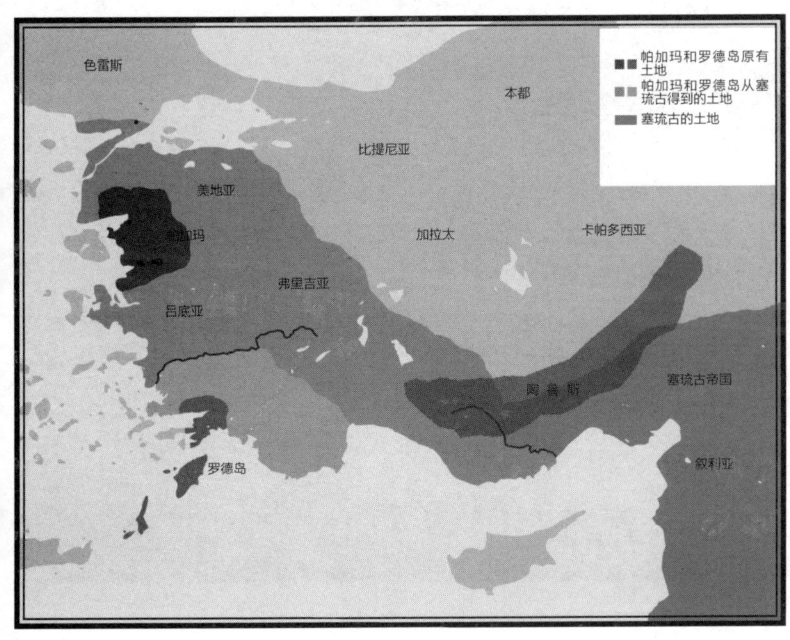

◎ 公元前188年塞琉古帝国形势图

也都分给了其他盟邦，没有直接统辖，更没有干涉战败国内政，或将战败者带到罗马羞辱的事情。这是因为，西庇阿所代表的“新贵”集团比较理智，不愿意把所有的敌人都赶到一条战线上去。更重要的原因是，他们的主要利益在意大利半岛，对被征服者，他们最多就是索要赔款而已。但汉尼拔战争在意大利的影响使罗马出现了一些新阶层：与市场联系紧密，广泛使用奴隶的庄园主，如加图；因包税、包租，贩卖奴隶、战利品而富有的大商人；失去土地来到罗马的无产阶级。这些人都渴望拥有能直接统治的行省，从而获利。

看到这里，西庇阿的命运就已经确定了。虽然他无视公元前 187 年对他及其兄弟的控告——当年，他当着元老们的面撕掉了控告文件带，因他巨大的功绩与威望，控告者不得不停止调查。但攻击者没有泄气，在公元前 185 年（或公元前 184 年）的公民大会上，又有一个保民官要求西庇阿做出解释，西庇阿无视对方的要求，转而对人民说，今天是他打败汉尼拔将自由与安全带给罗马人的纪念日，因此他号召全体人民陪同他前往卡皮托林山向诸神表示感谢。人民响应他的号召离开了会场，只留下了那个提出控告的保民官。

◎ 克里特岛遗址

但西庇阿的傲慢解决不了问题，不久，反对派就调整了攻击目标——路克尤斯·科尔内利乌斯·西庇阿。这次，西庇阿的威望没法保护他的兄弟。根据审判的结果，路克尤斯·科尔内利乌斯·西庇阿被判处巨额的罚金，由于他拒绝缴纳，结果被判监禁。多亏另外一位保民官，格拉古兄弟的父亲提贝里乌斯·显普洛尼乌斯·格拉古的调停才使其免了牢狱之灾。深受侮辱的西庇阿愤怒地离开罗马，搬到了自己在坎佩尼亚的庄园，并于公元前183年在那儿去世。他的遗嘱是，不要将自己的遗体埋在罗马。

汉尼拔离开安提奥库斯的宫廷后，作为一个流亡者前往克里特岛。随后，他前往比提尼亚国王普路西亚斯，以自己的统帅才能为国王服务。汉尼拔在与比提尼亚的宿敌帕加玛王国的战争中赢得了多次胜利。据说，他还希望能说服比提尼亚向罗马宣战，不过，这只是一种想当然，因为当时比提尼亚的力量与罗马相比，实在是太弱小了，汉尼拔的劝说除了给自己带来灾祸外，不可能有其他结果。公元前184年，罗马人作为调停者，让比提尼亚与帕加玛签订了和约。不久（应该是公元前183年），作为罗马人的使节，弗拉米尼努斯来到了比提尼亚。不管是出于个人的虚荣，还是为了解除罗马潜在的威胁，弗拉米尼努斯向普路西亚斯暗示，元老院希望国王能帮他们一个忙：将汉尼拔驱逐出这个国家。普路西亚斯的士兵包围了汉尼拔的住宅，当时已经64岁的汉尼拔立即就明白发生了什么事。他慨叹道："既然罗马人连等一个老人去世的耐心都没有，那我今天便让他们如愿以偿吧！"随即，他服下早已准备好的毒药离开了人世。

“战争事典”系列书目参考

战争事典 001
征服罗马——1453 年君士坦丁堡围城战
焚身以火——妖童天草四郎与岛原之乱
名将的真相——揭开战神陈庆之的真面目
通向帝国毁灭之路——日本“二·二六”兵变
莽苍——西风漫卷篇

战争事典 002
枪尖上的骑士——勃艮第战争详解
三十八年终还乡——郑成功平台之役
海上霸权的末路悲歌——郑清澎湖海战始末
初伸的魔爪——1874 年日本征台之役
罗马苍穹下——忒拉蒙之战解析
大炮开兮轰他娘——张宗昌和他的白俄军
砥柱东南——记南宋最后的将星孟珙

战争事典 003
东国之关原——庆长出羽合战探本
“日不落帝国”的雏音——布伦海姆会战浅析
点爆世界的“火药桶”——“一战”前的巴尔干战火
“一战”在中国——记 1914 年日德青岛之战
太平军之末路杀劫（战争文学）

战争事典 004
维多利亚的秘密——英国王室一战秘史
进击海洋——沙皇俄国海上力量发展史
被遗忘的战争——记一战中的意大利战场
晚清将帅志
大唐西域之高昌绝唱（战争文学）

战争事典 005
英法百年战争
决胜江淮——唐末江淮藩镇战争
猛鹰长啸猎头鱼——金太祖完颜阿骨打

战争事典 006
海上马车夫与西欧海盗的较量——第一次英荷之战
李定国“两蹶名王”——南明桂川湘大反攻
岛津袭来——1609 年庆长琉球之役始末
从开始到未来——因弗戈登兵变前后的“胡德”号
齐柏林的天空
斩颜良诛文丑过五关斩六将之关羽

战争事典 007
辗转关东武开秦——细述秦赵争霸中的军事地理学
战神的竞技场——拜占庭统军帝王传
罗马的噩梦——汉尼拔

战争事典 008
巨蟹座的逆袭——亚历山大大帝
大象与古代战争
甲申遗恨——崇祯十七年元旦纪事
挑战宿命——后唐灭后梁之战复盘
胡马败古城——南北朝宋魏盱眙攻防战记
沉寂——殷民东渡记

战争事典 009
日不落帝国崛起的先声——1588—1667 年英国海军战术演进
天崩地裂扭乾坤——侯景之乱与南北朝格局之变
骏河侵攻——武田家谋攻的顶点
孙膑的奇谋决断——全新解析桂陵、马陵之战
由扎马至比提尼亚——汉尼拔与阿非利加那·西庇阿的后半生

战争事典 010
将军大旆扫狂童——唐武宗平定昭义刘稹之战
孤独的枪骑兵——拿破仑时代的波兰流亡英雄
大洋彼岸的白鹰——美国独立战争中的波兰将领小传
魁星云集护武川——见证宇文氏兴起与陨落的北周名臣良将
独冠三军武周公——南齐朝将军周盘龙小传
鏖战低地——法王腓力四世统治时期的佛兰德斯战争

战争事典 011
苦战瓦夫尔——格鲁希元帅视角下的滑铁卢战役
于盛世中见衰容——由露布浅述开元东北国防乱象
“三吏三别”之前的故事——灵宝惨败与潼关陷落
黑火药时代的最后狂想——19 世纪过渡时期的步枪简史
关东出阵——后北条氏和长尾氏的崛起与较量

战争事典 012
喋血伊比利亚——法国元帅古维翁·圣西尔的加泰罗尼亚战纪
两晋南北朝中原遗脉专题
仓皇北顾——刘宋第一次元嘉北伐回眸
男儿西北有神州——五胡十六国之前凉世家

战争事典 013
冰与火之歌——爱尔兰独立战争
马其顿王朝最后的荣光——拜占庭统军帝王传（终结篇）
中国古代战车、火器、车营简史
雾月政变——无血的权力之战
诺曼征服史

战争事典 014
君士坦丁堡的第一次陷落——西欧人对拜占庭帝国的反戈一击
餐桌论输赢——南北战争中的美军伙食
地中海三国演义——法兰西、奥斯曼与哈布斯堡
陆法和：不败的魔术师

战争事典 015
三征麓川——明帝国英宗朝的西南攻略
从约柜到哭墙——圣殿时代的“圣城”耶路撒冷史
苏丹之刃——土耳其新军简史

太阳神的崛起——古希腊罗德岛攻防战

战争事典 016
克复安南——明成祖朱棣的惩越战争
赵匡胤开国第一战——兵临泽潞平李筠
拿破仑的闪电战——1806 年耶拿—奥尔施塔特双重会战
以上帝之名的征伐——西班牙再征服运动简史

战争事典 017
华盛顿的将略——扭转美国独立战争危局的特伦顿之战
第二波斯帝国——萨珊王朝兴亡简史
自毁长城之乱——南朝刘宋景平宫变考略
秦王玄甲破阵乐——定鼎李唐江山的虎牢关之战
战场背后的口舌——战国时代的纵横家

战争事典 018
宋金太原血战——靖康之耻的前奏
马克沁机枪的第一次杀戮——马塔贝莱兰征服战争
五驾马车的崩溃——南朝宋孝武帝与前废帝更替之际的顾命大臣
太阳王的利剑与荣耀——路易十四时代的王权、军队与战争

战争事典 019
千年俄土恩怨——黑海与近东地区的地缘纷争
风帆战列线的血与火——第二次英荷海战简史
勃艮第公爵的野心——阿金库尔血战后的法国内乱
昙花一现的东方霸业——罗马皇帝图拉真的帕提亚战争
将星北斗照幽燕——历史上的杨六郎与杨家将

战争事典 020
崛起与繁荣——丝绸之路上的帝国兴衰
远帆与财富——南宋海上丝绸之路的崛起
大迁徙与大征服——日耳曼人与阿拉伯人的扩张及征服
战乱与流散——欧洲历次战后难民潮
炮火与霸权——近代军事改革后的瑞典帝国时代
专业与联合——美军特种部队改革启示录

战争事典 021
争夺蛮荒——欧洲列强在北美的殖民扩张与七年战争较量
刘备家的人——蜀汉群臣小传
艺术到技术——拿破仑、普奥、普法战争中的普鲁士总参谋部改革史
皇权与天下的对抗——南齐朝“检籍”与唐寓之起义

战争事典 022
从罗马的利剑到诺曼的铁蹄——不列颠被征服简史
铁铸公侯——威灵顿公爵的人生传奇
八千里路云和月——岳飞与岳家军抗金战史

战争事典 023
日不落的光辉岁月——大不列颠崛起和祸乱欧洲史
屡败屡战的不屈斗将——立花道雪战记
热兵器时代的先锋——中世纪晚期的欧洲火门枪
突袭红盐池——明帝国中期边防史与文官名将王越传略
燕山胡骑鸣啾啾——《木兰辞》背后的鲜卑汉化与柔然战争

战争事典 024
浴血的双头鹰——哈布斯堡王朝的近代兴衰与七年战争
黄金家族的血腥内斗——从蒙古帝国分裂到元帝国两都之战
倒幕第一强藩——岛津氏萨摩藩维新简史
铠如连锁，射不可入——中国传统山纹、锁子、连环铠辨析考

战争事典 025
辽东雪、铭军血——甲午陆战之缸瓦寨战斗
凡尔登英雄的双面人生——法国元帅亨利·菲利普·贝当沉浮记
眼中战国成争鹿——北齐高氏的开国之路
以铁十字之名——条顿骑士团兴衰简史

战争事典 026
龙与熊的较量——17 世纪黑龙江畔的中俄战争
五败十字军骑士的车堡——胡斯战争与 15 世纪捷克宗教改革简史
白高初兴傲宋辽——党项人的西夏立国记

战争事典 027
高飞长剑下楼兰——清末阿古柏之乱和左宗棠收复新疆之役
东进的巨熊——沙皇俄国远东征服简史
一只鸡导致的王朝覆灭？——明末吴桥兵变与孔有德之乱始末
吞金巨兽的竞赛——希腊化时代的巨型桨帆战舰兴衰史
“血流漂杵”的真相——探秘周人克殷与牧野之战

战争事典 028
星条旗的“江河密探”——美国长江巡逻队的装备和历史
“狮心王”与萨拉丁的争锋——第三次十字军东征记
大明帝国的黄昏——从清军第四次入寇到明末中原大战
怒海截杀——1797，“不倦”号 VS“人权”号
争霸北陆——上杉谦信的战争史考证

战争事典 029
17 世纪东亚海上霸权之争——明荷战争与台湾郑氏家族的崛起
向神圣进发的“巴巴罗萨”——神圣罗马帝国皇帝腓特烈一世传记
唐帝国的“坎尼会战”——大非川之战与唐蕃博弈
拯救欧洲的惨败——1444 年东欧诸国抵御奥斯曼的瓦尔纳战役
西楚霸王的兵锋——楚汉战争彭城之战再解析

战争事典 030
双雄的第一次碰撞——唐帝国与阿拉伯帝国的怛罗斯之战
塞人的最后荣光—印度——斯基泰和印度—帕提亚王国兴衰史
大将扬威捕鱼儿海——明帝国与北元之战及名将蓝玉的沉浮人生
七入地中海的巨熊——俄国海军对南方出海口的千年情结
复盘宋魏清口战役——从实证角度尝试复原中国古代战役
埃德萨的征服者——枭雄赞吉

战争事典 031
贵阳围城始末——明末奢安之乱中最惨烈的一役
1612 动乱年代——沙俄内乱与罗曼诺夫王朝的崛起
“八王之乱”，何止八王！——西晋淮南王司马允集团的野心与盲动
攻者利器，皆莫如砲——中国杠杆式抛石机的发展历程

战争事典 032
最后的拜占庭帝国——1461 年奥斯曼征服特拉布宗始末
争夺辽东的铁蹄——秋山好古与日俄战争中的日本骑兵部队
龙与狼的最后较量——17 到 18 世纪的清朝准噶尔战争简史
唐刀的真容——从复刻绘制窦皦墓出土唐代环首刀说起

战争事典 033
打开潘多拉魔盒——一战早期毒气战的装备和战术（1914—1916）
钳制巨熊的英日联盟——沙皇尼古拉二世的远东惨败
荡然无存的“天朝”颜面——第二次鸦片战争始末
大厦将倾，独臂难支——明末军事危局与卢象升传略

战争事典 034
后亚历山大时代的希腊争霸——克里奥门尼斯战争
廓清漠北——朱棣五次远征蒙古之役
尼德兰上空的橙色旗——荷兰立国记和八十年战争简史

战争事典 035
东欧的第一位沙皇与霸主——保加利亚帝国西美昂一世征战史
大清“裱糊匠”的崛起——李鸿章筹练淮军与“天京之役”
名将不等于名帅——趣说姜维在《三国志》与《三国演义》里的不同形象

战争事典 036
匈奴的崛起与汉帝国的征服者时代
托勒密王朝首任女法老阿西诺二世传奇
详解中法战争之镇南关大捷
关原合战前东西军的明争暗斗
谈谈古代战场军人防护要素
说说大明帝国嘉靖朝的悍勇武人

战争事典 037
清军已南下，明廷仍党争——南明弘光政权覆亡之悲剧
哥萨克的火与剑——乌克兰赫梅利尼茨基大起义始末
秦帝国的崩溃——从沙丘之变到刘邦入主关中
契丹灭亡之祸首——辽末奸臣萧奉先传

战争事典 038
阿尔巴尼亚的亚历山大大帝——与奥斯曼帝国鏖战 25 次的斯坎德培
万历三大征之荡平播州——七百年杨氏土司覆灭记
对马海峡上的国运豪赌——东乡平八郎与日俄大海战

战争事典 039
腰斩盛唐的安史之乱——唐皇权柄衰弱与藩镇割据之始
被血洗的秘鲁——印加帝国覆灭记
普鲁士海军军官佩剑史 1657—1870（上）

战争事典 040
八年征战平河东——伊阙大捷后的秦国东进之路
1798 年尼罗河口战役——纳尔逊时代的英国海军和风帆海战
英国海军刀剑——从实战兵器到身份象征
普鲁士海军军官佩剑史 1657—1870（下）

战争事典 041
结束美国内战的最后一役——从彼得斯堡到阿波马托克斯
明末西南边界冲突——东吁王朝崛起与万历明缅战争
英国武装入侵印度之始——卡纳提克战争
挣脱“鞑靼桎梏”——库利科沃之战

战争事典 042
奥丁与基督之战——维京人的英格兰征服史
雪域猛虎的怒吼——唐代吐蕃王朝简史
太建北伐预演——南陈平定江州豪强叛乱
南亚次大陆的命运转折点——莫卧儿皇位继承战争

战争事典 043
一代强藩的崩塌——唐宪宗平定淄青李师道之役始末
大视野下的意大利战争——查理五世和他的地中海时代
血色金秋——1862 年马里兰会战
三腿的美杜莎——迦太基和罗马的西西里争夺战
外强中干，华而不实——清朝旧式战船、水师与海防

战争事典 044
杀人魔术——一战后期毒气战的装备和战术（1917—1918）
平叛战争——理论与实践（上）
命运奏鸣曲——关原合战
武田信玄西上作战的疑点

战争事典 045
碧蹄馆大战——明朝骑兵和日本战国武士的较量
清初三藩之乱
平叛战争——理论与实践（下）

战争事典 046
瑞典帝国的衰落——斯堪尼亚战争
法国强权的开端——阿尔比十字军战争
北宋军事制度变迁
三国归晋的序幕——淮南三叛
本都与罗马之战——第一次米特拉达梯战争（上）

战争事典 047
第二次意大利独立战争：催生红十字会的 1859 年苏法利诺战役
吞武里王朝战史——泰国华裔国王郑信之武功
少林，少林！——少林功夫的历史传承与明代僧兵江南抗倭记
本都与罗马之战——第一次米特拉达梯战争（下）

战争事典 048
睡梦中的胜利——1813 年春季战役之吕岑会战
虚弱的战国日本——实力不对称的万历朝鲜战争

战争事典 049

战争事典 050

战争事典 051

战争事典 052

战争事典 053

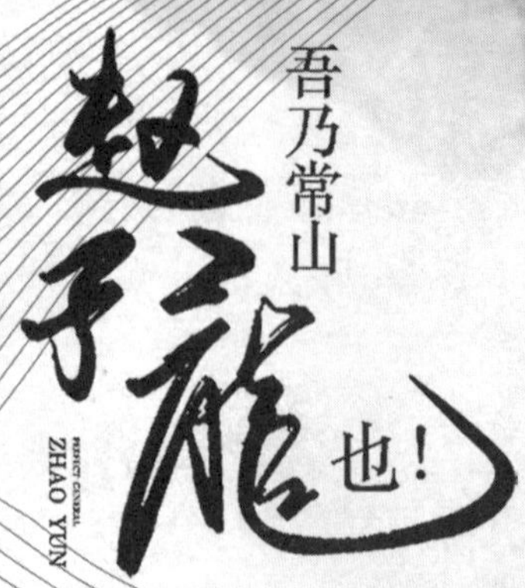

古来冲阵扶危主，只有常山赵子龙。
浑身是胆、浑身是智、浑身是义。
流传了1800年的豪气云天的传奇人生故事。

条分缕析！详细考证《三国志》中的赵云。
旁征博引！深入解读《三国演义》中的赵云。
图文并茂！展现评书、京剧、影视、游戏、漫画中的赵云形象。

国史 005
完美武将：赵云
赵春阳 著

完美武将
ZHAO YUN

赵春阳 著

赵云
ZHAO YUN

"吾乃常山赵子龙也"
三国"完人"赵云，和他流传了1800年的故事
浑身是胆、浑身是智、浑身是义